申小龙 主编

汉字文化新视角丛书

书写汉语的声音

——现象学视野下的汉语语言学

朱磊 著

本丛书提出的汉字文化新视角，

基于这样一种学术理念：

语言（言）、文字（文）和视象符号（象）

三者构成了文化的核心要素和条件。

本丛书的出版，

预示着中国语言文化研究在一个世纪的

『去汉字化』的历程之后，『再汉字化』的世纪转向。

这一转向的本质就是在中国文化的地方性视界

和世界性视界融通的过程中，

重新确认汉字在文化承担

和文化融通中的巨大功用和远大前景。

山东教育出版社

图书在版编目（CIP）数据

书写汉语的声音：现象学视野下的汉语语言学 / 朱磊著. —济南：山东教育出版社，2014
（汉字文化新视角丛书 / 申小龙主编）
ISBN 978-7-5328-8285-4

Ⅰ.①书… Ⅱ.①朱… Ⅲ.①汉语－语言学－研究 Ⅳ.① H1

中国版本图书馆 CIP 数据核字（2013）第 307135 号

汉字文化新视角丛书

书写汉语的声音

——现象学视野下的汉语语言学

朱　磊　著

主　　管：山东出版传媒股份有限公司
出 版 者：山东教育出版社
（济南市纬一路321号　邮编：250001）
电　　话：（0531）82092664　传真：（0531）82092625
网　　址：http://www.sjs.com.cn
发 行 者：山东教育出版社
印　　刷：山东德州新华印务有限责任公司
版　　次：2014年5月第1版第1次印刷
规　　格：787mm × 1092mm　1/16
印　　张：19.5印张
字　　数：279千字
书　　号：ISBN 978-7-5328-8285-4
定　　价：39.00元

（如印装质量有问题，请与印刷厂联系调换）
电话：0534-2671218

目 录

总　序

一、汉字何以成为一种文化

“汉字何以成为一种文化？”这个题目以“普通语言学”的眼光审视，暗含着一个“制度陷阱”，因为它预设了汉字的文化属性，而文字的定义——依西方文化的教诲——早已被否定了文化内涵。手头一本已经翻烂了的伦敦应用科学出版社《语言与语言学词典》（中译本）对文字的定义是：“用惯用的、可见的符号或字符在物体表面把语言记录下来的过程或结果。”也就是说，文字的存在价值仅仅是记录语言的工具。这样一个冰冷的定义让中国人显然很不舒服，它和我们传统语文对汉字的温暖感受——“咬文嚼字”、“龙飞凤舞”乃至“字里乾坤”——距离太远了！抽出我们的《辞海》，看看它对文字的定义：“记录和传达语言的书写符号，扩大语言在时间和空间上的交际功用的文化工具，对人类的文明起很大的促进作用。”这就在西方语境中尽可能照顾了中国人独有的汉字感觉。

汉字成为一种文化首先是因为汉字字形有丰富的古代文明内涵。且不说汉字构形映射物质文明的林林总总，即在思想，如《左传》“止戈为武”，《韩非子》“古者仓颉之作书也，自环者谓之私，背私谓之公”，字形的分析总是一种理论的阐释，人文的视角。姜亮夫先生说得好：“整个汉字的精神，是从人（更确切一点说，是人的身体全部）出发的。一切物质的存在，是从人的眼所见、耳所闻、手所触、鼻所嗅、舌所尝出的（而尤以‘见’为重要）。……画一个物也以人所感受的大小轻重为判。牛羊虎以头，人所易知也；龙凤最详，人所崇敬也。总之，它是从人看事物，从人的官能看事物。”[1]我们可以说汉字的解析从一开始就具有思想史和文化史的意义，而不仅仅是纯语言学的意义。

汉字成为一种文化又因为汉字构形体现了汉民族的文化心理，其结构规则甚至带有文化元编码性质，这种元编码成为中国人各种文化行为的精神理据。汉字在表意的过程中，自觉地对事象进行分析，根据事象的特点和意义要素的组合，设计汉字的结构。每一个字的构形，都是造字者看待事象的一种样式，或者说是造字者对事象内在逻辑的一种理解，而这种样式的理解，基本上是以二合为基础的。也说是说，汉字的孳乳，是一个由“一”到“二”的过程，由单体到合体的过程，这正体贴了汉民族“物生有两”、“二气感应”、“一阴一阳谓之道”的文化心理。

汉字的区别性很强的意象使汉字具有卓越的组义性。莱布尼茨曾说汉语是自亚里士多德以来西方世界梦寐以求的组义语言，而这一特点离不开表意汉字的创造。在汉语发展中大量的词语组合来自汉字书面语的创新，由此大大丰富了汉语书面词汇。组义使得汉字具有了超越口语的强大的语言功能。饶宗颐曾说：“汉人是用文字来控制语言，不像苏美尔等民族，一行文字语言化，结局是文字反为语言所吞没。”[2]他说的正是汉字极富想象力且灵活多变的组义性。难怪有人说汉字就像“活字印刷”，有限的汉字可以无限地组合，而拼音文字则是“雕版印刷”了。比较一下“鼻炎”与“rhinitis”，我们就可以体会组义的长处。《包法利夫人》中，主人公准备上医学院了，却站在介绍课程的公告栏前目瞪口呆：anatomy, pathology, physiology, pharmacy, chenistry, botany, clinical practice, therapeutics，hygiene and materia medica。一个将要上大学的人，对要学的专业居然“一字不识”，这样的情节在中国人听来匪夷所思。

---

[1] 姜亮夫：《古文字学》，浙江人民出版社1984年版，第69页。

[2] 饶宗颐：《符号、初文与字母——汉字树》，上海书店出版社2003年版，第183页。

汉字成为一种文化，更在于汉字的区别性很强的表意性使它具有了超方言的"第二语言"作用，维系了中华民族的统一。汉字的这一独特的文化功能，其重要性怎么强调也不为过。索绪尔晚年在病榻上学习汉字，明白了"对汉人来说，表意字和口说的词都是观念的符号；在他们看来，文字就是第二语言。在谈话中，如果有两个口说的词发音相同，他们有时就求助于书写的词来说明他们的思想。……汉语各种方言表示同一观念的词都可以用相同的书写符号。"[1]汉字对汉语"言语异声"的表达进行观念整合，达到"多元统一"。这样一种"调洽殊方，沟贯异代"（钱穆语）的功能，堪称"天下主义"！一位日本友人说，外国人讲日语，哪怕再流畅，日本人也能发现他是"外人"。而她走遍了中国大地，中国人并不在意她的口音——在西北，有人以为她是南方人；在北方，有人以为她是香港人或台湾人；而在南方，人们则以为她是维族人。中文"四海之内皆兄弟"的观念整合性，在这位日本人看来，与英文相似，是天然的世界语（当然，汉字的"世界性"和拼音文字的世界性，涵义是不一样的）。汉字的观念整合性，一方面自下而上，以极富包容性的谐音将汉语各方言文化的异质性在维护其"言语异声"差别性的同时织入统一的文化经纬，另一方面又自上而下，以极富想象力的意象将统一的文化观念传布到九州方域，凝聚起同质文化的规范和力量。由此我们可知，汉字本质上是一种意识形态的建构，是中华文化的深层结构。正如柏杨所说："中华字像一条看不见的魔线一样，把言语不同，风俗习惯不同，血统不同的人民的心声，缝在一起，成为一种自觉的中国人。"[2]

与汉字的观念整合性相联系的，是汉字的谐音性使地方戏曲有了生存空间。汉字的观念整合走意会的路径，不涉音轨，客观上宕开了方音艺术的生存天地。在汉字的语音包容下，汉语各方言区草根性的戏文唱腔与官话标准音"你走你的阳关道，我过我的独木桥"，相安无事，中国几百种地方戏曲源远流长，由此形成西方拼音文化难以想象的异彩多

[1] 索绪尔：《普通语言学教程》，商务印书馆1980年版，第51页。

[2] 柏杨：《中国人史纲》上，中国友谊出版社1998年版，第472页。

姿。汉字保护了方言文化生态多样性，也就保护了中国各地方文化的精神认同和家园意识。当然，这种保护是有代价的，即方言尤其是中原以外的方言及其戏曲，不再具有汉字的书写性，从而不再在中华“雅文化”或者说主流文化中具有话语权。

汉字作为一种文化，在汉民族独特的文学样式中得到了淋漓尽致的体现。在这里，与其说是汉字记录了汉文学，毋宁说是汉字创造了汉文学的样式。在文字产生前的远古时代，文化的传承凭记忆而口耳相传。为便于记诵，韵文形式的歌舞成为一种“讲史”的仪式。闻一多解释“诗言志”之古义即一种历史叙事。然而，随着社会生活的复杂化，“韵文史”渐渐不堪记忆和叙事之重负，西方产生了散文化的叙事诗，而中国却是诗歌在与散文的“混战”中“大权旁落”，淡出讲史的领域，反过来强化其诗性功能。在这一过程中，汉字起了十分关键的作用。复旦大学的张新教授在多年前就颇有见地地指出：“文字的肌理能决定一种诗的存在方式。”一方面，“与西方文字相比，中国文字具有单音的特点。单音易于词句整齐划一。‘我去君来’，‘桃红柳绿’，稍有比较，即成排偶。而意义排偶与声音对仗是律诗的基本特征。”西方艺术虽然也强调对称，但“音义对称在英文中是极其不易的。原因就在英文是单复音错杂”。另一方面，“中西文法不同。西文文法严密，不如中文字句构造可以自由伸缩颠倒，使句子对得工整”。张新认为，“中国文字这种高度凝聚力，对短小的抒情能胜任，而对需要铺张展开描述的叙事却反而显得太凝重与累赘。所以中国诗向来注重含蓄。所谓练字、诗眼，其实质就是诗人企望在有限的文字中凝聚更大的信息量即意象容量。”[1]在复旦大学的“语言与文化”课上，一位2003级新闻系同学对汉语是什么的回答，此时听来更有体会：汉语是炫目的先秦繁星，浩渺的汉宫秋月；是珠落玉盘的琵琶，“推”、“敲”不定的月下门，“吹”、“绿”不定的江南岸；是君子好逑的《诗经》，魂兮归来的《楚辞》；是千古绝唱的诗词曲赋，是功垂青史的《四库全书》……

[1] 张新：《闻一多猜想——诗化还是诗的小说化》，《中西学术》第一辑，学林出版社1995年版。

汉字何以成为一种文化？我们还可以有更多的回答：汉字记载了浩瀚的历史文献，汉字形成了独特的书法和篆刻艺术，汉字具有很强的民间游戏功能，等等。一旦我们用新的视角审视这个历久常新的问题，我们就会从中找到中西语言文字、中西文化、中西学术的根本分野。此时，我们完全可以重新为汉字定义：汉字是汉民族思维和交际最重要的书面符号系统。

二、从去汉字化到再汉字化

中国独特的人文传统有三个通融性：

其一是小学（语言文字学）与经学的通融。许慎强调想接续历史传统、读懂儒家典籍，就必须对汉字的形音义关系进行正本清源，字义明乃经义明，小学明乃经学明，强调汉字是“经艺之本”：盖文字者，经艺之本，王政之始，前人所以垂后，后人所以识古。故曰“本立而道生”……（许慎《说文解字序》）许慎的“本立而道生”实际上借助字学（小学）建立了经学与识古（史学）之间的同构关系，消解了典籍散佚所带来的历史认同危机。经学建立的记载阐释历史的模式得以延续。

其二是经学内部表现为文史哲的通融。苏轼说：“天下之事，散在经、子、史中，不可徒得。必有一物以摄之，然后为己用。所谓一物者，‘意’是也。”（宋葛立方《韵语阳秋》）在我们看来，这“意”，就是汉字元编码为传统文史哲提供了统一的思想资源和表述方式。因此清代经学家章学诚在其《文史通义》开卷便宣称“《六经》皆史也”。经、史之所以相通，实际上基于汉字的表意思维或元编码：表意汉字既是一种对事实的照录（“史”的方式），又是一种对世界的形象表达（“文”的方式），还是一种对现实独特的认知方式（“哲”的方式）。文史哲的通融，实为汉字表意性元编码的体现。

其三是小学内部表现为语言与文字、书写文本与非书写文本的通融。我们分别表述为字词通融和名物通融。首先看字词通融：汉字倾向于使自身成为一个有意义的符号来记录汉语的语符（语素或词），这要求汉字保持一个有意义的形体、一个音节、一个词义三位一体。这种对

应使得汉字的字义与词义、字形与词形之间难分难舍，呈现一种跨界、整体通融性，体现了汉字与汉语独特的既分离又统一的张力关系。再看名物通融：从言文关系看，汉字代表的是一个语言概念单位，而从名物关系看，汉字对应的则是一个现实物，这就要求汉字对现实物具有形象描摹性即绘画性特征。如“仙”这个简化字，字面义是用“山中之人”的意象去表达某个现实物的。汉字的这种意象性打通了书写与绘画、书写与物象的界线。这种书写与非书写之间的越界，进一步造就了汉字书法、文人画这样的书写编码与非书写图像编码相通融的文化景观。

这三个通融显示了汉字在中国学术传统中的本位性。“本立而道生”，说明汉字不仅是汉文化的载体和存在基础，也是中国语文得以建构的基本条件。

中国语言学的科学主义转型主要发生在“五四”前后的新文化思潮。该思潮引进了西方语言中心主义的立场，把文字看作是单纯的记录口语、承载语言的科学工具，因此将是否有效地记录语言和口语看作是文字优劣的唯一标准。根据此标准，远离口语的汉字成为五四新文化运动先驱们的众矢之的。废除汉字、提倡文字拉丁化和白话文，进而对中国传统文化进行颠覆，这成为“五四”时代的主流思潮。我们将这种思潮称之为“去汉字化”运动。此后直到上个世纪80年代，“去汉字化”一直是中国学术和文化界的主流意识形态。80年代起，去汉字化所造成的传统断层越来越受到关注和批评。不断有学者强调写意的汉字与写音的字母之间的文化差异，认为汉字是独立于汉语的符号系统，要求对汉语、汉字文化特性重新评估，提出艺术、文学创作的“字思维”或汉字书写原则，而中西文化的差异在于“写”和“说”、“字”和“词”。对去汉字化和全盘西化的批判，越来越表现出回归汉字的情绪，“再汉字化”思潮初露端倪。

上个世纪八九十年代的文化语言学，是“再汉字化”思潮的先声。文化语言学把语言学看作是一种人学，把汉语言文字看作汉文化存在和建构的基本条件。作为中国现代语言学中以陈望道、张世禄、郭绍虞等前辈学者为代表的本土学派的研究传统的继续，文化语言学强调汉字汉语独特的人文精神，强调建立具有中国特色的语言学，在文史哲融通的大汉字文化格局中研究汉语，尤其注重汉语中的语文精神即汉字所负载的传统人文精神的研究。郭绍虞是最早提出汉语的字本位性的学者，文化语言学派继承了这一传统，并在进入21世纪后逐渐汇通中国社会科学诸领域，进一步形成文化批判和文化建设两大主题。

文化批判方面的思考主要有：批评五四以来汉语研究的西方科学主义立场（申小龙，1989、1998、2003），五四以来现代汉语研究是“印欧语的眼光”（徐通锵，1998），将五四以来的新文化运动归结为“去汉字化运动”（孟华，2004），五四以来中国学术在西方文论面前患了“失语症”（曹顺庆，1996），五四白话文运动过于强调语言的断裂性，要对20世纪以来的中国文化走向进行重估（郑敏，1998），反思现当代文学中的“音本位”和“字本位”思潮（郜元宝，2002），对八九十年代出现的以汉字本位为特征的“母语写作”思潮进行总结（旻乐，1999），《诗探索》从1995年第2期起开辟专栏，发表了大量有关“字思维”的文章。有论者认为，关于母语思维与写作的讨论，“将是我们在21世纪的门槛前一次可能扭转今后中华文化乾坤的大讨论”（郑敏语）。

文化建设方面的思考主要有：强调汉字对汉语的影响及汉语的字本位性质，提出文化语言学理论、汉字人文精神论（申小龙，1988、1995、2001）；提出字本位语言理论（徐通锵，1992、1998；苏新春，1994；潘文国，2002）；提出或倡导文学的“字思维”原则（汪曾祺，1989；石虎，1995；王岳川，1996）；提出汉字书写的“春秋笔法”是中国学术的话语模式（曹顺庆，1997）；中国经学是“书写中心主义”（杨乃乔，1998）；提出以汉字和汉语的融合为特征的“语文思维”概念（刘晓明，2002）；提出中西文化的差异在于“写”和“说”、“字”和“词”（叶秀山，1991）；提出汉字是华夏文明的内在形式，强调汉字与汉语的关系既是汉语的最基本问题，也是汉文化的基本问题（孟华，2004）。

“再汉字化”思潮或中国学术的“汉字转向”的核心问题是汉字与

汉语、汉字与汉文化的关系以及汉字在这种关系中的本位性。

中国历史上重大的文化和学术转型都是围绕汉字问题展开的，抓住这一点，中国学术和中国思想史的许多根本问题就会迎刃而解。而在西方国家，由于使用拼音文字，西方学术界普遍将文字看作是语言的工具，文字学甚至不是语言学内部的独立学科。国内学术界自五四新文化运动以来引进了一种西方语音中心主义的文字学立场，将汉字处理为记录汉语的工具，汉字的性质取决于它所记录的汉语的性质，汉字独立的符号性及其所代表深厚的人文精神被严重忽视。重新评估汉语言文化的汉字性问题就是文化语言学的“再汉字化”立场。它不是简单地对传统语文学的肯定和回归，而是要求重新估价汉字在汉语言、文学、文化研究中的核心地位及其利弊，以实现中国学术与西方学术的差别化和对话：一方面使自己成为西方学术的一个有积极建设意义的“他者”，同时又使西方学术成为中国学术的积极发现者。因此，中国学术21世纪面临一个“汉字转向”的问题：汉语和汉文化的可能性是建立在汉字的可能性基础上的，这是中国学术，包括汉语言、文学、历史、哲学、文化存在的基本条件。这种“再汉字化”立场，是中国文化语言学为世界学术所贡献出的最为独特的东方理论视角。

“再汉字化”转向，也顺应了世界学术的大趋势。当代世界学术经历了两个重要的转向：一是语言学转向，二是文字学或图像转向。

所谓语言学转向，主要表现在文史哲诸人文领域开始思考世界存在的条件是建立在语言的可能性基础上的，文学、史学、哲学都开始关注语言问题，并从语言学那里吸取方法论立场。复旦大学的文化语言学在80年代举起了中国学术语言学转向的大旗，其语言文化哲学思想在中国哲学界、文学界等人文学科领域均产生了重大影响。

所谓的文字学转向，一般认为肇始于法国哲学家德里达的解构主义哲学。他的“文字”概念是广义的，泛指一切视象符号，如图像、雕塑、表演、音乐、建筑、仪式等等，当然也包括汉字、拉丁字母这样的狭义文字。德里达的基本观点是，现实、知识、真理和历史的可能性是建立在“文字”的可能性基础上的。因此，文史哲在考虑自己研究对象的存在条件时，由对其语言性的思考再进一步转向对语言、文字、图像三者关系性的思考。因为现实、历史和知识不仅仅是以语言为存在条件的，文字、图像也同等重要（在今天的“读图时代”尤其如此）而且更易被忽视。在世界文化格局中，汉字是一种极为独特的符号系统，它处在语言和图像中间的枢纽位置，它既具有图像符号的视觉思维特性，又具有语言之书写符号的口语精神。中国文化的汉字本位性一方面抑制了中国传统文化的图像思维，又抑制了汉语方言的话语精神，汉字自身替代了图像、话语，成了中华民族历史、文学、知识、思维、现实存在的最基本条件。这就是汉字的“本位性”问题。该问题构成了中国学术、中国文化最核心和最基本的问题，学术界和文化界对该问题的觉醒和重新阐释，这就是“汉字转向”或“再汉字化”。中国文化语言学在引领中国上个世纪末的“语言学转向”之后，再次擎起“文字学转向”的旗帜，这是时代所赋予的不可推卸的历史责任。

三、本丛书的基本观点

本丛书提出的汉字文化新视角，基于这样一种学术理念：语言（言）、文字（文）和视象符号（象）三者构成了文化的核心要素和条件。中国语言、学术、文化的基本问题是一个汉字问题，即以汉字为枢纽，在言、文、象三者的对立统一关系格局中研究其中的每一个要素，并将这种以汉字为本的言文象三者既分离又统一看作是中国学术、中国文化存在的最基本条件。它要求我们冲破传统学科分治的壁垒，在一个大汉字文化观的格局下进行学术研究。这种学术立场也可叫做“新语文”主义。

以“再汉字化”研究为宗旨的汉字文化新视角丛书，具体围绕四个基本主题：

一是汉字文化特性的研究，选题有《汉字思维》（申小龙等）；

二是汉字的语言性研究，选题有《汉字的语言性与语言功能》（苏新春）；

三是汉字的符号性研究，选题有《汉字主导的文化符号谱系》（孟

华）；

四是汉字书面语研究，分为三个层次：

1）现代汉字书面语的历史发展研究，选题有《“北京官话”与汉语的近代转变》（武春野）；

2）现代汉字书面语的文化特性研究，选题有《书写汉语的声音——现象学视野下的汉语语言学》（朱磊）；

3）现代汉字书面语的网络形态研究，选题有《中国网络言说的新语文》（申小龙、盖建平、游畅）。

本丛书的出版，预示着中国语言文化研究在一个世纪的“去汉字化”的历程之后，“再汉字化”的世纪转向。这一转向的本质就是在中国文化的地方性视界和世界性视界融通的过程中，重新确认汉字在文化承担和文化融通中的巨大功用和远大前景。

申小龙　孟华

2013年8月30日

引 言

在语言之本质中语言虽然被把捉了，但却是通过某个它者而被把捉为语言本身的。

——海德格尔[1]

本书是一项以语言学为对象的哲学研究，它要讨论的核心问题是：现代汉语在现代语言学文本中是如何被再现的？我们的目的，并非要在现代语言学内部讨论某种研究范式——比如形式主义或功能主义——的优劣。相反，我们认为这些范式具有一些共同的前提。对于现代汉语的语言学研究而言，它们就像一个人的日常语言一样，既不可或缺，又难辨真切。其之所以难辨真切，正因为太不可或缺，以至于我们常以为自己辨清了它们的真貌，却不过是凭借着它们才做出了判断。哲学研究的一个重要价值，正在于向我们揭示这些前提。因此，本研究并不能推动语言学在这些默认前提下的进一步发展。但是，它或许能让我们在进步的潮流中停留片刻，对我们默认的东西有所反思，并进而对我们所处的时代、所承的传统、所做的工作多一些理解，在心中添一份敬畏。

我们不妨从语言学自身的定义出发，来展开我们的反思。语言学

[1] [德]海德格尔著，孙周兴译：《在通向语言的途中》，商务印书馆1997年版，第212页。

一直被认为是“对语言的（科学）研究”[1]，即使对语言和逻辑极为敏感的语言学家对这个说法似乎也未有大的疑虑。然而问题是：语言学既研究语言，那么它是否研究自身所造成的语言？

如果这个问题的答案是否定的，那么“语言学研究语言”的说法便是不严谨的；如果答案是肯定的，那么语言学势必将每一次新研究所造成的语言纳入研究范围以至无限循环而无法成就自身。这是因为，纵使语言学家对言语的无限性已有所认识，他们也不可能在说话的同时以不含循环论证的方式将自己所说的话变成诉说的对象，如此也就无法同时知道这些言语是否有异于已经得出的关于言语的甚至语言的结论以至造成另待研究的言语甚至语言[2]。

因此，笼统地说“语言学是对语言的（科学）研究”无疑隐含着悖论。更严格地说，这是一个在逻辑上称为“自毁命题”的命题[3]，其矛盾在于：对一个东西的研究意味着以某种话语再现它，而再现之为再现必然要求再现对象的不在场，如果语言学对语言的再现要求语言同时在场，那么我们如何让一个东西既在场又不在场呢？

上述矛盾若以人工智能学者Hofstadter的方法来阐述，则无疑可对应于那幅他最为欣赏的画家Escher的名为“画廊（Print Gallery）”的画：

---

[1] 如［英］Crystal编：*A Dictionary of Linguistics and Phonology*（第6版），Blackwell出版社2003年版，第283页，“linguistics”条。此处将“科学”加上括号是因为一些教材和辞书在对语言学进行类似定义时并不特别声明其“科学”性质，其中原因各不相同，但并不影响此处的讨论。另外，也许是认为语言学的定义近乎不言自明，很多语言学教材中没有对语言学的直接定义。

[2] 这里所考虑的不仅是语言学作为整体的情况，也包括语言学下各学科、流派的情况。正如此处所言，根据现有的语言学定义，无论是对言语的还是对语言的研究都无法避免“语言学是否研究自身语言”的问题所造成的矛盾，因此那种认为语言学一旦分为各个小的学科便可令矛盾自行化解的想法是不能成立的。

[3] 自毁命题与悖论的区别在于：若命题p为悖论，则$p \to \neg p$，且$\neg p \to p$；若命题p为自毁命题，则$p \to \neg p$，但$\neg(\neg p \to p)$。也有人认为悖论定义宜更宽泛，如陈波将p为悖论的条件设为$p \to (q \leftrightarrow \neg q) \vee (q \wedge \neg q)$，若如此则悖论包括自毁命题（陈波：《逻辑哲学》，北京大学出版社2005年版，第97页）。

图1　画廊（M. Escher作品）[1]

画中，一位青年正在画廊里欣赏一幅画，这幅画中有个倚在窗口向外张望的妇女，她的窗下是一条画廊，画廊里有一位青年正在欣赏一幅画……作为这个无限循环的结果，画廊里的画正如以语言再现语言的语言学，包含、描绘了自身，而画廊里的那位青年则恰似那被自身再现的语言一般“在他自身之中”[2]：

包含（inclusion）+ 描绘（depiction）+ 再现（representation）

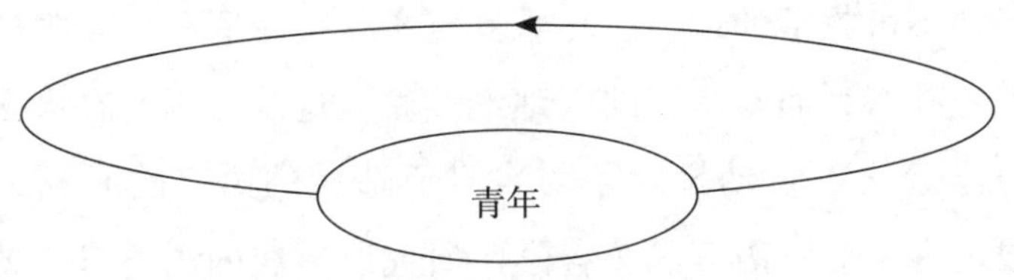

图2　《画廊》抽象图示的一种压缩形式[3]

---

［1］引自［美］Hofstadter著：*Gödel, Escher, Bach: An Eternal Golden Braid*，Basic Books出版社1979年版，第714页。

［2］同上书，第716页。

［3］引自上书第716页及其中译本（［美］侯世达著，郭维德等译：《哥德尔、艾舍尔、巴赫——集异璧之大成》，商务印书馆1997年版）第947页，有改动。

显然，如果将上图中的“青年”换成“语言”，那么它完全可以概括语言学“自毁命题”式定义中的矛盾。现在要问的是：这一矛盾是如何造成的，它与本书讨论的核心问题有何关系？

首先，这是一个特别和话语相关的矛盾。正如一个人力气再大也休想拽着自己的头发把自己从地面拔起，不仅语言学，其他各门科学——物理学也好，生物学也好，社会学也好，甚至数学——都不能将自己的话语从“在场”中“拔起”，因为一旦试图这样做便触及了一个导致悖论的因素——Whitehead & Russell称之为“自返性（self - reflexiveness）”或“自我指称（self - reference）”[1]。“自我指称”在语言学中表现得尤其明显，因为后者是用语言直接谈论语言——也就是说，语言作为被谈论者是指称的对象，但同时由于是“谈论”，它又必须以前对象化的状态实现指称的在场。面对这种状况，Steiner不禁慨叹：

> 研究语言不能不使用语言，考问的过程与考问对象之间存在着解不开的联系，由此造成的不确定性等各种问题很可能使我们无法建立一个严格的，更不用说详尽无遗的体系。这是一个根植于认识论基础中的问题，而不是一个技术性的或习惯的问题。任何对语言的有意识的思考以及对这种思考的反思，都存在着一种被镜像包围的窘迫、一种无可回避的本体孤独。[2]

语言学的自我指称令Steiner感到“窘迫”和“孤独”，然而局面似乎又未到不可收拾的地步：尽管其定义存在矛盾，语言学研究却从未因此宣告破产，而是始终迷人地继续着。这是否因为在大多数情况下，语言学事实上自动排除了对自身所造成的语言的研究，从而已将自己限定为“对对语言的（科学）研究所造成的语言以外的语言的（科学）研究”呢？看来只能如此。然而这一说法仍不可行，因为“对语言的（科学）研究所造成的语言”和“‘对对语言的（科学）

---

[1]［英］Whitehead & Russell著：*Principia Mathematica*，Cambridge University Press1925~1927年版，第37页。

[2]［美］Steiner著：*After Babel: Aspects of Language and Translation*，上海外语教育出版社2001年版，第115页。

研究所造成的语言以外的语言的（科学）研究’所造成的语言”并不是一回事，我们无法在对前者的排除中自动排除后者。依此思路，势必得出如下的语言学定义：

无穷个“对”

语言学是：对……对对语言的（科学）研究所造成的语言以外的语言的（科学）研究……所造成的语言以外的语言的（科学）研究。

无穷个“所造成的语言以外的语言的（科学）研究”

这一定义相当于：语言学是“对x的语言以外的语言的（科学）研究”的无穷递归。在定义中出现了递归，可见自我指称并未消失。

已知矛盾源于自我指称，却不能在定义中排除它，在此我们走到了思想中的一个关键点。我们不妨先将语言学的问题暂时搁置，而来看一看另一门科学——物理学中的情况。当我说“物理学乃是对一切物理现象的研究”（如果可以这么说的话）时，自指的矛盾同样存在，虽然并不明显。我可以在说话的同时将话语行为作为一种物理现象对象化，此时在场的是对象化之后形成的一种物理学话语，但如果我所说的本身便是这样一种物理学话语，那么它是无法在第一次作为有意义的话语被在场地呈现时便同时被对象化为某种物理现象的：我无法既让某种意义呈现，同时又令它的肉身缺席。因此，物理学的话语呈现是不能被物理学作为物理现象合乎逻辑地进行研究的——无论它可能被看做声学现象、力学现象还是大脑里的电学现象。当然，正如前文所言，这一点限制在物理学中并不明显，但另一方面，我们也可以看到，物理学的真正进步恰恰来自物理学话语的革新。物理学的话语无法被“物理地”还原，然而科学哲学家Kuhn的研究表明，这一矛盾的焦点恰恰是物理学生命的生发之处[1]。

关于Kuhn的物理学史研究对于本书的意义，我们还将在后文详细

［1］［美］Kuhn著：*The Structure of Scientific Revolutions*，The University of Chicago Press1962年版。

讨论。这里至少可以得出以下两点：一、一个话语体系对自身而言是不可还原的，它的生命恰恰要从自我指称中涌现；二、由于话语不能还原自身，因此对一种话语的反思必然要求跳出该话语。

话语如何能将身为悖论之源的自我指称作为生命之源呢？这确实有悖于通常的理解，难道不是某种内部的或者外部的因素决定了话语——例如物理学话语——的生成与变革吗？Kuhn也为此矛盾不已。然而Derrida却引用Husserl的话说：

一切也许都是这样开始的："一个在我们面前发出声响的名字令人想起德累斯顿的画廊……我们信步穿行于一个又一个大厅……一幅泰尼埃的油画……再现一个油画画廊……这个画廊里的画又再现一些画，这些画使人看到一些可以明白的含意。"

可能没有任何东西先于这种处境。肯定没有任何东西把这处境悬搁起来。[1]

自我指称究竟何以如无穷再现的画一般令话语生成？也许从反面来理解这个问题更加容易。许多伟大的思想家都向我们表明，先验的概念实体是不存在的，Wittgenstein的以下例子便是其中最简洁有力的一个：

请考虑一下这样一道指令："想象一块红。"在这个例子中，你总不至于去认定在执行此指令之前，你必须先想象出一块红去作为一原型，用它去找到你被命令去想象的那块红色吧。[2]

对红色的想象若依赖于想象中已有之红色，则恐怕永远也无法实现。因此必然无所依赖，不仅红色无所依赖，物理学话语亦无所依赖，语言学话语亦无所依赖，乃至一切话语皆无所依赖——本质深处，它们皆为自我再现。

话语的自我再现本质，另一方面也就意味着对一种话语的反思必须跳出该话语体系。某一话语究竟如何？其自我再现处究竟发生了怎样

[1]［法］德里达著，杜小真译：《声音与现象》，商务印书馆1999年版，第133页。

[2] 引自张祥龙：《从现象学到孔夫子》，商务印书馆出版2001年版，第124页，着重号从原文。

的因缘际会？这是该话语以一己之力无法看到、不能言说的。仍以图1的那幅画为例，Hofstadter指出：

当我们看这幅画的时候，我们能看到那个青年无法看到的东西，例如在中心的那个“疵点”上的艾舍尔的签名“MCE”。虽然这个疵点看起来像一个缺陷，但这缺陷是在我们的期望之中的，因为事实上艾舍尔无法完成图画的那一部分，除非他违背他作画时所一贯遵循的规则。漩涡的中心是——而且必须是——不完全的。艾舍尔可以使这一部分任意地小，但他无法彻底摆脱这个问题。这样，我们在外面可以知道“画廊”从根本上说是不完全的——这个事实是画中那个青年所无法得知的。艾舍尔就是这样地为哥德尔不完全性定理提供了一个形象化的比喻。[1]

“哥德尔不完全性定理（Gödel’s Incompleteness Theorems）”[2]是由Gödel以数学形式证明的[3]，但它却宣告了一个超出数学的结论，即：任何系统都不可能用一个不弱于初等数论的形式化公理系统加以概括，包括这一系统本身。正如图1中被卷入自我再现的青年无法看到画廊的不完全性，数学不能还原自身，语言学亦不能。Einstein有言：“我们面对的重大问题无法在我们制造出这些问题的思考层次上解决。”[4]不仅Gödel的数论证明了这一点，现象学、解构主义乃至古老的禅宗都对这一点作了深刻的揭示。

要跳出系统反思。自然，我们无法在数论的范围内讨论一切科学体系，然而反思的天地依然宽广。本书试图做的，一言以蔽之，乃是以

---

［1］［美］侯世达著，郭维德等译：《哥德尔、艾舍尔、巴赫——集异璧之大成》，商务印书馆1997年版，第948页。

［2］“哥德尔不完全性定理”实际上包括两条定理：一、一个包含算术的公理化形式系统如果是一致的，那么它必然包含自身不可判定的命题，因而必然是不完全的；二、作为前一定理的推论，一个包含算术的公理化形式系统如果是一致的，那么这个系统的一致性在其内部是不可证的。

［3］［奥地利］：Gödel著：Über formal unentscheidbare Sätze der *Principia Mathematica* und verwandter Systeme I，载*Monatshefte für Mathematik und Physik*1931年第38期，第173~198页。

［4］引自庄朝晖“罗素悖论·哥德尔·弗协调逻辑·佛学浅谈”，http://www.confuchina.com/04%20zhishilun/zhuangwen. htm，2003年9月11日。

现象学的精神对语言学话语进行解构，具体到我们的核心问题——“现代汉语在现代语言学文本中是如何被再现的？”，也就是对论述现代汉语的现代语言学文本进行解构。

现象学的解构何以实现对语言学话语体系的“跳出系统反思”？论述现代汉语的现代语言学文本又何以特别成为本书首要的反思对象？[1]对这两个问题的回答实际上构成了本书下面两章的主要内容，这里仅略述如下：

首先，解构并非如有人所误解的那样是一种不够严肃的拆解游戏，从Husserl的现象学到Derrida的解构主义，“跳出系统反思”的精神是一脉相承的。虽然Husserl从悬置（德Epoche）与还原（德Reduktion）入手进行的意向性分析同其后Heidegger、Merleau-Ponty等现象学家的研究有很大不同，并尤其受到Derrida“以其人之道还治其人之身”式的批判，但现象学“朝向事情本身！（德Zu den Sachen selbst!）”的基本精神和解构主义所强调的根本的“延异（法différance）”在消解各种先设的特权这一点上是基本一致的。如果说Husserl的现象学已经以严密的逻辑宣告了对观念体系的超越，那么在某种意义上，Derrida的解构主义便是这一超越的更彻底、并具有同等逻辑严密性的形式，这一点在Derrida的早期论著《胡塞尔〈几何学的起源〉引论》和《声音与现象》二文中表现尤为明显。也正是在对这一点认识的基础上，本书将对语言学文本的解构视做一种“语言学文本的现象学”，这种现象学的基本意图是，通过对语言学话语自我指称的突破，或者说消解语言学话语的中心结构，揭示“延异”在语言学话语建

［1］虽然“从原则上区分”话语（discourse）和文本（text）的做法“还不成熟”（［英］克里斯特尔编，沈家煊译：《现代语言学词典》，商务印书馆2000年版，第112页），本书倾向于认为：话语是较文本更深一层的言说范式，如果文本是指“为分析和描写目的而记录下来的一段语言”（同上书，第358页），那么话语则是令该段语言成为自身的依据。这一观点和克里斯特尔（同上书，第358~359页）所说的“有的语言学家区分‘篇章（即文本）’和‘话语’两个概念，前者指有形的‘产物’，后者指表达和理解的动态过程，其功能和运作方式的研究除用语言学的方法外还可用心理语言学和社会语言学的方法”有相似之处。另外本书认为话语本身还有层次，这一问题将在下一章中讨论。

构中的根本作用。

语言学话语的自我指称能够完全消除吗？几乎不可能——除非我们连“这句话挺有意思”、“那个词用得不好”这样的话也不能说，因为其中已经包含了“句子”、“词”等概念，是典型的“用语言再现语言”。如果要完全避免这种再现，恐怕只能不说话了，否则如本书中反复出现的“本书”、“我们”都将无法立足。这也是前文所引Steiner之感叹“任何对语言的有意识的思考以及对这种思考的反思，都存在着一种被镜像包围的窘迫、一种无可回避的本体孤独”的根本原因。自然，Steiner所说的窘境令人想起禅宗“不立文字”的语言观，但事实上，在“见山还是山，见水还是水”的层次上，禅宗最后仍须回到语言，只是在态度上有一个解构的转变：我说话，同时悟到“空”，话不是实心的，“空”作为话也不是实心的，因而也不是空心的，而这也正是我们试图以现象学对语言学话语的自我指称进行突破的真实含义。以此义言之，则本书所说的一切亦非实心的，本质深处它也是“空”，也是自我再现的，因而也是可以解构的。

如果说对语言学文本的解构意在揭示“延异”在语言学话语建构中的根本作用，那么本书为何不以最基本的语言学著作为研究对象，而要将论述现代汉语的现代语言学文本作为关注的重点呢？实际上，Beaugrande对于语言学基要著作的语篇研究已经为我们反思语言学话语提供了一个很好的实例[1]，尽管其立场还处在结构主义与后结构主义（即解构主义）之间。不过，我们选择论述现代汉语的现代语言学文本作为解构对象另有深一层的原因，这个原因简而言之，即：以现代汉语为对象的现代语言学文本的话语基础并非源自对现代汉语本身的原初经验，而是从另一种经验体系整体演绎而来。

将一种话语从对象A演绎到对象B，这对于善于比较的人类思维是极常见之事，但问题是：生成以现代汉语为对象的现代语言学文本的话

[1] Beaugrande著：*Linguistic Theory: The Discourse of Fundamental Works*，外语教学与研究出版社2001年版。

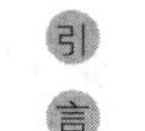

语从何而来，又如何而来？吕叔湘认为："要明白一种语文的方法，只有应用比较的方法。……只有比较才能看出各种语文表现法的共同之点和特殊之点。"[1]然而比较虽有种种好处，作为比较法之核心的"第三对比项（tertium comparationis；TC）"却实为一矛盾概念：A和B可比，因为它们有共同的C（即第三对比项），可是既如此说，则A、B显然已经比过，这一事先的比较是否又有赖于共同的C′呢？但若有C′，则A、B还是比过，这一比较是否又有赖于共同的C″呢？如此循环下去，A、B比较的基础在哪里呢？[2]

对比语言学家希望通过引入意义或纯粹的语言事实等消除上述矛盾，但在旧哲学框架下，任何比较其实都不能避免对"第三对比项"的寻求。事实上，"第三对比项"概念长期用于修辞学，它只能做"比喻"的基础，而不能做"比较"的基础（虽然两者拉丁文皆为comparatio）。

那么，形成以现代汉语为对象的现代语言学文本的演绎基础究竟是什么？这是我们特别感兴趣的一个问题。在这一点上，透过解构的视角，不仅现象学传统中的各种研究成果，而且福柯的"知识考古学"，甚至萨义德的"东方主义"，都可以进入我们的视野并对我们形成直接的启示。现代汉语的语言学知识，从其视角的形成、内容的建构，到最后成为大众的常识、考试的依据、翻译的参考、作文的规范、说话的标准，事实上正在通过每一个以现代汉语为母语者的母语经验影响着整个汉语世界。本书虽不是对语言学基要著作的研究，但以现代汉语之语言学再现的个案，亦可见语言学文本作为历史话语之沉淀的属性。我们将会看到，这一沉淀的结果对于我们置身其中的世界的影响之大是何等地令人惊讶，而另一方面，我们对于这一影响的所知之少又是何等地令人不安。也许，对于这种影响以及造成这种影响的话语，我们所需的并不

[1] 吕叔湘：《中国文法要略》，商务印书馆1942/1982年版，上卷初版例言。

[2] 参见［波兰］Krzeszowski著：Tertium Comparationis，载Fisiak主编*Contrastive Linguistics: Prospects and Problems*，Mouton出版社1984年版，第301~312页；［芬兰］Chesterman著*Contrastive Functional Analysis*，John Benjamins出版社1998年版。

只是“知”——那种知识论传统中的，或者说所谓“知识就是力量”的“知”。在话语隐匿的历史背后，召唤我们的乃是以“朝向事情本身”的方式重新面对我们的“知”以及它的“力量”——更准确地说是“权力”——的使命。这种使命的核心任务是什么呢？哲学家称之为反思，宗教家称之为忏悔，艺术家称之为感悟。不论是什么，它总在提醒我们每个人不断审视现有的一切，重新寻回那颗敬畏之心，而这也正是本书的最终意义之所在。

本书的具体研究思路和章节安排如下：

首先，本书将在第一章中对全文的指导思想进行阐述，并得出指导本书具体展开的思路。阐述将综合现象学和与之相关的诠释派与解构派的基本立场，以此反观科学哲学及后结构主义对科学文本的研究，并最终落足于对现代语言学文本之话语再现问题的思考。

接下来，本书将在第二章中以第一章所阐明的指导思想对关于现代汉语的现代语言学文本所涉及的话语再现问题进行全面的展现。展现将重点关注作为现代汉语语言学话语建立之根本基础的比较方法和现代语言科学的性质。

之后，本书将在第二章对话语发生的整体格局所作出的反思的背景下，以现代汉语的语音研究为主要关注对象展开具体的文本考察。这一考察将分两部分进行：在第三章中，我们将重点考察关于现代汉语语音的现代语言学话语的基本思想结构；在第四章中，我们将重点考察这种话语结构的历史发生及其话语效力。这两部分在对话语历史性的跳出系统反思这一根本立场上是统一的，但是第三章侧重于讨论话语当前结构中思想本身的历史性，而第四章则试图将话语放到更为广阔的历史背景中进行考察。

最后，在第五章中，我们将在回顾全书研究过程的基础上对我们的发现进行总结。

第一章　语言学文本的现象学

第一节　“理论基础”的“理论基础”

按照一般的做法，在开始研究之前，我们应该为研究确立一个“理论基础”，并制定一套切实可行的“工作方案”。然而有趣的是，这也就意味着我们将不得不进行一场独特的“解构话语之建构”。对于这个貌似荒谬的任务背后的深意，我们在引言中已经有所阐述，这里它之所以显得特别有趣，是因为我们的“理论基础”恰恰是从所谓“理论基础”的问题开始的。

“理论基础”难道有什么问题吗？通常认为，理论和实践无疑是呈如下的关系：理论来自实践，又可指导实践；实践产生理论，并可检验理论。这一常识进一步同一种关于“物质”和“意识”的关系的常识相连，并在根本上决定了我们对于学术研究的一些最基本的看法。这些看法中的一条认为，不仅纯应用性的实践，就是学术研究本身作为一种实践也是受理论指导的，或者说是有“理论基础”的，这个“理论基础”来自以前的实践，新的实践不仅是对它的应用，也是对它的检验，通过对建立在“理论基础”上的假设的证实或证伪，理论被不断地完善，其对实践的具体指导价值也随之越来越大。

果真是这样的吗？毫无疑问，近百年来的科学发展和技术进步可

算是对上述观点的最好证明。但是另一方面，以上表述的一个必然推论却也令我们不由自主地想起那则著名的“鸡生蛋还是蛋生鸡”的故事；在暂时表示心悦诚服的同时，好奇心还是驱使我们抑制不住地想问：在那产生第一个“理论基础”的实践发生之前的短暂瞬间，人类是怎样在一种毫无任何知识的深渊中挣扎的？是否真有一种自身没有任何“理论基础”，却产生了第一个“理论基础”的实践？它又是怎样将人从无知的深渊中解救出来的？以上问题也可以表述为：在一个纯物质的世界里，“心”究竟是如何诞生的呢？

或许我们可以认为，有一些“理论基础”是不言自明的，或者我们获得这些“理论基础”的能力是不言自明的，但如此一来，实践的所谓客观性就变得非常不纯粹了：难道知识根本上是先天的吗？确有许多人持这种看法，可是知识的先天性却又无法驱散自身所造成的绝对真理的迷雾，“思维能够认识那一开始就已经是思想内容的内容，这是十分明显的。同样明显的是，在这里，要证明的东西已经默默地包含在前提里面了。”[1]

在对“基础”的无限追寻中，我们茫然若失。开始我们认定它不在纯粹的“心”中，而只在纯粹的“物”中，然而紧接着我们又发现，若它在纯粹的“物”中，则它必然又要回到纯粹的“心”中。当然，还有人认为，一切也许都来自一种生物的规定性，比如基因，然而我们也很难想象这样一种基因，它的作用的发挥不是像使人长出手和脚的基因一样需要生物的养料，而是需要知性的养料——它需要声音的刺激，但仅仅是有意义的声音，这是如何可能的呢？除非它是如此这般的一种有灵性的基因，能够从各种千奇百怪的声音中自动筛选出语言的声音，从而以它为养料在心智中长出一个具体的语言，而这也就意味着，所谓语

[1] 恩格斯语，转引自王德峰：《哲学导论》，上海人民出版社2000年版，第90页。

言以及一切知识之基础的问题并不是一个纯生物学的问题。[1]这样一

[1]我们这里的讨论显然主要是针对Chomsky的。自Chomsky正式提出“对语言的研究自然地属于人体生物学的范围”（Chomsky著：*Reflections on Language*，Pantheon出版社1976年版，第123页）以来，Chomsky就多次强调“普遍语法”作为人类“语言器官”之初始状态（又称“语言习得机制”）的生物遗传性，并进一步认为具体语言的生成乃是这一遗传特性在后天语言经验的激发下自动发挥作用的结果（见Chomsky著：*Knowledge of Language: Its Nature, Origin, and Use*，Praeger出版社1986年版；Chomsky著：*New Horizons in the Study of Language and Mind*，外语教学与研究出版社2002年版等）。对于这一观点，更有人用打比方的方法解释说：“一粒种子种在地里就会生根发芽直至开花结果，这一过程没有环境是办不到的：它需要水、阳光以及各种矿物质。然而，植物之所以可能长成，根本上还取决于种子的遗传特性，环境只是决定了这种潜在的特性在多大程度上能够得以发挥。语言知识的成熟也需要经验，否则什么都不会发生，但是，这一过程的全部可能性在一开始就已经决定了。”（Cook & Newson著：*Chomsky's Universal Grammar: An Introduction*，外语教学与研究出版社2000年版，第106页）持这种见解的人相当多，如宁春岩也认为，“说语言习得离不开与生俱来的普遍语法或语言习得机制，并不是否认后天语言环境的作用，这就跟说鸟能长出翅膀要依赖鸟类的遗传信息不是否认它也得靠后天经验摄取食物一样。”（宁春岩：“导读”，载Cook & Newson著*Chomsky's Universal Grammar: An Introduction*，外语教学与研究出版社2000年版，第F21页）我们认为，上述观点忽略了所谓“后天语言经验的激发”过程中的一个重要问题，即：后天语言经验如果要像食物帮助鸟长出翅膀一样激发“语言器官”的生长，它也必须有独特的生物学特性。光给婴儿听任意的声音是不行的，狗叫就不能让他们学会说话，那么语言的声音有什么生物学特性呢？如果说它是以分音节的形式出现的（洪堡特著，姚小平译：《论人类语言结构的差异及其对人类精神发展的影响》，商务印书馆1999年版，第79页），那么给婴儿听任意的分音节是否就能激发他们学会说话呢？事实上，要在生物学意义上区分语言的声音和非语言的声音是不可能办到的，因为无论语言和非语言的区别是在于前者有意义还是在于前者有层次结构，这种区别都无法在其声音的生理—物理层面得到体现。这也就意味着，一方面，在生物学意义上存在的“语言习得机制”只有受到语言的声音的激发才能够生长，语言的声音在这种功能上不能为其他的声音所替代；另一方面，语言的声音又无法在生物学特性上区别于其他的声音。这是可能的吗？迄今为止，人们关注的只是在基因中寻找“语言习得机制”的可能性，却没有意识到这个“形而下”的肉身的长大却需要一种“形而上”的养料。因此，下面这个被普遍接受的图示实际上不可能在其所诉求的生物学意义上成立，其根本问题就在于：一种不能被生物学话语所描写的东西不可能进入一个生物学模型。

输入	→	语言习得机制	→	输出
（初级语料）		（Language Acquisition Device）		（一套生成语法）

图3 Chomsky第一语言习得机制的图式总结

事实上，早在上世纪70年代末，Magee就曾在对Chomsky的访谈中提出过一个与以上讨论密切相关的问题：“如果我生长在一个荒芜的小岛上，我仍然还要长胳膊、长腿，到达青春期并最终死亡，但是我不会形成运用语言的能力。因此，在语言运用和你刚才与之比较的东西之间，仍然明显地存在着某些基本的区别。”然而，这一问题并没有引起Chomsky的注意，他的回答是：“这种区别不是根本性的。对任何生物系统而言，环境制约并刺激它的生长。这对于胚胎的生长和后天的发展都是适用的。”（［英］麦基著，周穗明、翁寒松等译：《思想家：

种将“心”高度抽象又急剧“物”化的企图仍然是在打一场二元对立的拉锯战。在这场没完没了的战争中，我们苦苦追寻的“基础”实际上已经失去了。

那个本真的基础究竟是什么？在这里我们本可以直接进入对现象学方法及语言学文本之现象学的讨论，不过，鉴于那个科学研究之“理论基础”的具体问题还没有回答，我们将先从科学哲学，尤其是以《科学革命的结构》为代表的Kuhn的物理学史研究对这一问题的直接探讨开始。

作为二十世纪科学哲学领域最重要的著作，《科学革命的结构》并非一部普通的科学史，它所要回答的正是被一般科学教科书所遮蔽的那个问题，即科学发展的模式，或曰科学研究之可能性的问题。在进行这项研究之前，Kuhn也曾是前文所表述的某种实证主义或证伪主义的支持者。不过，他对于自身观念的怀疑不是源自类似上文的逻辑分析，而是来自科学史本身给他的启示：

当时，我还是一位理论物理学的研究生，即将完成我的博士论文。这时我有幸参加了一项实验性的大学课程，这是为非理科学生开设的物理学，由此而使我第一次接触到科学史。使我非常惊讶的是，接触了过时的科学理论和实践，竟使我从根本上破除了关于科学的本质和它所以特别成功之理由的许多基本观念。[1]

与十五位杰出哲学家的对话》，生活·读书·新知三联书店2004年版，第250页）在这里，Chomsky将Magee所假设的情况视为缺乏刺激语言器官生长的必要环境，然而他并没有意识到，这也就意味着所谓语言器官生长所需要的环境并不是一种在生物学意义上运作的环境：毕竟，在无人的小岛上虽然不乏各种声音，却唯独没有知性的声音。因此，尽管我们并不反对Chomsky在纯句法范围内对“普遍语法”抽象规则的研究，但将“普遍语法”生物化的做法则超出了生物学所能承担的范围。如果说有一种生物器官天生只对有知性的声音作出反应而对无知性的声音则无动于衷，那么不如说这种生物器官就是上帝自己。正是基于对这一经验主义问题的敏感，Ayer评论说：“我十分同情洛克，我觉得乔姆斯基观点的有力之处不在于他所肯定的那些东西，而在于他对另一些东西的否定。他最令人信服的一点，是指出用纯粹行为主义的条件反射理论来解释语言习得不能正确地反映事实的复杂性。”（［英］Ayer著*Philosophy in the Twentieth Century*，Random House出版社1984年版，第241页）

［1］［美］库恩著，金吾伦、胡新和译：《科学革命的结构》，北京大学出版社2003年版，序第1页。

这段看似不起眼的自述对于我们理解所谓“理论基础”的问题有着特殊的意义。它向我们指出了这样一点：以往的科学史，那种认为科学无疑是在一个统一的逻辑下不断积累、不断进步的过程的编年叙述很可能具有一种根本上的误导性。这种误导性，正如Kuhn在随后的研究中所指出的，乃是来自科学对其自身的隐瞒，而执行这一隐瞒“任务”的，就是在同一科学“范式（paradigm）”下工作的所谓“科学共同体（scientific community）”。

科学为何要隐瞒自身，难道它是一场阴谋吗？当然不是这样理解。科学对自身的隐瞒，毋宁说就是我们在引言中所指出的话语体系对自身的不可还原性：当科学话语对我们的思想长期在场时，它的对象化便被无限期地延迟了，用Kuhn引自Whitehead的话来说就是：“不敢忘记其创始者的科学是个死掉的科学。”[1]

当然，科学并没有在史实的意义上忘记自己的创始者。这里讨论的不是一个道德上的忘恩负义问题，也不是科学志的编纂问题，更不是科学的终结问题——尽管Whitehead这句话的最富深意之处恰恰就在于那个“死掉”：它令我们想起了Derrida在其《声音与现象》开篇所引的那段意味深长的话：

——对，——不，——我已经睡着了——而现在，——现在，我死了。[2]

这段从Poe的小说中抽出的谜一般的话在这里的真实含义正是：“我”只有通过“我”的在场性的死亡才能够得到理解。同样，科学也不能在其自身的在场中得到理解，它是永远在延异着的；事实上，它必须“死掉”才能够活。

Kuhn和Whitehead也许还没有看到这一点。但是，《科学革命的结构》从历史主义的角度已经向我们充分揭示了科学话语作为人之话语体

[1] 引自上书第125页。

[2] 引自［法］德里达著，杜小真译：《声音与现象》，商务印书馆1999年版。该句出自Edgar Allan Poe的短篇小说《瓦尔德马病例真相》，是小说中的主人公Valdemar先生在受到催眠的状态下说的，原文为：Yes；–no；–I *have been sleeping*–and now–now–*I am dead.*

系必然从其制造者那里继承来的有限性，而正是这一历史主义的视角使它与所谓“科学学”有着截然不同的性质：如果说后者还是在系统内看系统从而根本上是一种自我论证，那么前者已经实现了对科学话语的“跳出系统反思”，正如Kuhn所言：“我的最基本的目的是要敦促学术界改变对熟悉的资料的看法和评价”[1]。

当然，这也就意味着Kuhn进入了一个新的话语系统。这个系统中的一个核心概念就是他所提出的“范式”。“范式”是这样一种东西，它既是某种具体的科学实践，同时又在抽象的理论意义上成为新实践的蓝本。典型的“范式”如“亚里士多德的《物理学》、托勒密的《天文学大全》、牛顿的《原理》和《光学》、弗兰克林的《电学》、拉瓦锡的《化学》以及赖尔的《地质学》”[2]，它们作为实践本身就是对它们所公认并提供给后来者的规范的证明。另外，“范式”还是科学发展之不同阶段的代表，这些阶段之间不是线性的继承关系，相反，它们是割裂的，用Kuhn的话来说，它们具有“不可通约性（incommensurability）”。因此，它们各自的科学家团体（即所谓“科学共同体”）之间实际上存在着一种对科学基本问题之集体承诺的差异，这种差异并不排斥不同科学话语之间的可译性，但是很明显的是，“将一个理论或世界观翻译成自己的语言，并不是使它成为自己的理论或世界观”[3]，今天教科书上的牛顿物理学和本真的牛顿物理学就属于完全不同的两个世界。

Kuhn的发现对于我们回答科学研究之“理论基础”问题的启发性在于：他指出了所谓“理论基础”的“非基础”本质。科学之“范式”作为一个集理论和实践于一身的发生源，在根本上就是一个自我缔造、自我再现的话语体系。“具体的科学成就，作为专业承诺的一个焦点，要比可能是从其中抽象出来的各种概念、定律、理论和观点更

[1]［美］库恩著，金吾伦、胡新和译：《科学革命的结构》，北京大学出版社2003年版，序第5页。

[2] 同上书，第9页。

[3] 同上书，第182页。

在先”。[1]换而言之，在同一“范式”下对世界的科学认知乃至改造根本上都是一个“范式”在活生生的生命体验中自我诞生、自我成长的过程。我们以为某项科学实践是建立在某种“理论基础”上的，实际上在同一话语体系内，理论和实践总是互为基础的，这种互为基础和本章开头提到的“实践产生理论、理论指导实践”有着根本的不同——毋宁说，实践本身就是理论的肉身：与其说是某项研究证明了某种观点，不如说是这种观点所依托的“范式”再一次在这一研究中成就了自身；与其说是某种事实证实了某项假设，不如说是我们在这项假设所基于的整个理论假设的背景下看到了这一“事实”本身。

因此，科学话语体系在根本上是自证明的。无论科学家表现得如何符合工具理性的标准，在这种表现的最底层始终盘亘着一种类似“信仰”的力量，那是科学话语无法消解也不能消解的。从这一点出发，我们也就很容易理解科学“范式”之间的“不可通约性”：这种“不可通约性”和宗教之间的“不可通约性”（如果可以这么说的话）[2]在本质上是一致的；同样，Kuhn在其著作第二版的后记中所作的如下结论也就非常明了了：

> 科学知识像语言一样，本质上是一个团体的共同财产，舍此什么也不是。为了理解它，我们必须认清那些创造和使用它的团体的特征。[3]

那些创造和使用了科学话语的团体究竟有什么特征呢？最关键的，他们到底如何创造了科学话语？Kuhn从实用主义的角度认为，新“范式”的产生是为了解决旧“范式”所不能解决的问题，这也是形成“科学共同体”的一种重要的凝聚力。然而Rouse也指出，那些被旧

---

[1] 同上书，第10页。

[2]《科学革命的结构》的一个核心思想是：以科学“范式”的更替为特征的科学革命意味着世界观的改变，在科学家经历了“范式”的更替之后，“他所探究的世界似乎各处都会与他以前所居住的世界彼此间不可通约了”（同上书，第102页）。正是在这一意义上，我们在这里对各种宗教也使用了“不可通约性”这一说法，我们的意思是：一个人不可能同时真诚地信仰几种宗教。

[3] 同上书，第188页。

“范式”视为非正统的解决方案也许早就有了，只是当旧“范式”的危机加剧时它们才开始受到认真对待。[1]那么“范式”产生的根源到底在哪里呢？事实上，Kuhn谈论较多的还是科学家们在科学危机来临时对于范式进行取舍的原因[2]，“范式”究竟是如何发生的——广而言之，一切话语是如何发生的——这个问题反而被遮蔽了，而要回答这一问题，就必须进入现象学的讨论。

第二节 再现：历史的延续与断裂

现象学是什么？现在也许是必须直接回答这个问题的时候了。在某种意义上可以认为，现象学就是对上文所说的“话语的发生学问题”——或曰“认识之可能性问题”——的研究。然而，在这种研究中现象学究竟采取什么样的立场，又得出了什么样的结论呢？在本书终于进入其对自身的所谓“理论基础”的正式探讨时，人们或许正以训练有素的现代学术头脑，期待着通过一场对现象学卷帙浩繁的文献的全面回顾，来把捉这场绵延一个世纪的哲学运动并同时把捉我们的这项研究本身：现象学有哪些基本的研究成果和代表人物？我们的这项研究又是属于哪门哪派得自谁的研究规范？通过对这些问题的回答，我们终将确立自己在现代学术精密而庞杂的分工系统中的位置，于是认识、讨论乃至评价都可以发生了。

然而问题是，现象学很可能根本拒绝这样一种把捉。是的，虽然

---

[1] [美] 劳斯著，盛晓明、邱慧、孟强译：《知识与权利——走向科学的政治哲学》，北京大学出版社2004年版，第30页。

[2] 赵敦华总结认为：“库恩在他的早期著作中强调，科学家的心理因素是他们取舍范式的原因。这实际上否认了范式的可比性和科学革命的进步性。在他的后期著作中，库恩承认，科学家依据实践理性选择范式。”（赵敦华：《现代西方哲学新编》，北京大学出版社2000年版，第335页）我们认为，导致Kuhn哲学对相对主义的暧昧态度（这里更不用说Feyerabend完全否认“范式”之可比性的相对主义真理观了）的，正是其对于“范式”之认识论根源的忽略，具体理由见下文的讨论。

我们不能以将本章无限扩充为代价来谈及现象学的方方面面，我们仍将涉及现象学的一些分支，并将表明自己的立场。但是，现象学精神的更彻底的表现也许正是对自身话语的绝对性的推翻。因此，尽管表面上看来我们费尽周折终于即将踏上我们的“理论基础”，但诚如前文所言，所谓“理论基础”根本不是“基础”，也许从一开始我们就必须不断提醒自己，无论我们说自己是现象学也好、解构也好，我们的话语，如Heidegger所说，正是我们最“没有把握”的[1]，它只给我们提供一种“朝向”，但因此也最有意义。关于这一点，我们也许还可以从下面的两段话中得到进一步的启示：

任何具体现象学的分析内涵和直观结果在这里[2]都应当——用一个现象学的术语来说——“被加上括号”，“被排斥”在我们的视域之外，唯有那些贯穿在所有这些学说和学科之中，从而使它们得以成为现象学的东西，才作为它们共同拥有的形式财富留存下来。我们的目光关注于它。——这可以算是对现象学的一个主要方法，即对“现象学还原法”的一个通俗的、然而并不庸俗的运用。[3]

（现象学的方法）意味着使现象学最初得以成名的立场。[4]

从上面的分析中，我们已经可以体会到现象学的一种基本思想，这一思想实际上正是对思想之为思想的还原式的追问。现象学的创立者Husserl认为，现象学是对“本质（德das Wesen）”的研究，而这个“本质”在根本上是只能被“直观（德anschauen）”的。这也就是说，我们的一切认识——包括知识、概念、语言、话语——的来源是不能靠对认识本身的先在规定而认识的，因此，这个来源既不是唯心主义所宣称的某种先验实体，也不是旧唯物主义所主张的硬邦邦的“客观”。

---

[1]［德］海德格尔著，孙周兴译：《林中路（修订本）》，上海译文出版社2004年版。

[2] 即“在对现象学精神的探寻中”。

[3] 倪梁康：“何谓现象学精神”，载倪梁康等编著《中国现象学与哲学评论》，上海译文出版社1995年版，第1页。

[4]［德］黑尔德：“导言”，载［德］胡塞尔著，倪梁康译《现象学的方法（修订本）》，上海译文出版社2005年版，第8页。

Merleau-Ponty曾评价说："现象学最重要的成就也许是在其世界概念或合理性概念中把极端的主观主义和极端的客观主义结合在一起。"[1]而这也就将现象学的立场与本章开头的讨论直接联系了起来。

"心"是如何诞生的？概念是从哪里涌出来的？的确，概念话语似乎不能完全抛弃自身而达到它之前的来源，可是现象学的一个基本意图确实就是要通过某种手段实现对这个"前"的朝向。无论是Husserl的"悬置"、"还原"、"本质直观"，还是Heidegger的"形式显示（德Formalanzeige）"话语等，都旨在寻求一种对这一原发之境的领会。虽然各人的具体看法和手段不尽相同，但是必须承认，他们都在这种对原发之境的领悟中实现了对传统认识论和本体论的不同程度的革新。在Husserl的"生活世界（德 Lebenswelt）"中、在Heidegger的"实际生活经验（德Erlebnis）"中、在Merleau-Ponty的"身体（法corps）"中，"心"与"物"、"主体"与"客体"都处在一种交融的、未分的状态，这是一种活生生的、蕴含了一切意义之可能性的状态。Heidegger说：

> 现象学这个词可以用希腊文表述为λέγειν τὰ φαινόμενα。λέγειν则等于说ἀποφαίνεσθαι。于是，现象学是说：ἀποφαίνεσθαι τὰ φαινόμενα：让人从显现的东西本身那里如它从其本身所显现的那样来看它。这就是取名为现象学的那门研究的形式上的意义。然而，这里表述出来的东西无非就是前面曾表述过的座右铭："面向事情本身！"[2]

"面向事情本身"，或曰"朝向事情本身"、"回到事情本身"[3]通过Husserl和Heidegger的提倡早已成为现象学的经典口号，它的含义正是：让"事情（德Sachen）"、让那个活生生的"前"的状态显现出

---

［1］［法］梅洛—庞蒂著，姜志辉译：《知觉现象学》，商务印书馆2001年版，第16页。

［2］［德］海德格尔著，陈嘉映、王庆节译：《存在与时间（修订本）》，生活·读书·新知三联书店1999年版，第41页。其中的几个古希腊语词解释如下：λέγειν：动词λέγω（道说）的不定式形式；τὰ：冠词，中性复数第四格；φαινόμενα：名词 φαινόμενον（现象）的复数第四格；ἀποφαίνεσθαι：动词ἀποφαίνω（显现出，展现）的不定式形式。

［3］［德］胡塞尔著，倪梁康译：《逻辑研究（第二卷第一部分）》，上海译文出版社1998年版，第5页。

来。传统哲学认为现象之前还有一个本质，现象学则将其“悬置”，或曰“加括号”。本质不能通过自己来认识自己，相反，现象才是真正的本质，但是现象并非脱离意识而存在的物质实体，在这里根本没有物质和意识的区分，它根本不是“什么”，它仅仅“是”。相对而言，它所“是”的那个“什么”，那些建立在真正本质的现象基础上的认识话语——无论“意识”也好，“物质”也好——都是值得还原的，都是对某种“前（拉丁prae-；英pre-；德prä-）”状态的领悟的“再现（拉丁repraesentatio；英representation；法la représentation；德das Reprä-sentieren，die Vorstellung，die Vergegenwärtigung）”，因而都有一个“再（re-）”的维度。

应该说，相对于受现象学普遍关注的“前”而言，“再现”并非现象学的核心概念，它更多地还是一种解构主义的用语，Husserl、Scheler、Heidegger等都没有将其置于自己学说的主要位置。不过，“再现”确实为我们理解从现象学到解构主义的发展提供了一个极佳的参考。可以说，“再现”这个词本身就包含了现象学在其发展中的两种基本取向，这也是后来导致以Gadamer为代表的诠释学和以Derrida为代表的解构主义发生争执的主要原因。

“再现”，拉丁语动词为repraesentare，该词由四部分组成：re-（再）、prae-（向前，在……前）、esent-（esse[在，是]的现在分词词根essent-的变体）、-are（动词词尾），合起来就是“令……再—前—在”。这是一个极富张力的组合，从构词上来说，它直接源自形容词“在场”，或曰“前—在（praesens，单数第二格praesentis）”，然而它却不是原发的直接在场，而是某种方式的“再呈现”。在这种“再呈现”中，原本的“在（esse）”通过其现在分词词根后新的动词词尾-are被完全遮蔽了：一个过程为另一个过程所替代，人们甚至已经很难看出这里还有一个相当于古希腊语εἶναι、相当于英语to be、相当于德语sein的“在”了；用现象学的话来说，正是“再现”的在场阻断了我们对于原本的“在”的认识。

或许有人会说，这不过是“再现”在拉丁语中的一种偶然的象征意义，词源的分析固然很有趣，但并不能作为下定论的依据。然而即便如此，拉丁语“再现”中所蕴含的“前（prae-）”与“再（re-）”、“在（esse）”与“令（在）（-are）”之间的张力却是真实存在的。这种张力虽然不是来自拉丁语构词法本身的作用，然而词的生成却反映了思想的一种隐秘的状况。在这里，“再现”再现了对于自身的一种体验，而体验则通过这种再现如原本的“在”一般隐匿了自身，这正是我们在前文中所表述的现象学观念的具体体现。

对“前”与“再”、“在”与“令（在）”之间的张力的现象学理解，很自然地会产生一种回到“前”、回到“在”的要求。这种要求用Husserl的话来说就是现象学的“还原”：对“前”状态的认识要求我们中止那些隐匿自身起源的概念和判断，从而进入一种更加原本、更加纯粹的领域。Husserl从认识论的角度认为，这个领域便是“意向性（德Intentionalität）”的领域。当然，并非所有现象学家都持这一观点，Merleau-Ponty认为，“意向性”应该再走向“身体”，而前期Heidegger则从本体论的角度将“意向性”代之以更深层的“存在（德Sein）”。不过，若就其差异不论，则无论Husserl、Merleau-Ponty还是前期Heidegger，都希望能够达到一种澄明、敞亮的活的境界。换而言之，他们都将重点放在对“前”状态的揭示上，在这一基础上，概念话语的生成问题才可能得到较为可靠的回答。

对概念话语的生成，或者说意识内容的生成的研究典型地体现在Husserl 的“发生现象学（德die genetische Phänomenologie）”中。Husserl并不否认认知事实的真实性，但是，在“现象学还原”思想的指导下，一切认知都被“悬置”，或者说“加上了括号”，而它们的生成作为无前提下的意向性中意识内容的自我构造也就有了基础。Husserl曾认为这个基础就是时间性中纯粹自我意识的自明性，并曾对内时间意识的现象学作了十分细致的分析。不过在《欧洲科学的危机和超验现象学》一书中，他进一步提出了“生活世界”的概念，并认为这才是真正无前提的、“永远事先给予的、永远事先存在的世界”[1]，相对而言，作为认识的科学则是以生活世界为基础的。

从上面的分析中可以看出，Husserl对于认知话语与“前”状态的关系基本上是持一种直线式的看法：通过对前者的“还原”可以看到后者，而后者则直接在自然思维中呈现为前者，两者之间是一种历史的延续关系。这种看法在前期Heidegger那里也有较为明确的表达。Heidegger提出的与“生活世界”十分相似的“实际生活经验”也是一种自我显现的“去蔽（ἀλήθεια[2]）”状态，一切认识——包括真理和谬误——都基于它，对后者的还原使我们进入了前者的澄明之境，而前者作为自我显现的意义源则与后者呈现直线延续的发生现象学关系。

既然从现象到意识内容是直线延续的，那么“再现”之“再”若作为一种对差异性的强调其地位就显得非常次要了。“再”之重要性主要是令“前”以某种隐匿的方式得到延续并成就意识的内容，因此，Husserl甚至对“再现”一词并不十分满意；事实上，他是严格区分“保持（德Retention）”与“再现”的，前者是在意识内容发生的时间晕圈内的“直线延续”，而真正的“再现”只和意识内容再次出现时的想象过程有关，它与意识内容的原本生成是两码事。正如Husserl所说，“我并非像是一个诡辩论者似的在否定这个‘世界’”[3]，哲学应该

[1]［德］胡塞尔著，倪梁康选编，倪梁康等译：《胡塞尔选集》，上海三联书店1997年版，第1087页。

[2]古希腊语词，本义为“不遮蔽”（ἀ-：否定前缀；λήθεια：来自λήθω[不定式λήθομαι]，λανθάνω[不定式λανθάνοαι]的古体，意为“遮蔽”、“逃避”），古希腊人以此表示“说真话”、“坦率”、“诚恳”以及“真理”。Heidegger在讨论真理概念时反复强调该词对于理解真理之本质的重要启示作用。他说：“真理（揭示状态）总要从存在者那里争而后得。存在者从晦蔽状态上被揪出来。实际的揭示状态总仿佛是一种劫夺。希腊人在就真理的本质道出他们自己时，用的是一个剥夺性质的词（ἀλήθεια[去蔽]），这是偶然的吗？当此在如此这般地道出自己之际，不是有一种对它自身的源始的存在领会宣示出来了吗？——哪怕这种存在领会只是以前存在论的方式领会到：‘在不真中’造就了‘在世界之中’的一个本质规定。”（［德］海德格尔著，陈嘉映、王庆节译：《存在与时间（修订本）》，北京：生活·读书·新知三联书店1999年版，第256页，着重号依原文）

[3]［德］胡塞尔著，舒曼编，李幼蒸译：《纯粹现象学通论：纯粹现象学和现象学哲学的观念，第一卷》，商务印书馆1992年版，第97~98页，着重号依原文。

抛弃的是那种不假反思的自然思维态度。

然而，如果对世界认知的自然思维态度应该抛弃，那么其认知的结果难道就不受一点影响了吗？换而言之，“再现”之“再”的差异性真的小到了可以在“保持”中忽略不计的程度吗？从这个角度来考虑，则我们最初面对“前”与“再”、“在”与“令（在）”时所提出的回到“前”的要求也许就要受到一定的挑战了。问题的根本在于：我们真的能够完全中止一切概念和判断而达到纯粹的“本质直观”吗？毫无疑问，人们在交流中的“主体间性（intersubjectivity）”让我们觉得生活世界带给我们的同一性必然是一种比我们自身话语的差异性更加根本的东西。可是，如果那个纯粹的、澄明的“前”世界只能通过我们带有差异性的“目光”去“直观”，那么真正的“本质直观”以及绝对的同一性又如何实现呢？如果它们不能实现，那么差异性和同一性哪一个更原本呢？从现象到意识内容的历史到底是直线的延续还是本质的断裂呢？

通过对Husserl本人作品的分析，Derrida试图向我们证明：断裂是更加原本的，在Husserl原本的“保持”中已经有了想象，因此“保持”必然要过渡到“再现”，现象学要求回到纯粹的现象本身“本质直观”的思路有把作为本质的现象形而上学化的危险。当然，这种批评并不一定适用于Husserl以外的其他现象学家，如果据此认为Derrida根本反对现象学也是不合事实的。然而，Derrida确实指出了Husserl现象学中的某些问题；在一定意义上可以认为，Husserl对“再现”之“再”的差异性的忽略正是他对自身的现象学原则贯彻不够彻底的体现。

事实上，对现象学“本质直观”产生疑问的并非Derrida一人。Heidegger在《存在与时间》之后也逐渐不再强调对原本的澄明之境的进入，相反，他开始形成一种“真理就在遮蔽中”的思想，并多次借用老子“知其白，守其黑”的格言以及一些欧洲诗人的诗句对此加以阐释。在后期著作中，Heidegger尤其注重语言的本体论意义，将语言比做“存在的家”[1]。他认为，语言的本质远非表面的符号系统，它

[1]［德］海德格尔著，郜元宝译：《人，诗意地安居》，上海远东出版社2004年版。

“给出”存在，将我们引向寂静之音，同时遮蔽了自身。在题为“语言的本质”的三次演讲中，Heidegger曾引用诗人Georg的一首诗来阐述自己的这一思想，这首名为“词语（德Das Wort）”的诗是这样写的：

我把遥远的奇迹或梦想 / 带到我的疆域边缘

期待着远古女神降临 / 在她的渊源深处发现名称——

我于是能把它掌握，严密而结实 / 穿越整个边界，万物欣荣生辉……

一度幸运的漫游，我达到她的领地 / 戴着一颗宝石，它丰富而细腻

她久久地掂量，然后向我昭示：/“如此，在渊源深处一无所有”

那宝石因此逸离我的双手 / 我的疆域再没有把宝藏赢获……

我于是哀伤地学会了弃绝：/ 词语破碎处，无物存在。[1]

以第三节结束为界，《词语》这首诗大致可分为两部分。在第一部分中，诗人表达了一种由于发现了自己“奇迹或梦想”的名称而将其牢牢掌握的喜悦，而在第二部分中，这种喜悦则由于一颗无法命名的“宝石”的失去转为了哀伤，在哀伤中，诗人领悟到：“词语破碎处，无物存在”。对于诗的第一部分，Heidegger做了如下分析：

从前，特别是由于他（诗人）的诗歌创作的成功，诗人十分崇尚这样一个看法，即认为诗意的事物——奇迹和梦想——已经从自身而来自为地、十分真实可靠地处于存在中了，只不过还需要艺术，进一步来为这些诗意的事物寻找一个描述和表达它们的词语。初看起来并且久已给人的印象是，仿佛词语犹如一种掌握机关，它笼而统之抓住了已经存在的事物和被认为是存在着的事物，使它们变得严密可靠，把它们表达出来并因此促使它们变得美丽。[2]

显然，如果纯粹的本质真能被直观到，那么词语确实就只是远古女神赐予我们的一个掌握机关——和“诗意的事物”相比，它只是一种直线式的延续。可是，为什么在诗的第二部分中，这个“掌握机关”却

[1] 引自［德］海德格尔著，孙周兴译：《在通向语言的途中》，商务印书馆1997年版，第130页。

[2] 同上书，第139页。

无法得到，以致出现了一颗因不能命名而“逸离我的双手”的宝石呢？Heidegger解释道：

也许诗人以“丰富而细腻的宝石”所指的就是词语本身吗？若然，在诗意地预感到词语本身不可能是任何物之际，格奥尔格就在女神那里为宝石祈求一个词语，也就是为词语本身祈求一个词语了。但命运女神却向诗人昭示：“如此，在渊源深处一无所有”。[1]

诗人发现了词语本身这颗宝石，然而这颗宝石却不能命名自己，因为一旦这样做它便必须令自己脱身离场，而剩下的则什么都没有了。“宝石之逸离也就是词语之被隐瞒”[2]，这和我们在引言中所说的以语言反思语言的状况多么相似！我们并不能完全脱离语言而进入纯粹的澄明之境，不可道之道仍然是道，词语就是先于物的存在的给出者，然而它又遮蔽着自身。我们可以做的，正如引言中所言，不是放弃语言，而是在说话的同时悟到“空”，“话不是实心的，‘空’作为话也不是实心的，因而也不是空心的”，用Heidegger的话来说也就是：“词语在隐瞒中把它的被扣留起来的本质带到了近处”[3]。

Heidegger对语言的本质的论述和Derrida的解构主义思想其实颇多相通之处。Caputo认为，Derrida的解构论和Gadamer的诠释学事实上分别代表了所谓“海德格尔主义”的“左翼”和“右翼”：前者强化了其“离心”的方面，后者则强化了其“向心”的方面[4]。以我们所关注的“再现”而论，可以说诠释学强调的是历史的延续部分以及由此带来的同一性，而解构主义强调的则是历史的断裂部分以及由此造成的差异性。在这个仿佛具有波粒二象性般的历史呈现中，也许我们会很自然地觉得差异性应该是同一性的补充。然而，当我们真正着手微观分析时，语言在根本上却始终如后期Heidegger所说的那样不断逃避着自身

[1] 同上书，第159页。

[2] 同上书，第161页。

[3] 同上书，第161页。

[4] 孙周兴、孙善春编译：《德法之争：伽达默尔与德里达的对话》，同济大学出版社2004年版，第168页。

而让我们看不到那个同一性的“根”。Derrida曾借用Plato“药（古希腊φάρμακον）”既是良药也是毒药的分析来说明语言既能揭示也能遮蔽的特点[1]，这不禁让我们想起中国人“是药三分毒”的老话；也许药的本性正在于它的毒，就如语言的本性正在于它的遮蔽。在《声音与现象》中，Derrida以题为“根源的补充”的一章收尾，其含义正是：所谓“对根源的补充”实际上要跃居第一性的位置而成为“作为根源的补充”，“补充的差异在其对自身的原初欠缺中代替在场”[2]。其实，Derrida并非不关注那个通向原初或者根源的还原，在评价Husserl《逻辑研究》中的思路时他就曾说：“纯粹逻辑语法，即意义的纯粹形态学，应该先验地告诉我们在什么条件下话语成其为话语，即使它不会使任何认识成为可能”[3]，然而，正是这种既关于话语，又不使认识成为可能的要求使得根源与其说是某种敞亮的“前”世界，不如说是它对自身的遮蔽。对此，Derrida有一段重要的论述：

直观的不在场——即直观主体的不在场——不仅仅是被话语所容忍的，只要人们在它自身中考察它，它就是一般意义的结构所要求的。它完全是被要求的：主体的整体不在场和一个被表述物的对象——作家的死亡或（和）他能够描述的对象的消失——并不阻碍“意谓”的行文。相反，这种可能性使得“意谓”本身诞生，使人们听见它并使人们去读它。[4]

如果“前”世界对自身的遮蔽取代了“前”世界而成为使认识得以实现的根源，那么不如说这个“前”世界就是自我遮蔽本身，正是它使得“意谓（德Bedeutung）”喷涌而出，而它自己则永远是“空心”的、不完整的、不断自我再现的。甚至像“我”这样的代词，我们以为它必然要和它再现的对象同时在场才能得到理解，而实际上，处在“我”之在场中的“我”是不知道所谓“我”的，“我”之所以有被说

[1]［法］德里达著，汪堂家译：《论文字学》，上海译文出版社1999年版，第424页。
[2]［法］德里达著，杜小真译：《声音与现象》，商务印书馆1999年版，第111页。
[3] 同上书，第113页。
[4] 同上书，第117~118页，着重号依原文。

出和理解的可能性，正是由于“我”的对象化，即千万个“我”之指称的不在场，这个不在场要越过“我”的指称对象的当下在场而成为“我”的意谓的根源，用Derrida的话来说就是，“为了理解‘我’这个词，我不需要对对象‘我’的直观。……我的死亡在结构上讲对我发出声来是必要的”[1]。

在场性必须死掉，话语才能获得生命。这一听来颇有几分悖谬的论断正是现象学智慧在解构主义中的结晶。Derrida进一步指出，由于千百年来声音一直在西方哲学中充当在场性的同谋，因此在场性的死掉必然意味着声音之让位于书写。这里书写并不等同于文字，它的意思是：声音不是透明地令概念出场，它也有一个“前”，也是不断再现的。符号之前有一个不断游离的、不断“延异”的渊源，这就是书写之重要性所在。

书写的重要性从另一个侧面反映了解构主义对于在场性和话语的态度。只有承认了“前”世界的不在场才能够达到对话语结构的真正突破，这也是本书采取解构主义策略的重要原因。当然，以Gadamer为代表的诠释学实际上也是与传统的话语观针锋相对的；也许可以说，解构主义者其实就是一种对细节严谨到了极端的诠释学家。虽然从整体作用上看，必然是历史的延续占优势，但从微观的逻辑推敲出发，则毋宁说这种延续就是根本的断裂对于自身的断裂。正如我们已经看到并仍将继续看到的，从推理自身发现推理的问题往往最具有说服力。

第三节　语言、语言学和语言学文本

Kundera曾说：“我很喜欢一句犹太谚语：‘人们一思索，上帝就发笑’。……为什么人们一思索，上帝就发笑呢？因为人们愈思索，真

[1] 同上书，第121~122页。

理离他愈远。人们愈思索，人与人之间的思想距离就愈远。”[1]事实上，这句谚语也足以概括我们在上一节中所有饶舌的论证，虽然它恐怕同这些论证一样不能逃脱令上帝发笑的命运。诚然，犹太智慧对希腊理性的贬抑并不减损我们对西方文明中“逻各斯”英雄性的崇拜，然而正如我们在上一节中所指出的，话语的“逻各斯”必然要依赖于它的再现性才能成立，而根本的再现则意味着“逻各斯”并不处于认识的中心，相反，意义的发生需要一种边缘化，它在根基处始终是一种不完满的、自我再现式的生成。

“人们一思索，上帝就发笑”，因为我们越是试图抓住认识的话语，便越是要失去它，甚至这句话本身也是如此。结构主义者认为真理就在结构中，然而当我们抱住结构死死不放时，其历史性便立刻被湮没了。李小龙曾就武术中的类似问题说过一段颇具启发性的话：

一个武术流派的创始人也许曾得到某种部分真理的启示。然而，随着时间的流逝，尤其是在创始人过世之后，这种部分真理却成了一项定律，甚至更加糟糕，成了一条对“异己”的派别带有歧视的信仰。为了将这种知识一代代地传下去，弟子们不得不对各个招式进行组织、分类，并将其以逻辑顺序展现出来。结果，原本应该是创始者个人灵动涌现的东西，现在却成了固化的知识，一种为方便众人学习而加工出的万能药。在这一过程中，弟子们虽然把这种知识当做圣坛来崇拜，但同时也将其变成了一座埋葬其创始者智慧的坟墓。[2]

武术的招式作为一套“话语”体系也有其“前”的维度，因此，人们一旦陷入这套“话语”之中，“上帝”便“发笑”了：对招式结构的迷信让我们离起点灵动的领悟越来越远，也让不同武术流派之间的隔阂越来越大，这正是Kundera所谓“人们愈思索，真理离他愈远”、“人们愈思索，人与人之间的思想距离就愈远”的一个实例。

[1]［捷克］昆德拉著，董强译：《小说的艺术》，上海译文出版社2004年版，第199页。

[2]［美］Lee著：Jeet Kune Do–Toward Personal Liberation，载Little & Lee著*Bruce Lee: Artist of Life*，Tuttle Publishing1999年版，第122~181页。

话语的历史性使我们对于“上帝发笑”的原因有了些许领悟，不过这恐怕还不是最根本的原因。转念之间，我们应该能够进一步领悟到：就是这个领悟本身才更“令上帝发笑”呢。领悟对领悟的领悟是如何能够被领悟的？意义如果在根本上不能“空”掉，则永远要往“前”推进。仍以武术为例，没有实际经验表现的武术还可能是武术吗？对武术真理的领悟一定要进入经验世界，这正和后期Wittgenstein所说的不存在私人语言的道理是一样的：我有一种对我完全透明的感觉，我悄悄给它起一个名字，它不能有经验的表现，它的名字也不能被翻译，除了我以外其他人无法知道它是什么，这可能吗？[1]很显然，话语，即使是纯声音性的话语，甚至Heidegger前期所谓的“领会”中的“沉默”[2]，都无法达到完全的透明而成为绝对的活在场的化身。如果真有这样化身的“前”世界，那么交流反而要变得困难重重了，因为它必然意味着私人语言的合法性。因此，对于“上帝的笑声”我们也许只能乐意地接受；甚至可以说，只有乐意地接受它，我们才能体会到人之意义的可能性。这种接受意味着：当对结构的打破进一步超越对“前结构”的挖掘时，我们终于看到了处于根源处的残缺，正是这种残缺使得结构获得了自我的生命，并使得话语有了意义。

“上帝的笑声”毕竟是人说出来的，这本身就是一种对于不完整性的不完整的诉说，这种对于现象学的现象学理解确实使我们在诠释与解构之间更加倾向于后者，尤其当我们将要面对充满重重结构主义壁垒的科学话语——包括语言学话语——时更是如此。当然，正如我们在前一节中已经指出的，诠释与解构之间其实有诸多共同点，在现象学的大前提下，充分挖掘这些共同点也许将更有利于我们的讨论，这也是为什么本章虽落足于对解构论的强调，却仍以“现象学”命名的原因。不仅

---

[1]［英］维特根斯坦著，陈嘉映译：《哲学研究》，上海人民出版社2001年版，第140~141页。

[2]［德］海德格尔著，陈嘉映、王庆节译：《存在与时间（修订本）》，北京：生活·读书·新知三联书店1999年版，第192页。

如此，虽然其意义域和结论不尽相同，但无论诠释还是解构事实上都因其现象学精神而与东方哲学中“道可道，非常道，名可名，非常名”、“缘起性空”、“诸法空相”等观念颇具相通之处。从这一点出发，也许下面的图示将进一步帮助我们梳理前文的思想并展开后文的讨论。

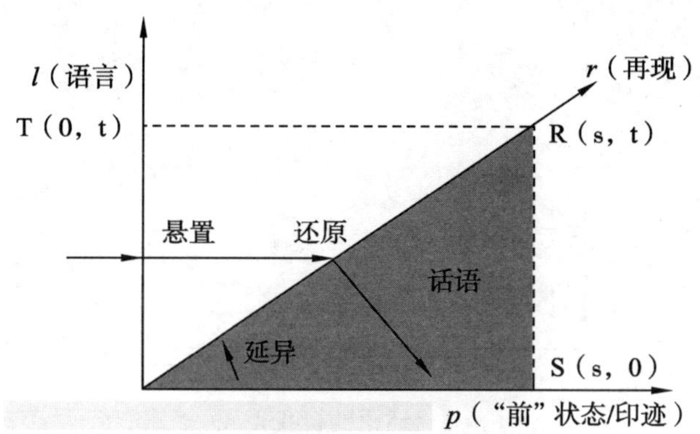

图4 话语的现象学

图4可以说是我们上一节中对作为再现之话语所作现象学阐释的一个图式总结，同时，它也让我们想起《道德经》“道可道，非常道”的开篇以及释家“缘起性空”的根本思想。在这幅图中，代表“前”状态的横轴与代表语言（这里应理解为“概念语言”，即通常语言学意义上的“语言”）的纵轴呈相互投影为零的垂直关系。这也就意味着，要在其中任何一个方向上有所表现都不可避免地要求另一个方向的遮蔽或不在场：话语的再现要在语言的方向上有所作为就必须脱离“前”状态的方向，在这种情况下，自然思维对语言的态度使得“前”状态被遮蔽，而对“前”状态的“本质直观”则要求悬置其语言轴上的“函数值”而还原其运作的基础。我们看到，话语实际上就是这样一种不断从“前（prae-）”走向“再（re-）”的再现的集合，它是可道之道，同时也是不可道之道的历史性生成之结果。

事实上，Husserl可能并不会同意上面分析中“再现”所起的作用。我们在上一节中已经指出，对Husserl而言，历史的延续性使得话语的发生首先应该表现为“保持”。但是，正如Derrida所说，“保持”要走向“再现”是一种必然；更进一步则可以认为，所谓绝对的“前”状

态还是在遮蔽之中的，要结束它和语言的分裂所造成的形而上学危险，就必须打破它们的垂直关系。因此，p要转向l并化为印迹，在它的不断延异之中，话语以自我再现的方式生成，这个关系也可以表示为下图：

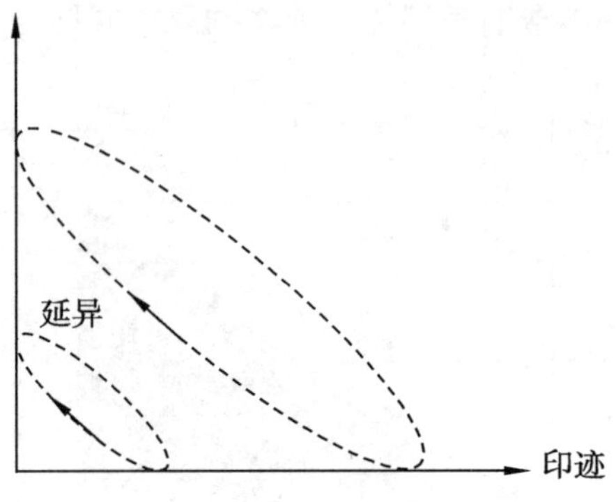

图5 话语的自我生成

这时，绝对的“前”状态实际上已经不存在了，取代它的是具有根本的不完满性的印迹，在它的延异中生成的话语不再是位于中心的靠语言的声音在场的那个再现，相反，话语的发生由于$p-l$关系结构的解体而走向了边缘。

“边缘化”实乃解构主义以至整个现象学中真理之灵性得以维护的主要手段。在图5中，话语作为延异之曲面的切点之集，不再分辨绝对的“前”的起点和结构的终点，在这个“有限集合体的封闭圈内的无限替换场域”，即Derrida所谓“游戏的场域”[1]中，既不存在结构的中心，也不存在“前”结构的中心，取而代之的是边缘化的“替补”，也就是上一节中谈到的“作为根源的补充”。在关于世界之话语的话语世界富丽堂皇的表象下居然是无穷替换的“空”，这一话语发生的真实情境，或者说这一关于话语发生的真实情境的话语，作为一种无论对其他话语还是对其自身而言都近乎悖论的描述，正是下文全部讨论的“缘起性空”式的基础。正如Lévi - Strauss称其关于神话的著作乃是“神话学的神

[1]［法］德里达著，张宁译：《书写与差异》，生活·读书·新知三联书店2001年版，第519页。

话”[1]，本书也可以看做是关于一种话语之边缘性的边缘性话语。

如果没有对话语作为总体的解构的认识，对一种话语的边缘性的诉说常常会令人感到困惑，尤其是当其作为一种表面上绝对矛盾的陈述而出现的时候，这时人们的第一反应往往是“疯话”。禅宗里这样的“疯话”就颇多，而这也是得到佛教“缘起性空”的基本精神的支持的。类似地，Heidegger在谈到教师之难时说，真正的教师“对他的材料比那些前来学习的人对他们的材料更加没有把握”[2]；Barthes则就人人都熟悉的阅读问道：“您不曾抬头而读吗？”[3]抬头还怎么读呢？然而，真正的读却定要在读与不读之间，就好像真正的教师对材料的把握却是最没有把握的把握，因为话语的生成，包括世界对“我”的展现和“我”对“我”的意识，都是自我再现的：“我”是“我”，正是因为“我”的不在场使“我”真实地出现，我知道我的世界——包括所谓“我的世界”这种认识——归根结底皆是空相，我不执着于它，正如我拒斥传统形而上学的立场；但另一方面，我亦不刻意将之为“空”而走向另一种“空”的形而上学，因为我就在我的语言中安身立命。言者在其言中安身立命，正如教师在“教”中安身立命，读者在“读”中安身立命，而真正身安于斯、命立于斯者亦将明白，其安身立命之所最终就是其自身。最好的教师对于所教最没有把握，因为他/她就是所教，他/她最清楚——因此也最不确定——一切是如何而来，因为那就是他/她自己，没有任何别的凭借，所以他/她说：我不知道任何关于世界的真相，但这就是我的信仰；可是另一方面，学生们却常常比这位教师更有把握，因为他们中的许多人最想知道的不是别的，而是关于世界的“常识”，这时，正如在“榨取真理”式的“低头而读”中一样，一种对于虚假的确定性和安全感的追求与话语的遮蔽性一道，将思想替换成了以它的名义制作的种种赝品。

---

[1]［法］德里达著，张宁译：《书写与差异》，生活·读书·新知三联书店2001年版，第516页。

[2]［德］海德格尔著，郜元宝译：《人，诗意地安居》，上海远东出版社2004年版，第28页。

[3]［法］巴特著，屠友祥译：《S/Z》，上海人民出版社2000年版，第50页。

思想的赝品何止千千万，当它捧出一个个虚假的中心时，便有专家盘踞其上出售真理，便有读者趋之若鹜低头而读——毕竟，那身处中心的伟大的成就感、切实的进步感怎能叫人不欢欣鼓舞呢？可是，真正的思想却要用一种边缘的快乐来取代它，一种“尼采式的肯定，它是对世界的游戏、生成的纯真的快乐肯定，是对某种无误、无真理、无源头、向某种积极解释提供自身的符号世界的肯定。这种肯定因此规定了不同于中心之缺失的那种非中心”[1]。

真正的思想，乃至任何一种真正的生活本身都是“非中心”的。如果用一种更为总括的眼光来看，那么我们对于话语的态度也就是我们对于生活本身的态度。正如Barthes对《萨拉辛》抬头而读，真正的生活是既超出又生活在当下。甚至包括我“正在写作”，或者您“正在读书”这件事，如果我们是以一种真正真诚的态度生活，我们又怎能不同时将“我究竟在做什么”这一问题也融入到这一事件当中呢？当我们将解构的边缘性化入生活之中，化入医学、建筑、政治、伦理等一切学科——包括语言学——的各种常识和技术之中时，我们将会发现，“抬头而读”，或者说“没有把握的把握”，却正是我们真诚生活的真实隐喻。

事实上，在把解构之边缘性的隐喻运用到我们最终关心的某种话语——在本书中即“现代汉语之语言学再现”——之前，我们已经能够看到一种隐喻的群像：一个五花八门的、来自各个领域的人与物的系列，它们之间的关联以及它们与本书的关联就在于，它们都以某种方式在具体的话语中回应着话语的边缘性以及我们时代生活的本质。在以后的讨论中，我们将反复和这些人与物发生接触。这里，作为一个具有代表性的组合，我们将首先提及的是Foucault、Kuhn和Beaugrande。

之所以将这三者放在一起，是因为我们将其视做边缘性的隐喻分别运用于“知识话语”、“科学话语”和“语言学话语”的典型。诚然，

[1]［法］德里达著，张宁译：《书写与差异》，生活·读书·新知三联书店2001年版，第523~524页。

解构的边缘性在这三者之中并没有一致的表现，甚至在研究的具体内容和方法上他们也没有太大的交集，然而至为关键的是：他们为本书的展开提供了一种由远及近的可贵的参考。

如果说Foucault是最远的，那是因为他涉及的领域最广，而他最著名的对疯癫、惩戒和性的分析似乎也与汉语语言学关系最疏。然而，尽管存在这样的"疏远"，尽管Foucault本人也从不称自己的研究是解构主义，其"知识考古学"的基本思想却从话语之历史性的高度将其全部研究作为整体与本书联系了起来。

和Barthes的文学文本分析一样，Foucault的"知识考古学"对于话语的结构具有强烈的意识，并且在得出这种结构方面具有很强的操作性，但是，Foucault一直避免对自己使用"结构主义"的称呼。与典型的结构主义不同，"知识考古学"所关注的是一种历史的结构，或者说结构的历史，而这也就意味着它必然要从单纯的对话语结构的描写走向对话语历史性的反思。通过对疯癫、惩戒和性这三者所涉及的重要人文话语的"知识考古学"的考察，Foucault所得出的并不是对某种稳固的话语结构的肯定，而是恰恰相反，人们对于社会和自身的种种"毋庸置疑"的观念都在Foucault 的考察中受到了因其自身历史的揭示而造成的拷问和质疑。这种情况和Barthes的文学文本分析正有异曲同工之处：通过对结构自身的建构的可能性的发现，结构不仅没有稳固，而且遭到了来自根基处的破坏。"对于任何给定的文本来说，并不存在科学的向一个独特的或统一的结构的会聚，与此相反，倒是存在歧义的解释的扩散。"[1]就人文话语而言，这种解释的扩散就在于：Foucault所揭示的不同时代的"认识型（法l'épistémè）"及其历史渊源恰恰证实了其作为反思对象之可能性，而"从这一点出发，他将论证人文科学的偶然性和可替代性"[2]。

所谓时代的"认识型"，也就是一个时代思想结构的基本特征。Foucault相信，不同文化领域的话语——比如经济学、医学、语法、生

---

[1]［美］古廷著，辛岩译：《20世纪法国哲学》，江苏人民出版社2005年版，第304页。

[2]同上书，第329页。

物学等——实际上共同形成了一种互相衍射的谱系关系，而这些都可以在“认识型”的形成和演变中得到体现。按照Foucault自己的说法，对“认识型”的知识考古学研究可以通过“异”的历史，也可以通过“同”的历史：前者是“一个文化借以能以大规模和笼统的形式确定作为自己的限制的那种差异的方式”，后者则是“一个文化借以能体验物之邻近的方式，它借以能确立起物与物之间相似关系的图表以及物借以必须被考察的秩序的方式”[1]。换言之，无论是对“他者”的确定还是对自我的建构，它们都从一个侧面为我们提供了“认识型”的形象，而Foucault的全部研究也正是要通过对这一形象的揭示来展现现代知识底层的“无意识”。

对“认识型”的揭示和对“无意识”的展现无疑击中了传统结构主义的“中心”情结，因此，Foucault的思想和解构的边缘性确实是息息相通的，这也是为什么Foucault不是“结构主义”，而是“后结构主义”代表的原因。不过，我们这里将Foucault作为一个具有典型性的三元系列之一环专门提出，并不仅仅因为是他在原则上与我们的共鸣。事实上，由于“知识考古学”的明确的实践性，它对于本书的展开在具体研究思路上有着重要的启示，而这一启示就来自所谓的“认识型”。由于“认识型”的提出，对语言学的话语考察必将扩展为对时代“认识型”下以语言学为指向的话语考察，而“现代汉语在现代语言学文本中的再现”也就具有了更加丰富的含义：在这一课题中，既包含了现代西方知识话语的“认识型”，又融入了汉语世界的话语背景，既涉及语言学研究者的层面，又涉及语言使用者的层面，而这一切都使得我们的研究实际上成为了对一个更为广阔的领域的带有聚焦的缩影。在这一领域中，我们看到的乃是一个说汉语的当代中国人的形象：他不仅说话、写字，还吃饭、穿衣、乘车、住房、看病、玩游戏、读小说、看电影……我们可能觉得这些和语言学没有任何直接关系，可是Foucault告诉我们，它们就在一个谱系中互相衍射着。正如现代的“人”就是现代“认

[1] [法] 福柯著，莫伟民译：《词与物——人文科学考古学》，上海三联书店2001年版，前言第13页。

识型”的创造，从根本上说，现代汉语的命运就是现代汉语语言学的命运，而它们的命运本质上也是现代汉语文学的命运、小说的命运、诗歌的命运、电影的命运，同时也是我们的医学的命运、建筑的命运、饮食的命运……总之，它就是我们文化的命运乃至我们自身的命运。不过，这种相关性并不意味着触动其中任何一点就能引起全盘的改变，相反，正如人皆有其生命，文化作为一个整体也有其生命，我们并不能改变什么。但是，也正如老到的中医都明白凭观色甚至听声就可以知道一个人生命的全貌，我们从语言学话语中，也可以知道一个时代对于人的理解，我们从现代汉语的现代语言学文本中，也可以明白今天的中国人正在做怎样的中国人。

Foucault对话语“认识型”的知识考古学启发我们：话语自我生成的“延异”与该话语以外的知识世界其实是互相印证的，而这一点和Kuhn对科学研究之“范式”的结论颇为相似，只是Kuhn的知识世界主要集中在科学，尤其是物理学领域。关于Kuhn的“范式”，我们已经有过相当多的讨论，这里，作为将本书从话语的一般理论引向具体实践的另一个重要参考，“范式”对于我们的意义主要在于以下两个方面：

首先，如果科学话语有“范式”的话，那么对于这种话语的运作的研究在很大程度上就取决于这样一个问题，即：“范式”是如何发生的？其实，这个问题在本章第一节中就已经提出来了，只是我们发现，Kuhn对这一问题的回答并不像他对话语取舍原因的分析那样令人满意。现在，当我们重新拾起这一问题时，我们不妨将它和“认识型”的发生问题一并思考。

对于“认识型”的发生，Foucault的研究似乎为我们提供了一个现成的答案。比如说，在古典时期，语言把一种表象的关系带到了语法并最终带到了整个世界的秩序之中。因此，科学间的关系就是这样一种秩序关联的隐喻。可是，如果说这种“词与物”的关系就是“认识型”发生与变化的原因，这其中却隐含着一个根本的矛盾：毕竟，我们不能说“词与物”的关系就是一个毋庸置疑的事实，因为它本身也只是一个表象，这就好像说，甲认为语言决定语法，乙认为语法决定语言，他们都可能觉得自己很有道理，可是到底谁掌握更原本的“事实”呢？

问题的关键在于：如果语法本身就包括在我们对语言的认识之中，那么语言和语法实际上不存在孰先孰后，甲和乙谁也没有掌握“更原本的‘事实’”，因为他们掌握的都是话语建构的“事实”，而这也正是Foucault的“认识型”以及Kuhn的“范式”在发生学上遇到困难的原因。在本章第一节的讨论中我们就已经指出，无论是科学家的心理因素还是别的什么因素，都不能作为对“范式”发生原因的合理解释。这里结合Foucault的“认识型”，我们更可以认识到：所谓心理因素、社会因素、学科间的类比等等都不是决定某一学科话语“范式”的根本力量，就像它们也不是决定某一时代“认识型”的根本力量。虽然这些庞杂的因素在不同情况下可能会有或大或小的影响，但“范式”和“认识型”就是自发生的，话语就是“缘起性空”。因此，虽然人们常常用一种社会—历史—心理状况来定义某个时代、某个区域的思想特征，对于真正的话语研究而言，这种定义却不是必要的。社会—历史—心理状况的发生本身就要作为一种话语而呈现，在本书中，虽然我们如前文所言要将语言学话语和其他领域的话语广泛联系起来，但这种联系并不意味着某种社会的、历史的、心理的决定论，它更多的是一种同一“认识型”或者研究“范式”下的隐喻。

Kuhn的“范式”对于本书的第二个启发——也是一个在具体方法上富有指导性的启发——在于：科学研究的“范式”在科学教科书中具有典型体现。可以说，不管是什么样的科学教科书，都逃脱不了我们在本章第一节中所指出的那种“对自身的隐瞒”。一种科学研究的“范式”要上升为一种新的“流行”，就必须以某种方式实现对自身“权威”的树立，而“至于这一权威性来源”，Kuhn评论说：“我想到的主要是科学教科书以及模仿它们的普及读物和哲学著作。所有这三类书籍——直到最近，除了通过研究实践外，还没有其他任何重要的关于科学的信息来源——有一个共同点，它们专注于一组互相关联的问题、资料和理论，通常是专注于写书时科学共同体所承诺的那套特定范式。”[1]事实上，无论科学教科书有没有提及同时代科学共同体形成

[1]［美］库恩著，金吾伦、胡新和译：《科学革命的结构》，北京大学出版社2003年版，第123页。

之前的科学史，它对于历史感的剔除都是彻底的，因为它不能参与对自身的边缘化，它的任务就是要建立一套以自身“范式”为中心的科学话语。然而另一方面，这也就意味着科学教科书为我们开展对于科学话语的研究提供了一个极好的对象：它是这个话语中最没有争议、得到最普遍传播的部分，也是这一话语最基本特征的体现，甚至在它对历史的平面化的重塑中，这些基本特征也得到了相当鲜明的表达。Kuhn曾以化学教科书中“元素”的定义为例揭示了科学教科书的这种基于最基本“常识”的、同时也是最完美的遮蔽性[1]，而对于本书这样以科学话语的解构为任务的研究而言，具有这样特点的文本正是我们在具体文本探讨中所需要的。因此，要对语言学话语以至现代语言学关于现代汉语的话语进行较为全面而又具体可行的考察，以教科书为对象可以说是一个极好的选择，这一点我们还将在第三章中展开论述。

在现象学方法、解构主义思想以及Foucault和Kuhn关于人文话语和科学哲学具体研究思路的引导和启发下，应该说对于本书下面的展开我们已经能够有一个大致的轮廓了。很遗憾，迄今为止我们没有看到和本书在中心论题及具体方法上有共同取向的研究[2]，大部分汉语语言学家对于现代欧陆哲学的关心似乎到结构主义就终止了[3]，倒是文学界和哲学界时常会对现代汉语之语言学再现的问题进行反思，虽然这些反思并不涉及对语言学文本的专门考察[4]。不过幸运的是，在汉语语言

---

[1] 同上书，第128~129页。

[2] 上世纪80年代末开始的一场关于“‘人文精神’还是‘科学主义’”以及关于建立“中国文化语言学”的争论可算是汉语语言学界对于现代汉语语言学文本的一次（也是迄今唯一一次）大规模反思，这些反思至今仍有影响，但是，它们虽然在思考对象上与本书有一些相同之处，但在思想方法上却全然不同，对此我们将在下一章中详细讨论。

[3] 当然，Ricoeur也是语言学家熟知的欧陆哲学代表，可是对于处在他和结构主义之间的后结构主义、解构主义以及现象学等重要思想，主流语言学家却鲜有问津。

[4] 文学界对这一问题的反思相当多，有影响的如：汪曾祺：《汪曾祺文集·文论卷》，江苏文艺出版社1994年版；李陀：“汪曾祺与现代汉语写作——兼谈毛文体”，《花城》，1998年第5期，第126~142页；张桃洲：《现代汉语的诗性空间——新诗话语研究》，北京大学出版社2005年版。哲学界的反思如张志扬：“小札：汉语言的能说与应说”，《文艺理论研究》，1995年第5期，第69~74页。另外，朱竞主编的《汉语的危机》（文化艺术出版社2005年版）也汇集了文、史、哲各界一些相关看法。

学以外，Beaugrande对于语言学基础著作的语篇研究却已经为语言学基本话语的历史考察提供了一个成功的先例[1]，而这个例子对于我们进一步确定本书的具体研究步骤也有一定的启示。

确切地说，Beaugrande 所做的是一项介于语言学领域的语篇分析和对话语“范式”的历史考察之间的研究。一方面，在整个研究中，Beaugrande都很强调对语言学话语的一种“知识考古学”式的反思，这种意识在研究的开头和结尾部分有明确的表达。例如，在研究一开头，Beaugrande就提出了一个和本书开头所提出的非常类似的问题：

> 在我看来，虽然语言学是关于语言的，却很少有人将语言学理论的主要著作当做语言——确切地说，是一种试图以语言来确定语言的话语模式——来加以分析和综合。[2]

和本书的态度不同，Beaugrande就是要来弥补语言学居然忘了自己的语言这个缺憾，虽然这种做法必然引起悖论，但Beaugrande关于“人们似乎默认理论并不那么强烈地依赖于那些碰巧用来阐述它们的语言”[3]的认识和“知识考古学”以及Kuhn的科学史的出发点是完全一致的。紧接着，Beaugrande围绕着一系列他认为最具有典型性的问题对西方语言学史上10位最具代表性的语言学家的21篇代表作进行了语篇分析，这些问题也都具有“知识考古学”的特征[4]。在结论部分，Beaugrande甚至将自己的研究和Kuhn的经典研究进行了比较，虽然他一再强调自己关于语言学话语“跳跃前辈（ancestor-hopping）”规律[5]

---

[1] Beaugrande著：*Linguistic Theory: The Discourse of Fundamental Works*，外语教学与研究出版社2001年版。

[2] 同上书，第1页。

[3] 同上书，第1页。

[4] 这些问题可以表述为：该语篇是如何表述和解答诸如下列问题的：1. 语言学与其他学科相比处于什么位置？2. 语言的哪些方面应当着重研究？哪些方面较为次要？3. 语言学家推崇或摈弃什么样的研究方法？……（刘世生：“导读”，载Beaugrande著*Linguistic Theory: The Discourse of Fundamental Works*，外语教学与研究出版社2001年版，第F22~F31页；详见该书第3页）

[5] Beaugrande总结自己对10位代表西方现代语言学不同发展阶段的语言学家的21篇基本著作的研究发现，“一种语言学理论往往是脱离先于自己的最近的理论而趋向于靠近更早期的理论”，他称这种现象为“跳跃前辈”现象。（Beaugrande著*Linguistic Theory: The Discourse of Fundamental Works*，外语教学与研究出版社2001年版，第344页）

的发现与Kuhn对“教科书”的话语“范式”的结论恰恰相反，但这也正表明了他的研究取向和Kuhn“科学史”的相似[1]。

另一方面，Beaugrande在具体研究中所采用的方法基本上是语言学中的语篇分析，这显然体现了他在研究之初提出的应将语言学著作作为语言来研究的思想。然而，这种研究究竟是否还应该在严格的语言学范围内进行呢？Beaugrande显然没有意识到这个问题中悖论的严重性。正如我们在本书开头就已表明的，对话语的反思必须跳出话语，要对语言学文本进行研究必须意识到语言学话语本身的“空”。然而Beaugrande却认为，虽然悖论可能造成不断的循环，我们却可以用“不断强化的严谨的审察”来对付它[2]，殊不知这种方法其实和Whitehead & Russell的元话语方案如出一辙，是不能解决悖论的。事实上，Beaugrande在研究中尽量避免以语言学话语本身作为元话语，他甚至表示要尽量少用自己的话[3]。可是，研究对象的对象化无疑是不可避免的，如果要更多地减少一种经验式的漫谈的可能性，研究者所要做的就不仅仅是指出一种历史的排列和联系。

Beaugrande的研究对本书的启示在于：第一，以解构语言学话语为取向的研究不仅完全可行，而且完全必要。正如Beaugrande所指出的，无论在今天还是未来，我们在语言学中的各种发现和我们对这些发现的应用都要求我们不断努力使自己保持一种清醒的认识——一种对于“我

[1] 事实上，Beaugrande并非否认Kuhn的结论对于真正的“库恩式教科书”的正确性，他甚至举出了Newmeyer著*Linguistic Theory in America*（Academic出版社1980年版）作为语言学中“库恩式教科书”的典型代表（Beaugrande著：*Linguistic Theory: The Discourse of Fundamental Works*，外语教学与研究出版社2001年版，第369页）。问题的关键就在于：Beaugrande所研究的并不是典型的语言学课本，而是语言学家的学术专著。由于现代语言学有相当多的流派，它们往往基于不同的哲学思想，这也使得语言学专著不像物理学专著那样在学科的同一发展阶段有明显的“范式”的统一。然而，“范式”不仅是在解决问题的具体操作层面的存在，语言学的“范式”在教科书中要明显得多，而且我们会发现，即使是“形式派”和“功能派”这两个在总体上发生分歧最大的西方语言学流派也有着共同的旧哲学的渊源，并且正随着一种研究“范式”的变化而发生着融合（详见本书第二、三章中的相关分析）。

[2] Beaugrande著：*Linguistic Theory: The Discourse of Fundamental Works*，外语教学与研究出版社2001年版，第3页。

[3] 同上书，第3页。

们曾经作出的一切选择”的认识[1]。是这些“选择”将我们带到了一种既定的、似乎毋庸置疑的状态，而既然知道了这是选择的结果，我们就不可避免地要在自我存在的深处发出一声惊叹。这惊叹不是对现有结论本身的“可证伪性”的惊叹，而是对于无论“证伪”还是“证实”所依据的思想体系本身的历史性的惊叹。我们选择了在某一话语或“范式”中“证实”和“证伪”，以及我们选择了“证实”和“证伪”本身，这些都是不能被“证实”和“证伪”的，正因为如此，我们才称其为“选择”——即使是让人觉得最最“合乎道理”的、“必然”的选择，那也意味着我们对于某种“道理”和“必然”的选择。这正如诗人Frost所言：“多年以后 / 我将喟然叹说： / 两条道路在林中分叉，而我 / 选择了人迹较少的那条 / 从此便有了完全不同的结果。”

Beaugrande的研究对我们的第二点启示在于：一方面，在研究的对象上，语言学话语在“范式”上很可能有它自身不同于物理学话语的特点，尤其是不同的流派和分支所造成的话语的多个层次必须在研究中得到充分的考虑；另一方面，在研究方法上，以语言学为主的语篇分析方法——这自然也包括基于语言学技术的批评性语篇分析——不是本书的研究所应当采用的。在对现代汉语的现代语言学再现的考察中，以“科学教科书”为基础、涉及时代之“认识型”的后结构主义方法将更有可能使我们接近问题的本真状态。

Heidegger在评论Humboldt的语言研究时说：“在语言之本质中语言虽然被把捉了，但却是通过某个它者而被把捉为语言本身的。”[2]这句简短但是却意味深长的话或许可以作为本章对全文之“基础”所作探讨的一个总结。语言学话语对于本真的语言而言就是一个“它者”，这一点无论对西方语言还是东方语言来说都一样。Humboldt对语言的认识不可谓不深刻，Heidegger甚至将其视做从Aristotle通往自己的语言思想之途中的一个重要环节，可即便如此，Humboldt对于语言本质即

[1] 同上书，第369页。

[2]［德］海德格尔著，孙周兴译：《在通向语言的途中》，商务印书馆1997年版，第212页。

是“活动（Energeia）”的认识却并不能将他带向关于语言的真理。这并不是因为Humboldt的说法不够准确，而是因为话语之基础的悖论让我们不得不反思：在话语将世界以及自我带向我们自己的时候，它难道不是隐藏着某种关于自身发生的秘密吗？话语是有它自身不能说的“秘密”的。不仅日常话语有，科学话语也有，语言学话语也有，关于现代汉语的现代语言学话语当然也有。可以说，就是这个“秘密”将现象学、解构主义、历史主义科学哲学、“知识考古学”甚至禅宗与本书联系了起来。本来，把这么多的思想和理论统统归在“语言学文本的现象学”的名下实在有些牵强。不过我们认为，在话语的发生学这一核心问题上，它们确实都不同程度地体现了Husserl对现象学所要求的一种真正的“哲学的思维态度”，而这种思维态度所指向的正是那话语的“秘密”。

也许我们可以简单地把话语的“秘密”称为一种“历史性”，不过这样的话，它就必须是一种真正的“历史性”，一种不以对历史的形而上学而最终与作为历史的历史相对立的“历史性”，这种“历史性”我们也可以称其为“命运”。话语在“命运”中发生了，它确是有根据的，而那个根据首要的就在于它自己不能说这根据，所谓“道可道，非常道”也。现在我们要说这根据，实际上是办不到的，然而我们却可以以边缘化的方式“朝向”它，就好像一个自信的人开始思考自己对“我自信”的自信，或者一个不自信的人对“我不自信”这一点也不自信起来，这个时候他反而有了作为人的灵气。

人的灵气首先在于他是活的，而人只有会死才能活，话语的“秘密”其实和这一点也很相似。对于如何考察现代语言学文本中现代汉语的再现，我们在本章中探讨了各种方法，包括从Foucault、Kuhn、Beaugrande等人的研究中得到的很多具体的启示，依照这些，下面我们所要做到，从宏观上说是要理清时代的“认识型”，从微观上说是要考察“教科书”的“范式”，而这些都是以后结构主义思想为基本指导的。不过另一方面，我们也可以说，所有这些方法归根结底都是要将那一个“死”还给话语：唯有有了“死”，话语才能“活”，也唯有如此，我们才能真正朝向关于现代汉语之现代语言学话语的“命运”。

第二章 现代汉语与现代语言学文本

第一节 比较的悖论与“东方主义”之诘难

从解构的视角来看，一种试图以严苛的形式规范来昭示自身真理性的话语企图乃是成人世界的一种典型的同时也是可怕的自我遮蔽和自恋。就比如说，在我们这样一本按照现代学术规范写作的书里，现在似乎可以认为，我们已经为全书做好了理论铺垫，可以正式开始对现代汉语之语言学再现进行研究了。然而，就像我们曾经指出的，话语的“范式”和宗教信仰一样具有相互间的“不可通约性”；所谓“理论基础”，和它所要支撑的东西一样，在本质上都是自我发生的。从边缘化的角度来看，我们的“基础”，不过是一种“朝向”，而且就连那“基础”上的建构，也只是沿着这“朝向”始终“在路上”；“基础”作为“朝向”，为的是营造一种氛围，这氛围说到底乃是人生的一种气韵。爱这气韵的，不必多言，进了来，此刻便可上路；不爱的，即使有毕恭毕敬的导言引语和翻来覆去的基础论证，也未必愿意前行。

由“朝向”而“上路”，“上路”者其实并不比“朝向”时有更多的把握，“在路上”的“行者”不断体会着“朝向”之可能，于是话语才有了活生生的开放性。在本章中，本书的开放性是和关于现代汉语的现代语言学话语以至普遍意义上的现代中国话语自身的历史性一样在“行程”中被体验着。

对开放性或历史性的体验首先意味着对一种固定的话语指称格局

的打破，这是怎样一种情形呢？Foucault在《词与物》的开篇曾讨论过西班牙画家Velázquez的一幅名作。我们认为，它可以作为对这一情形的绝妙隐喻。

图6　宫中侍女[1]

这幅被称做"宫中侍女（西Las Meninas）"的巴洛克绘画是一幅令许多现代批评家争论不休的作品。Foucault在《词与物》开篇专辟一章对其讨论[2]，这当中的一个重要原因就在于：这幅画打破了一种传统的再现关系。如果仔细观察，我们就会发现，油画《宫中侍女》所表现的场景的真实中心其实是在画外：虽然从画面来看，站在小公主、仕女、仆人和侏儒一旁的画家本人只不过是在创作一幅我们看不见内容的画，但他的目光和众人的关注都表明，他所描绘的对象就处在我们作为观众所处的地方。那么他是在画我们吗？这似乎是画家要给我们的感觉，可是事情并不这么简单，在通过小公主和我们处在一条直线上的远处的镜子中，我们看到的是国王和王后的镜象。

处在这画的中心的究竟是谁？是国王和王后吗？是观众吗？还是

［1］Velázquez作，引自［法］福柯著，莫伟民译：《词与物——人文科学考古学》，上海三联书店2001年版。

［2］这一章其实是后来应出版者的要求加上去的，和后面各章在文脉上并无联系，但中心思想却是相通的。

创作这幅画的画家自己？这些问题的提出也可以说正是画家的意图。也许有人会说：这幅画不过就是通过一种巧妙的方法让我们看到了一个别人眼里的世界——具体地说，也就是正在给画师做模特的国王或王后眼中所见的情景。可是，暂不论国王和王后是否真在做模特还是恰巧走过而另有别的模特，问题就在于：此画对观画者所造成的独特效果是何以可能的？是什么使得画面前的那个空间仿佛也成了画的一部分？对此Foucault是这样评论的：

在表面上，这个场所是简单的；它是一种单纯的交互作用：我们在注视一幅油画，而画家反过来也在画中注视我们。……但是，相互可见性的这一纤细的路线却包含了一整套有关不确定性、交换和躲闪的网络。……任何目光都是不稳定的，或者还不如说，在正垂直地洞察画布的那个目光的空地中间，主体和客体、目击者和模特无止境地颠倒自己的角色。在这里，处于油画左侧的巨大画布及其背面实施了它的第二个功能：因是难以对付地不可见的，它阻碍人们去发现或明确地确立这些目光的关系。它在一个侧面确立起来的不透明的凝视使得在目击者与模特之间确立起来的变形作用永远动荡不定。因为我们只能看到画布的背面，我们不知道我们是谁，也不知道我们在做什么。[1]

关于这幅画的特殊效果，Foucault指出了一个关键性的东西，那就是目光。目光似乎是一种和衣服、地板这些画面内容一样可以被我们随意把捉的对象，可事实上它却有着本质的不同：我们不知道目光里看见的是什么，除非有一个参照，然而画中画师所画内容的遮蔽却完全断绝了这种可能性。这也就意味着，目光的游移使得一种原本固定的再现关系发生了变动，观画者产生了自己就是模特的错觉，而画中那幅看不见的画则成了一个无底的深渊：它不可能是世界的抽象，但目光现在作为唯一的参照却反过来这样要求，结果画家所面对的也就成了和这抽象相应的一个“虚空”。

之所以会发生目光的游移并导致再现关系的变动，以至于“我们不知道我们是谁，也不知道我们在做什么”，恐怕根本上还在于这幅画

[1]［法］福柯著，莫伟民译：《词与物——人文科学考古学》，上海三联书店2001年版，第5~6页。

所再现的其实就是再现本身。我们知道，最初立在画前令这幅画诞生的，既不是观画者，也不是国王或王后，而是画家本人：他要再现他的再现——他对现实的描绘，但这却是无法办到的。可以想象，画家最初创作这幅画时，一定是对着一面镜子进行的，而如果那幅看不见内容的画要以正面出现在画布上，它必然会成为本书引言中所引Escher《画廊》的一个翻版。现在，这幅看不见的画的无穷再现性因画面本身的遮蔽而转向了另一种再现关系中，但这种关系最终还是要指向画布那看不见的另一面。如图7所示，观画者在画家的目光中与模特发生了对等的联系，然而这种联系最终是要靠那画布正面的遮蔽性来支撑的，因为画布正面的不可见，目光才会游移，而一旦画布的正面得以展现，这种联系的话语根据便解体了，取而代之的是再现自身无穷再现的真相，这正如Foucault所指出的：

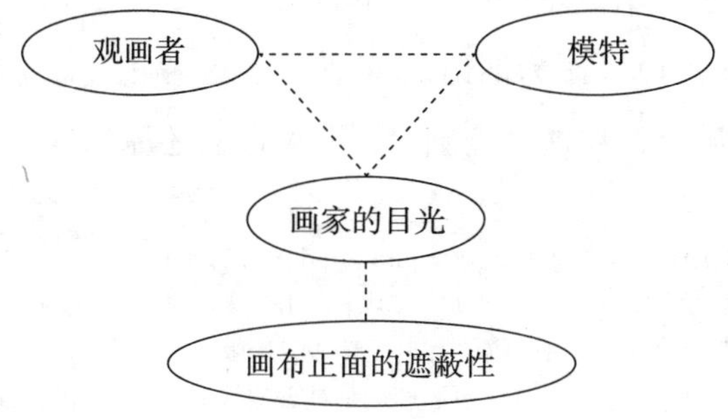

图7 《宫中侍女》对观画者效果的抽象图示

事实上，在这里，表象[1]着手在自己的所有要素中表象自己，还有它的肖像，接受它的那些眼睛，它使之成为可见的那些面孔，以及使它存在的那些姿势。但是，在由表象既汇聚又加以散播的这个弥散性中，存在着一个从四面八方都急切地得到指明的基本的虚空：表象的基础必定消失了……因最终从束缚自己的那种关系中解放出来，表象就能作为纯表象出现。[2]

从《宫中侍女》中，Foucault要引出的是西方古典“认识型”以

[1] “表象”即本书中的“再现”，法语皆为représentation。

[2] [法] 福柯著，莫伟民译：《词与物——人文科学考古学》，上海三联书店2001年版，第21页。

“再现”取代“相似性”的状况，而实际上，就话语本身而言，这种脱离了“相似性”而以“再现”为标志的词与物的关系是广泛存在的。对于它的揭示，在绘画中意味着绘画之可能性的展开，在话语中则意味着话语之历史性的呈现，而对于本书所涉及的关于现代汉语的现代语言学话语，它更是有着特殊的意义，因为据说这后一类话语，就像典型的关于东方世界的现代话语一样，乃是在一种“相似性”或“可比性”的基础上建立的。

关于可比性自身的可能性，最基本的、也是得到最广泛认同的理解就是所谓“第三对比项”了，它的意思可以简单表述为：两个事物A和B可以比较，是因为有一个共同的C作为它们比较的基础。因此，凡相似者或可比者，皆因“第三对比项”而被共同认知，而其话语再现，最终也可落实到“第三对比项”的共同基础上。[1]

如果可比性可以作为话语的基础，那么“第三对比项”无疑就是这个基础的基础了，在这个基础上，既可以以还原的方式得到关于世界

[1]“第三对比项”译自拉丁文“tertium (quid) comparationis”，字面意思为“比较的第三个（某物）”，也可译做“对比中立项”、“比较中介”等，本书采用的是许余龙的译法（许余龙：《对比语言学概论》，上海外语教育出版社1992年版；许余龙：《对比语言学》，上海外语教育出版社2002年版）。“第三对比项”理论是被普遍接受的关于比较之基础或出发点的理论，这一点无论在比较文学、比较法学、比较教育学、比较考古学还是其他的比较研究中都是相同的。在语言学界，“第三对比项”的说法是随着20世纪50年代以共时研究为主的“对比分析（contrastive analysis）”的提出才被正式引入的，而且似乎也并不是所有的对比语言学家都持“第三对比项”理论（如Chesterman就明确反对Krzeszowski的“第三对比项”理论，见Chesterman著：*Contrastive Functional Analysis*，John Benjamins出版社1998年版，参见潘文国、谭慧敏：《对比语言学：历史与哲学思考》，上海教育出版社2006年版。但我们认为，Chesterman提出的“对比功能分析[contrastive functional analysis]”法并没有超出一般的“第三对比项”理论，详见本书第45页注1），但正如Krzeszowski所指出的，“第三对比项”是任何比较的核心概念，只要是从传统哲学观来看比较，无论是历史比较还是共时对比，都有一个作为“共同基础”的“第三对比项”（Krzeszowski著：Tertium Comparationis，载Fisiak主编*Contrastive Linguistics: Prospects and Problems*，Mouton出版社1984年版，第301~312页）。因此，虽然潘文国、谭慧敏仅将“从中立项出发”作为对比研究的六个出发点之一（其余五个分别为：“从体系出发”、“从规则出发”、“从范畴出发”、“从意义出发”、“从问题出发”），但从其所举实例以及“第三对比项”作为各种比较的一般基础来看，所有这些出发点其实都是要从某个“中立项”出发的，之所以将“从中立项出发”单独列出，只是因为个别研究者（如Krzeszowski）对它的特别提及以及具体细分使得“第三对比项”好像成了对比语言学诸多基础理论中的一种。

的普遍话语，又可以以演绎的方式建立新的具体话语。典型的关于东方世界的现代话语，比如《周易》的批判研究、中医的科学解释、传统文论的现代转型，当然还有对汉语的现代语言学认识，都是在“第三对比项”的基础上以演绎的方式展开的。可是另一方面，我们也发现，将可比性作为话语的基础也就意味着话语的再现不再是一种自我发生，它不再能够像Foucault所说的“从束缚自己的那种关系中解放出来”而作为“纯再现”出现，那么这是否意味着“再现”毕竟还是要回到“相似性”，以“相似性”为基础呢？

事实上，我们对于《宫中侍女》的分析已经从某种角度为这一问题提供了解答。回到图7的总结，我们可以发现，“观画者”和“模特”的联系正是建立在“画家的目光”的基础上的，而“观画者”对自身错觉的建构则是一种由“目光”的关注引起的演绎，这一情形似乎从表面上印证了“第三对比项”观点的正确性。可是，就在“画家的目光”这个基础的深处，我们却发现了一片空虚：“目光”的确实内容必须靠那幅“画中画”的正面来展现，然而，正如我们已指出的，“画中画”画的乃是画本身，它是自我再现的，它的遮蔽恰恰从话语上构成了“观画者”错觉的必要条件，而对它的揭示则意味着“观画者”与“模特”的关联在“目光”中的自我生成。换而言之，“画家的目光”下面本是一片动摇的“大地”，这片“大地”要将我们重又抛回“观画者”和“模特”关系的“空中楼阁”。

《宫中侍女》中“画中画”正面的遮蔽性象征着“第三对比项”理论中一个不可避免的悖论：当我们说A和B之所以能够比较是因为它们具有某种共同的C时，这个共同的C已经是通过A、B之比较而得出的一个结论，这一比较意味着还有一个比C更加原本的C′，而得出C′的比较又必然要求有一个C″，如图8所示，如此循环往复以至无穷，则A、B之可比的基础只会离我们越来越远。因此，所谓“第三对比项”

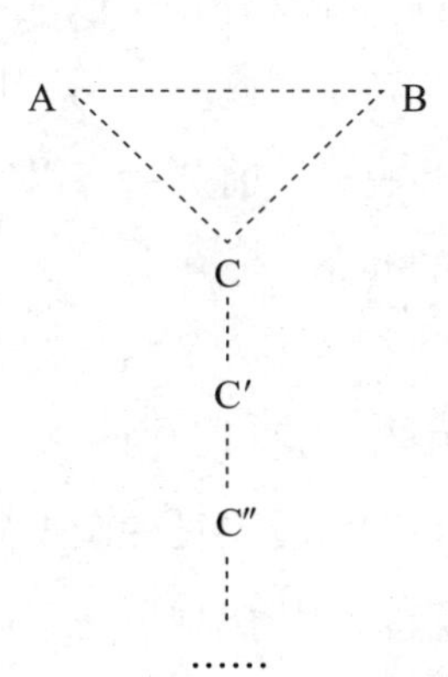

图8 “第三对比项”悖论的抽象图示

只能说是“比喻”的基础，而不能说是“比较”的基础。虽然“比喻”和“比较”在拉丁文中都是comparatio，但只有“比喻”是真正以相似性为基础的，这个相似性基础就是“第三对比项”，它不能做自身的基础。可以说，正是这种混淆使“相似性”这个本为“再现”之话语的东西要超越自身而成为自己的“再现”，这其中的问题和我们引言中所说的话语不能超越自身在本质上完全相同。也可以说，正是这种以“相似性”为基础的悖谬决定了Foucault所说的文艺复兴时期以“相似性”为原则的“认识型”必然让位于古典时期“再现”之“认识型”的命运。

如果仔细考察，我们会发现，“第三对比项”的悖论和《宫中侍女》对观画者效果的原理其实并非完全相同。虽然表现这两者的图7和图8存在着很多对应关系，但我们仍然不难发现，由于图8中的“C—C′—C″—……”作为一个表示话语对自身遮蔽性的整体和图7中“画布正面的遮蔽性”互相呼应，图7中“画家的目光”在图8中便没有了体现。这是因为，作为“第三对比项”的C、C′、C″等已经属于话语的范畴了，而“画家的目光”则是一种情境，它的内容我们并不知道，或者也可以说它并无内容——作为“再现”之话语的内容（这是那幅“画中画”的角色），它只是一种导向，用现象学的话来说，就是一种“意向性”，它才是比较的真正基础，在这个情境中它要将我们导向一种话语，这是必然的。但话语本身又是自我再现的，它和“观画者”及“模特”都没有“相似性”的关系，如Foucault所言，在本质深处，它的对象乃是“虚空”，这其中的道理也就是我们曾经指出的话语的再现必然要脱离“前”状态以致并无“前”状态而只有在“非中心”下的“根源的补充”。

“画家的目光”究竟要将我们导向什么样的话语呢？从上面的分析中我们可以明白，这个问题的真正答案并不在于画家的决定，即他在那幅我们看不见的画上到底画了什么，而在于我们所处的“情境”本身。当我们历史地置身于这样一种情境当中，话语就发生了。从这个角度再来看那些关于东方世界的现代话语，我们可以说，它们就是“情境”的选择，它们所诉求的所谓普适的标准和在这些标准下的关于东方的真理也只是这种选择的结果——同时也是这种选择的唯一结果。换而言之，它们体现的是一个时代、一个地域在“大化流行”下的“流行”。

“流行”乃是一种“命运”，这里我们并不多谈各种社会因素，我们只需观察。当然，这种观察所涉及的情况往往比较复杂，比如说，西医在中国是如何一步步取代中医并将中医重新阐释的？对这个问题的回答就远非一般人所能胜任。不过，我们仍然可以设想一些简单而又有趣的例子。

表1是我们设想的一种以筷子和叉子的比较得出关于筷子的话语的方案。众所周知，筷子在中国是通用的取食工具，就像叉子在西方一样。按照“第三对比项”的理论，我们似乎马上可以说：筷子和叉子可以比较了，比较的基础就是：它们都是取食工具。然而，这一说法却遮蔽了很多问题，其中最重要的一点就在于：所谓“取食工具”只是一种更大的话语的一部分，这个“更大的话语”并不是指某种抽象层次更高的概括语，而是指一种互相关联的观念的网络。比如我们说，汉语的“我”和英语的“I”可比，因为它们都是第一人称代词，这一说法中最根本的问题并不在于我们忘记了“me”或者我们应该把比较的范围拓展到“代词”甚至“指代”以求获得更全面的认识，而是在于“第一人称代词”涉及到一整套关于语言的话语体系。我们说“我”和“I”可比是因为它们都是第一人称代词，这其实是说：我们认为有一套话语或者说认识语言的“范式”对两者都适合。可是究竟为什么适合呢？我们用这套话语本身是无法证明的：我们不能说，假设一套观点适用于一个对象，然后用这个观点本身可以证明这个假设是正确的。这样的假设实际上就是超出了Popper式的假设的一个先决的假设，它不是关于“天鹅是白的”还是“天鹅并非全是白的”，而是关于“天鹅是白的”这种话语（以及它作为命题的证伪）的可能性[1]，我们假设世界可以这样

[1] 对于这个问题Kuhn有过具体的论述，参见他对Popper的批评《发现的逻辑还是研究的心理学》中的相关部分（[美]库恩著，范岱年、纪树立等译：《必要的张力——科学的传统和变革论文选》，北京大学出版社2004年版，第276~278页），其中Kuhn详细阐述了所谓“天鹅”的话语建构性。

来看、来表达、来思考，然后才有了后面的一切。

回到叉子和筷子的问题，所谓以“取食工具”为基础对这两者进行比较，实际上靠的就不可能是一个单独的“取食工具”，而是“取食工具”所在的一整套话语。就像《宫中侍女》的观看者一样，我们对于目光的注视既激动又怀疑，只有那“画中画”的正面才是我们隐秘的最后满足。因此我们一定要走向话语的网络，对于叉子和筷子也不能例外。而对于话语的选择，由于话语本身不能作为这种选择的基础，也就不是我们的比较法本身所能负责的了。

表1　叉子与筷子的比较

	形式				功能		
	柄长	齿数	齿长	齿间相对位置变化范围	叉取	切分	夹取
叉子	通常为手长左右	≥2	通常为柄长的1/2至1/3	——	主要	主要（与刀合作）	——
筷子	0	2	通常为手长左右	[0°，180°)	次要	次要（对过硬物体无效）	主要

话语是自我发生的，这一点我们曾经反复强调，同样，我们也不认为对话语的选择或者在比较中对新话语的建构会在根本上取决于某种社会或者心理因素。但是，站在“时代”这幅《宫中侍女》面前，一种话语的可能性就此呈现了，这是毫无疑问的。在表1中，我们选择了一套原本来自叉子的话语，并且在此基础上新建了一套关于筷子的话语，虽然这样做的结果显得牵强，但我们仍然认为它在很大程度上体现了东方现代话语——当然也就包括中医之科学解释、东方文论之西方阐释，以及关于现代汉语的现代语言学话语——的时代情境。其实，筷子并非没有关于自身的话语，只是这些话语散见于传统文本的角角落落，既不“系统”，又不“严谨”，若有更加符合潮流之话语，筷子岂可不从？也许有人会说，单单把叉子的话语拿来不如再加上刀、勺等等，升高一个抽象程度得到的话语和结果应该就不会那么奇怪了。然而，正如我们

已指出的，问题的根本不在于达到何种抽象程度，因为无论如何它都意味着一种先行的选择。事实上，许多关于东方的现代话语的建构就是在筷子和叉子这样的抽象程度上进行的，并且越是在这样的程度上，研究者们越是容易欣慰地发现，他们的“筷子”还可以为他们所选择的话语作出补充性的贡献：表1中的“齿间相对位置变化范围”和“夹取”就是这样的例子，它们是叉子原本没有的。而这似乎也就成了一种令人对话语越发充满信心以致依赖的东西：筷子的民族特殊性终于可以被科学地揭示了，它毕竟本质上还是叉子，只不过两齿可以活动、上面的柄长度为零罢了，我们不必再感到自卑，因为一切的一切都不过是源于上帝为这种取食工具设定了几个高度偏离的参数（图9）。

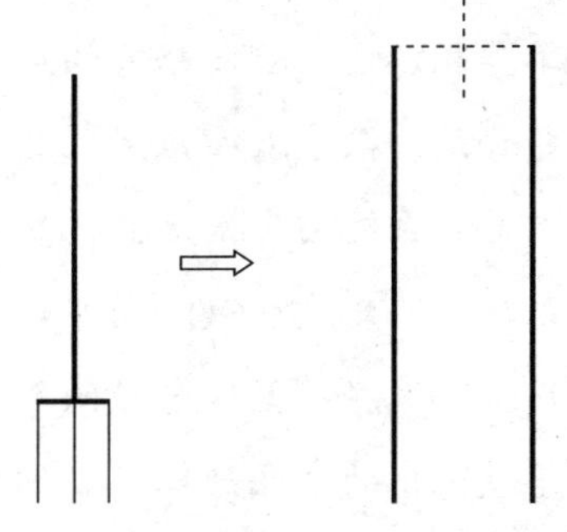

图9　筷子作为高度偏离的叉子

这样一种成就感对于那些以现代话语对东方进行解读的研究者而言何尝不熟悉？其他领域不论，单在语言学中，我们就可听见无数像下面这样热情洋溢的表达：

斯书也，因西文已有之规矩，于经籍中求其所同所不同者，曲证繁引以确知华文义例之所在，而后童蒙入塾能循是而学文焉，其成就之速必无逊于西人。[1]

对语言共性的探索应该是所有国籍的语言学家的一个共同任务，中国学者应该积极投入到这一研究中去，为这一研究做出应有的贡献。我们相信，通过扎实的努力，把汉语研究与普遍语法研究相结合的研究必定可以得到健康的发展，为深化对汉语语法和人类语言普遍特征的认识做出巨大的贡献。[2]

语言历史的研究还可以增强民族自信心。很多人，甚至包括一些

[1] 马建忠：《马氏文通》，商务印书馆1983年版，第13页。

[2] 程工：《语言共性论》，上海外语教育出版社1999年版，第280页。

研究汉语的专家，都有一种语言优劣观。看到汉语没有别的语言的某种形态或者语法标记，就好像看到中国没有航天飞机或者太空站一样，有一种“愧不如人”的感觉，认为汉语是一种粗疏的、缺乏逻辑的语言。但是从人类语言发展的规律来看，大可不必如此。首先，汉语语法的标记手段是由汉语句子的基本语序SVO决定的。凡是采用这种语序的语言，都是充分利用语序表示各种语法范畴，相对而言，形态标记比较简单。相应地，SOV语言的形态标记比较复杂。其次，语言发展的一个大趋势是，很多SOV语言已经或者正在演化成SVO，与此同时，它们的形态标记系统则大幅度简化。但是，没有朝相反方向的发展，即没有语言是从SVO发展成SOV而且形态逐渐丰富的。因此就有语言学家认为，利用SVO语序来区别句子的基本成分和利用语序变换表达各种语法范畴，是最优化的语法选择。我们并不一定要说汉语比别的语言优越，但是起码可以消除不必要的自卑。[1]

“因西文已有之规矩”，而可最终“知华文义例之所在”，不仅能在应用上令学习者“成就之速必无逊于西人”，而且还能在理论上“增强我们的民族自信心”，并同时为世界学术之“共同任务”作出我们“应有的贡献”，这样一举多得的好事怎能不令人动心呢？可是，就在人们欢欣鼓舞的同时，对汉语的“筷子学”泼冷水的人也不少：

今日印欧语系之文法，即马氏文通“格义”式之文法，既不宜施之于不同语系之中国语文，而与汉语同系之语言比较研究，又在草昧时期，中国语文真正文法，尚未能成立……[2]

以别种语言的文法里的通则为假设的大前提，再从我们的语言里来找例，那虽然也是比较，却不是归纳法而是演绎法了。

从这种观点来看，自《马氏文通》以来的中国文法学，恐怕大部

［1］石毓智：“前言”，载石毓智、李讷《汉语语法化的历程——形态句法发展的动因和机制》，北京大学出版社2001年版，前言第1~4页。

［2］陈寅恪：“与刘叔雅论国文试题书”，《金明馆丛稿二编》，生活·读书·新知三联书店1932/2001年版，第249页。

分通则，甚至于整个的基础，是用演绎的研究法建立起来的。[1]

汉语语法学的建立，从开始到现在，已经快要一个世纪了。在这八九十年中间，研究、学习汉语语法的，几乎全部抄袭西洋语法学的理论，或者以西洋语言的语法体系做基础，来建立汉语的语法体系。有时发现一些汉语语法的特点，觉得为西洋语法学上所不能概括的，就陆续加以增添补缀，越到后来，发现的特点越多，这种增添补缀的地方也越繁。表面上语法体系好像较前精密了，实际上却是使学习的人感到烦琐和难懂难记了。[2]

虽然这几种观点都集中在对语法的批评上，但它们所反映的问题是普遍的。其中张世禄对于语法研究现状的描述和表1中对筷子的描述何其相似！这当中的问题，如引文中所分析的，确实和"比较"中的方法论有重大关系。换言之，吕叔湘所倡导的为"明白一种语文的方法"、"看出各种语文表现法的共同之点和特殊之点"所必需的"比较"方法并不像它表面上看来的那样有效和令人放心[3]。问题的关键在于：比较法在让我们"明白"、"看懂"一个现象的同时并没有让我们"明白"和"看懂"我们是怎样"明白"和"看懂"的，相反，我们越是觉得自己"明白"和"看懂"了，就越是可能陷在其中而不能"明白"和"看懂"我们是怎样"明白"和"看懂"的。归根结底，对于话语的发生，比较并不负最终的责任，它只为一种导向提供可能，它自身不可能成为方法论的全部，但是它所具有的一种表面上的基础地位却成为了隐匿在

[1] 何容：《中国文法论》，商务印书馆1985年版，第24页。

[2] 张世禄语，引自申小龙：《语文的阐释——中国语文传统的现代意义》，辽宁教育出版社1991年版，前言第3页。

[3] 当然，吕叔湘曾经多次强调，比较不是比附（如：吕叔湘：《中国人学英语》，商务印书馆1962年版；吕叔湘："语言和语言学"，《吕叔湘文集（第四卷）》，商务印书馆1992年版，第45~66页），但是这种区别对于我们所说的比较方法中的根本的话语悖论是无效的，例如，就算我们在筷子和叉子的比较中放弃直接使用叉子的话语而改用更高抽象层面上的话语甚至将其改为对筷子和叉子背后的哲学思想进行比较，我们又应该选择在哪一种共同的元话语中阐述这两种哲学的异同呢？正是从这一点出发，Heidegger对于单纯的比较持深刻的怀疑态度（见［德］海德格尔著，孙周兴译：《在通向语言的途中》，商务印书馆1997年版，第73~126页："从一次关于语言的对话而来：在一位日本人与一位探问者之间"）。

背后的那个真正的方法论决断的最好遮蔽。很多专门从事对比研究的语言学家对于比较法，尤其是以“第三对比项”为基础的对比研究中的悖论其实都有所认识[1]，但他们所提出的解决方案，无论是以以句法语义为核心的对等取代具有理论先设性的句法对等，还是以“对比功能分析”中的所谓“察觉到的相似”作为可比性的标准，在其比较标准如何隐秘地连接着一整套话语这一点上却都言之不清[2]。这也从另一个

[1] 如：Krzeszowski著：Tertium Comparationis，载Fisiak主编*Contrastive Linguistics: Prospects and Problems*，Mouton出版社1984年版，第305页；Krzeszowski著：“Toward a Typology of Contrastive Studies”，载Olesky主编*Contrastive Pragmatics*，John Benjamins出版社1989年版，第55~72页；Chesterman著：*Contrastive Functional Analysis*，John Benjamins出版社1998年版，第59页。

[2] Krzeszowski的方案包括“统计对等（statistical equivalence）”、“翻译对等（translation equivalence）”、“系统对等（system equivalence）”、“语义—句法对等（semanto-syntactic equivalence）”、“规则对等（rule equivalence）”、“语用（功能）对等（pragmatic [functional] equivalence）”七种对等，其核心思想是将形式与意义相结合，用Krzeszowski本人的话来说就是：“最接近可接受的词对词式翻译的深层语义就提供了这样一种（没有悖论的）第三对比项”（Krzeszowski著：Tertium Comparationis，载Fisiak主编*Contrastive Linguistics: Prospects and Problems*，Mouton出版社1984年版，第305页），然而，这种“第三对比项”所涉及的句子层次的语义对等实际上就意味着整套的句法和语义话语已经进入了比较者的意识而成为其“不辩自明”的话语选择。

Chesterman的方案由他自己总结如下：

1. 基本语料：语言的实际使用实例。

2. 可比标准：察觉到的语言A中的某一语言现象X和语言B中的某一语言现象Y之间的任何一种相似之处。

3. 问题提出：这种相似的本质是什么？

4. 初始假设：X与Y是等同的。

5. 验证假设：为什么初始假设可以得到支持或推翻？在什么条件下（如果有的话）可以维持初始假设？

6. 修正假设（在等同假设不成立的情况下）：X与Y 的关系是这样的（具体表述）；或X和Y的使用取决于这样的条件（具体表述）。

7. 验证修正的假设。（Chesterman著：*Contrastive Functional Analysis*，John Benjamins出版社1998年版，第54页；译文取自许余龙：“对比功能分析的研究方法及其应用”，《外语与外语教学》，2005年第11期，第13页）

Chesterman的这一方案在对比语言学界获得了很高的评价，尤其在克服“第三对比项”的悖论方面，潘文国、谭慧敏认为，Chesterman“撇开了这一切（即前人关于对比研究之共同出发点的各种观点），特别是在对比研究界颇有影响的‘对比中立项’说，指出这种理论因其出发点与结论都是某种‘对等’，很可能会造成循环论证。在此基础上他提出要以语言事实作为对比研究的出发点，这在西方对比研究史上，真可说具有石破天惊的重要意义”（潘文国、

方面表明，比较的方法其实并不是一种严格意义上的独立的方法，因为它不能为自己的结果负责。用Foucault的话来说，比较只是帮助话语本身建立了一种“世界的秩序”，因此在现代“人类学主体主义”的“认识型”产生之后，它的重要性实际上降低了，比如Chomsky的“普遍语法”话语在本质上就不依赖于比较，却同样被认为可以实现吕叔湘所说的对语言“共同之点和特殊之点”的认识，比较的作用在这里只是进一步巩固了话语的自我遮蔽性。Garver认为，真理与修辞的关系实际上要高于它与逻辑的关系[1]。在这里我们就可以看到，我们对世界的叙述方式是怎样先于我们在其中的各种论证的：表1中的“筷子学”以及它所代表的关于东方的现代话语在逻辑上都是合理的，但是逻辑上的合理性并不能为其自身的修辞的真理性进行辩护，如果有人反对我们的“筷子学”或者“筷子学”式的语言学，那么他们在这些话语内部的逻辑上

谭慧敏：《对比语言学：历史与哲学思考》，上海教育出版社2006年版，第53-54页）。然而，我们认为，Chesterman并没有像他自己以及他的一些评论者所认为的那样克服了“第三对比项”的悖论，其方案的一个严重问题在于：所谓“察觉到的语言事实的相似”究竟如何叙述自身？怎么描述“某一语言现象X”和“某一语言现象Y”及其“相似之处”？实际上，正如Chesterman所给出的实例所表明的，所谓“察觉到的相似”在其话语的形成过程中就已经表明，它是在对一套大的话语的认同下所“察觉到的相似”，而这套话语对自己并没有“察觉”就已经成为共同的话语基础了。Chesterman认为语言对比可以从纯粹的观察事实出发，潘文国、谭慧敏也表扬他终于能够在西方对比语言学界率先做到吕叔湘先生强调的“从语言事实出发”，可是，正如朱晓农所指出的，科学研究中从来不存在“赤裸裸的事实”，任何事实在被观察出来的时候就已经是话语抽象中的事实了（朱晓农：“科学主义：中国语言学的必由之路”，《语文导报》，1987年第11期，第56~59页；朱晓农：“虚实谈：现代语言学的工作旨趣（上）”，《文字与文化（二）》，光明日报出版社1987年版，第1~27页；朱晓农：“虚实谈：现代语言学的工作旨趣（下）”，《文字与文化（四）》，光明日报出版社1988年版，第339~368页），也就是说，无论Chesterman怎样强调对语言事实观察和感觉的基础地位，这种观察和感觉本来就是在更基础的一套关于语言的话语中发生的，正是这套话语决定了后面整个研究的面貌。实际上，这里的问题就是本书一直在讨论的话语的发生和遮蔽问题。比较理论中的悖论在根本上乃是西方传统哲学中“心物二分”的“知识论”所造成的，要真正克服这一悖论只有进入以现象学为代表的“存在论”哲学，在这方面对哲学比较方法进行专门讨论的如：吴有能：“对比研究的方法论反省——现象学与诠释学的进路”，倪梁康、靳希平编《中国现象学与哲学评论（第五辑）：现象学与中国文化》，上海译文出版社2003年版，第77~110页。

[1] 参见张祥龙关于Garver对Derrida解释的论述（张祥龙：《朝向事情本身——现象学导论七讲》，团结出版社2003年版，第334~336页）。传统哲学认为逻辑高于修辞，真理和修辞无关，当代哲学家如Heidegger、Derrida、后期Wittgenstein等却要推翻这个传统，Derrida对“逻辑中心主义（logocentrisme）”的解构可视做其代表。

是辩不出道理的，但是他们却完全可以提出更深一层的修辞的诘难。

Said的《东方主义》（又译"《东方学》"）就是对关于东方的话语的这样一种典型的"修辞的诘难"。Said在这本书的开篇意味深长地引用了Karl Marx的一句话——"他们无法表述自己；他们必须被别人表述"[1]。可以说，这也是对我们前面所讨论的在"相似性"基础上建立现代东方话语之本质的最好概括。所谓"表述（德vertreten；英represent）"，其实就是我们所说的"再现"；所谓"他们无法表述自己"，在Said的解释下，也就是"我们（东方人）无法再现自己"。我们之所以无法再现自己，不是因为我们没有说话的能力，而是我们没有自己的话能让我们说，不是我们现有的话有什么逻辑错误，而是它的更为根本的修辞发生了问题。表面上我们一直在说，说别人，也说自己，想说什么就说什么，可是在一种在本质规范上给定的话语中我们却说不出真正超出话语的东西。如果说东方人对自身现有的科学话语好比我们在《宫中侍女》中画家目光注视下的历史性"情境"中的选择，那么Said现在明确地告诉我们：这种选择是错误的，甚至可以说，它本质上就是一种权利的丧失，因为早在我们选择之前，这种话语就已经是一个咄咄逼人的控制工具了。

Said是用东方学关于阿拉伯世界的话语建构来证明他的观点的。西方人对于阿拉伯世界的研究有着悠久的传统，可以说它一直是东方学最重要的组成部分之一。然而，西方世界对于阿拉伯世界以至整个伊斯兰世界的感情又是复杂的：从古希腊典籍中对于亚洲的"怪异"、"恐怖"、"独裁"的叙述，到"正义"的"十字"和"野蛮"的"新月"之间的长期征战，到Dante《地狱篇》中对异教徒Mohammed的惩罚，再到近代的、现代的无数关于一个"终于可以被把捉"的东方的词典、史书，

[1] 引自［美］萨义德著，王宇根译：《东方学》，生活·读书·新知三联书店1999年版，插页2。该句出自Marx《路易·波拿巴的雾月十八日》，Said在"绪论"中再次引用了它，句中的"他们"在Marx的原著并非指东方人，而是指19世纪中期的法国小农，他们无法以自己的名义维护自己的利益，只能被别人代表。

最后到今天关于阿拉伯和伊斯兰的常识性的、学术性的以及意识形态上的互相纠缠的认识，西方一直是把伊斯兰世界作为一种典型的异己来对待，并努力通过一种话语来揭示对方的各种“本质”同时掌控对方，虽然西方世界对于“伊斯兰东方”的再现随着时代的变化而逐渐走进一种仿佛是“中立”的现代学术体制，但即使是冠冕堂皇的“东方学”也难以掩饰这种再现作为西方建立自身的中心形象并掌控他者的工具的本质。对“伊斯兰东方学”话语谱系的“知识考古学”考察表明，今天西方关于穆斯林世界的话语的建立过程确实在很大程度上具有极强的意识形态的控制性，“东方学”的“东方”其实只是西方自我再现中一种强烈愿望的一个侧面，而“东方学”则是用来以知识驯服“他者”的手段。如果我们考虑到今天西方学术对于阿拉伯语言文化和阿拉伯人心理的各种奇奇怪怪的“边缘性”的科学阐述以及今天普通西方人对于阿拉伯世界的“幻想式”的“常识”，就不难发现这种自我发生的话语作为知识的驯服力量有多么可怕，而更为可怕的是，当它被接受为知识之后，话语的遮蔽性将更加巩固，以至于东方人自己也不得不主动地融入这种话语的意识形态，即所谓的“东方主义”当中，而这就是Said所说的“东方学的影响已经扩展到了‘东方’自身这一事实”[1]。

Said对“东方主义”的分析基本上是以Foucault的话语理论为指导的，通过这一分析，他不仅向我们展示了我们反复讨论的话语本身的遮蔽性，而且郑重提醒我们：

东方学这类思想体系、权力话语、意识形态虚构——这些人为制造的枷锁——是多么易于被制造出来、被加以运用并且得到保护。……如果东方学知识有什么价值和意义的话，那也正在于它可以使人们对知识——任何知识，任何地方、任何时候的知识——的堕落这一现象能有所警醒。这种现象现在也许比以前更甚。[2]

[1] 同上书，第414页。
[2] 同上书，第422页。

如果我们还记得Beaugrande关于应对我们在语言学话语建构中“曾经作出的一切选择”保持清醒认识的提醒，那么Said的这段话则可以引起我们更多的深思。毕竟，Beaugrande并没有涉及某种具体的东方语言的语言学建构的实情，而Said则在对“东方主义”的分析中尤其强调了语言学话语对于东方学话语的奠基作用：

几乎无一例外，所有东方学家都是从语言学进入东方学研究生涯的……[1]

东方学不是从天而降的关于东方的客观知识，而是从以前继承过来的，为语言学这样的学科所世俗化、重新处理、重新建构的一套结构，而这些结构本身又是自然化、现代化和世俗化了的基督教超自然论的替代品（或变体）。[2]

语言学对于东方学的功绩就在于，它为东方学开辟了真正的知识积累的基础领域，并且非常关键地以一种比东方学的原始话语更加不被察觉的形式将“权力”带进了对东方进行解剖和重构的现代科学之中。

那么对汉语的现代语言学再现是“东方主义”的吗？看来这是我们一定要问的问题了。对这个问题我们并不立即给出回答。但是，对“东方主义”的批评已经向“筷子学”式的现代汉语语言学话语以至一切关于东方的现代话语发出了诘难，这是毫无疑问的。

第二节 现代汉语的语言学再现

纵观中国历史，我们会发现这样一个现象：古代的文人无论术业专攻，多有精通小学者，而今天的人文学者中，虽不乏兼修文学、艺术、历史、哲学等的通才，却鲜有主业之外同时研究现代汉语语言学的。不仅如此，今天的作家、文学评论家、历史学家以及哲学家倒是颇

[1] 同上书，第127页。

[2] 同上书，第158页。

有对现代汉语语言学的常识乃至实践提出异议者[1]。

上面的现象站在典型的现代科学主义的立场来看似乎不足为奇。用汉语语言学科学主义方法论的代表人物朱晓农的话来说，语言学是科学，而"'科学方法'是跟'国学方法'相对立的"，前者最根本的在于"假设—演绎"法，后者用的是"形而上或直觉的方法"[2]。所以，古代文人往往精通小学，这不仅和研究对象的相互关联有关，而且根本上还在于他们在"国学方法"这一点上是相通的。今天的人文学者因为研究对象的关联本来也应该关心现代汉语的语言学研究，可是一方面现代学科分工细密，学术研究隔行如隔山；另一方面，也是更重要的，今天的人文学者还是常常采用"形而上或直觉的方法"，所以他们和采用标准的科学方法的现代语言学总有龃龉也就在所难免了。正因为如此，语言学家才更应该意识到，虽然"语言可以看成一种社会现象，一种文化现象，但这并不意味着语言学也必须采用其他人文学科中常可见到的形而上或直觉的方法。恰恰相反，正因为语言学在人文学科中的地位被一些大学者如皮亚杰、拉康、列维—斯特劳斯抬高到像数学在自然科学中的地位，语言学有责任，也有这能力把自己精确而明晰的理性的方法传播到其他人文学科中去，而不是反过来把自己重新降低到语文

---

[1] 如：陈寅恪："与刘叔雅论国文试题书"，《金明馆丛稿二编》，生活·读书·新知三联书店1932/2001年版，第249~257页；汪曾祺：《汪曾祺文集·文论卷》，江苏文艺出版社1994年版；李陀："汪曾祺与现代汉语写作——兼谈毛文体"，《花城》，1998年第5期，第126~142页；高行健："文学与写作答问"，《二十一世纪评论》，2000年第12期，第5~17页；郜元宝："母语的陷落"，《书屋》，2002年第4期，第4~11页；郜元宝："现代汉语：工具论与本体论的交战——关于现代中国知识分子语言观念的思考"，《当代作家评论》，2002年第2期，第40~52页；郜元宝："音本位与字本位——在汉语中理解汉语"，《当代作家评论》，2002年第2期，第53~73页；王德峰："中国语文教育与哲学（摘要）"，http://www.dayuwen.net/ bbs/read.php?tid=1702，2004年10月15日（原文并见于2004年10月31日《文汇报》专文"今天，我们如何看待语文"中）；韩少功："现代汉语再认识"，《天涯》，2005年第2期，第42~51页；朱竞主编：《汉语的危机》，文化艺术出版社2005年版。

[2] 朱晓农："科学主义：中国语言学的必由之路"，《语文导报》，1987年第11期，第56~59页；朱晓农："虚实谈：现代语言学的工作旨趣（上）"，《文字与文化（二）》，光明日报出版社1987年版，第1~27页；朱晓农："虚实谈：现代语言学的工作旨趣（下）"，《文字与文化（四）》，光明日报出版社1988年版，第339~368页。

学、国学的地位”[1]。

这样看来，语言学确实是所谓“领先科学”。今天的人文学者不仅不该乱说语言学的坏话，而且还应该好好感谢语言学将理性精神带进了人文学科，为自己“洗心革面”从“国学”升级为“科学”树立了榜样。只是奇怪的是，人文学者好像并不怎么买语言学这门“领先科学”的账，他们当然也查语言学家编的字典、词典，可他们到底还是更喜欢“语文学”。刘小枫说：“关键在于，语文学不是语言学。……有目共睹的是，在当今大学的外语教学中，随着语言学占据主导地位，教师和学生的心性教养日益干瘪。”[2]这虽然是以外语教学为例，但不能不说是就普遍的语言学而论的。若是针对现代汉语语言学，这样的声音就更多了，王德峰干脆指出，“文学写作、阅读不需要语言学知识”，今天中国的语文教育应努力摆脱现代性病症的困扰，“纠正要把学生培养成语言学家的倾向”，这件事事关我们民族的“精神家园”。[3]

如果语言学在人文学科中的地位真的好比数学在自然科学中的地位，那势必意味着，其他人文学者如果不好好掌握语言学的方法和结论，是没有办法开展好研究的。可是至少在中国，汉语界的人文学者们却普遍不承认现代汉语语言学的这种地位，更不觉得它的方法有多高明，这件事不能不引起我们的深思。如果再考虑到中国古代文人确实将音韵、文字、训诂之学视做学问之基础，甚至有“由文字以通乎语言，由语言以通乎古圣贤之心志”、“未有能外小学文字者也”[4]之说，我们就更有必要反思现代汉语的现代语言学话语作为现代汉语的再现究竟有着怎样的本质了。

---

[1] 朱晓农：“科学主义：中国语言学的必由之路”，《语文导报》，1987年第11期，第56~59页。

[2] 刘小枫编：《凯若斯：古希腊语文教程（上）》，华东师范大学出版社2005年版，第5页。

[3] 王德峰：“中国语文教育与哲学（摘要）”，http://www.dayuwen.net/ bbs/read.php?tid=1702，2004年10月15日（原文并见于2004年10月31日《文汇报》专文“今天，我们如何看待语文”中）。

[4] 戴震语，出自《古经解钩沉》，引自姚小平：《17~19世纪的德国语言学与中国语言学》，外语教学与研究出版社2001年版，第I页。

按照朱晓农的观点，情况是很清楚的：语言学是科学，关于现代汉语的现代语言学当然也是科学，科学不是“要么不说，要说就说颠扑不破、万世不易的绝对真理”，也不是这里“自成一家言”，那里“聊备一说”，到处都是无法验证的“特设性假设”，科学尊崇的是理性精神，是要在“物相事实[1]”的基础上用以“假设—演绎”为本的科学方法得出可以验证的普遍性结论。因此，第一，科学研究一定重视理论，没有“什么理论都不就的事实”，我们一定要抛弃“国学”那种以为“事实纯粹就是事实”的态度，一定要有理论地进行研究。那种认为语言学不如语文学亲近人文科学的人错就错在抱着“国学”方法不放，没有系统的理论，没有假设，没有验证，结果或者流于对“事件”的堆砌，或者只能凭借“随心所欲”的“悟”，这样的方法就好像“阴阳五行学说，如果这也叫学说的话”，是“人类思想史上的早期产物”，能“满足理性认识以外的情感需求”，但是“从来没给社会带来任何直接的实质性进步”。第二，事实既经理论抽象为一般，就不存在以研究对象的特点作为研究本身的根本特点的比附。这也就是说，正如我们不能认为大熊猫的解剖学具有“大熊猫性”，我们不能将中国物理学作为中国特有的物理学，也不能将中国语言学作为中国特有的语言学。那种认为某些语言学理论不适合研究汉语的人错就错在将个别研究对象的个性和研究本身所诉求的普遍性相混淆，以个别的“事件”取代作为抽象事实的“物相”，以“自成一家言”取代系统的论证，这实际上又回到了“国学”方法。综合这两点，可以认为，中国的人文学者对现代汉语语言学的疑问所反映的不是现代汉语语言学的问题，而是中国人文学者本身的问题：由于他们留恋着“低层次”的“国学”方法，用“情

[1]“物相事实”是朱晓农提出的与“事件事实”相对立的概念，他说：“事实，可以分解为两个概念：事件和物相。事件是跟特定时空人物相关连的具体事实，物相是跟特定时空人物无关的抽象事实，也就是共性或共相。……从事件中能得出的是国学意义上的结论——事理。这种对事件的原因和意义铺言陈词加以解释的事理，在很多场合是随心所欲的一家言。……科学的结论都是从物相事实中得出来的。科学不喜欢各种见仁见智的‘特设性假设’，它要求在相同的目的、方法下，从相同的材料中得出相同的结论。”（朱晓农：“科学主义：中国语言学的必由之路”，《语文导报》，1987年第11期，第56~59页。）

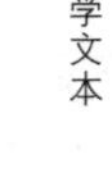

感需求”取代理性和进步，致使他们不讲科学，排斥系统理论，不懂假设验证，结果疏远了“虽然落在自然科学后面，但走在大部分社会科学前”[1]的语言学，甚至还拿出无法验证、完全应该被“奥康姆剃刀”剃掉的“精神家园”问题对其进行质疑。这一切都说明中国人文学者的“科学主义”还有待加强，另一方面也反过来证明了现代汉语的语言学话语的科学本质。

按照上述观点，关于现代汉语之现代语言学再现的本质问题似乎已经可以解决了。它就是普适的科学，就是理性，下面本书能做的不过是看看它曾经怎样一步步地提出理论、假设、验证……最后终于达到今天的状况的。当然，在这其中我们也许能发现现代汉语语言学研究中科学发现的一些具体规律。可是奇怪的是，当我们回头再看我们在前面的讨论中提出的各种问题时，我们忽然发现，那些话语的发生学问题、比较之悖论问题，还有那个“东方主义”的问题似乎都消失了，就连表1中的“筷子学”也好理解得多了：那毕竟是一个理论系统，可以假设、验证、修正，比起古人零零散散又不可证伪的对筷子的“悟”不是更合理吗？

我们的问题到哪里去了呢？它们是被解决了还是被隐匿了？回顾前面的论述，我们发现，它们实际上都被同样一个潜在的理由回绝了，那就是：你能高过科学去吗？

我们崇尚科学，因为科学公正，它不是诉诸某一个或者一群人，而是诉诸理性、诉诸逻辑，并且可以促进社会进步，为人类带来实际利益等等。这些都是关于科学的常识，它让我们不得不觉得，一个能假设、验证、不断进步的体系就是好。可是，我们在这里要问的正是我们的话语——尤其是常识性话语——是如何来的，而当我们满足于科学话语的常识时，我们实际上已经停止了这种追问。现在我们应当反思的正是：关于科学的这些常识话语能作为科学自身话语的保证吗？

[1] 朱晓农：“虚实谈：现代语言学的工作旨趣（上）”，《文字与文化（二）》，光明日报出版社1987年版，第1~27页。

事实上，正如朱晓农所说，科学事实是“物相事实”，因此科学非常需要理论，而且朱晓农似乎也很认同Gödel的“不完全性定理”以及Kuhn甚至Feyerabend关于科学研究之“范式”的观点[1]。正像他所指出的，“几乎所有的学科都是人为的研究”，“任何学科都不是自足的”，“特定的观察方式决定了语言所呈现的特定的内容”，可是他似乎没有意识到，就连科学本身的那些最基本的信条也不是自足的，它们也是对世界的“特定的观察方式”所决定的。逻辑证明就是再怎么证明也无法证明逻辑证明的合理性。在这里就有一种根本的选择，就有一种“悟”。如果有人说“工具理性和逻辑当然是先天决定的”，那么不待本书，历代哲学家就可以和他争个无休无止，因为这不是拿出什么证据的问题，这种说法本身就是所谓“理性”的自我再现。朱晓农指出，没有理论抽象是看不到科学事实的。我们则已更进一步指出，不同的科学研究“范式”并不是从不同的侧面发现了事物固有的规律，而是像信仰一样“不可通约”，在各自的世界观内对事物进行建构。因此，在看到“科学事实”时，我们已经在一个“范式”的世界观之内了，无论它对于在同一“范式”中提出的假设是证实还是证伪，这种证明本质上都只是再次复制了它的世界观里那些最为基本的信条。而现在我们则可以说，科学本身就是这样一种更大的世界观，我们在它里面“进步”，而它本身最基本的那些信条却从不“进步”（即使是在所谓“科学学”中，因为这个学问本身就依赖这些信条），在这个绵绵不绝的假设—验证的“进步”途中，我们本质上是在不断复制着同一种东西，这个东西就是我们最初的选择。

Derrida在批评传统历史观时说，历史“这个概念一直就是终极目的论及末世说形而上学，即人们以为可以与历史相对的那种在场哲学的同谋”[2]。可以说，就像真正的历史不能拒绝活生生的历史性一样，

[1] 朱晓农：“虚实谈：现代语言学的工作旨趣（上）”，《文字与文化（二）》，光明日报出版社1987年版，第1~27页；朱晓农：“虚实谈：现代语言学的工作旨趣（下）”，《文字与文化（四）》，光明日报出版社1988年版，第339~368页。

[2] ［法］德里达著，张宁译：《书写与差异》，生活·读书·新知三联书店2001年版，第521页。

“进步”如果是真正的历史的进步，那么“进步”本身也要被“进步”掉，而只有这时我们才能看到话语作为活的话语的真相。科学对“国学”的歧视，其实根本上是以自己作为歧视的理由的，而人文学者不亲近现代汉语语言学，部分原因（另有别的原因，详见下文）也在于他们不认同科学在根基处的那种“悟”法。朱晓农说“国学”里到处都是“自成一家言”的“特设性假设”，不能用科学方法验证，结果到处都是独断，相比之下科学则是公正的，服从理性、逻辑，服从科学方法，因此不可能产生独断，可是从根基上看，“国学”里“自成一家言”的传统正反映了中国人文传统对于话语自我发生的根本历史性的认识。科学认为自己最公正、最不独断，这是在常识的或者Husserl所谓“自然的思维态度”的意义上说的，在根本上，科学对于科学观、科学方法的态度恰恰是最独断、最不公正的。虽然科学作为在历史中发生的话语在本质上也是“一家言”，可是它却必须拒斥“别家言”以遮蔽自身话语的真正的历史性，科学可以欢迎各种理论话语在自己的内部自由辩论，但是唯独拒斥对自身根本话语的开放性，而这正是本真的思想对人生和世界的哪怕最为基本的“必然规定”的根本反思所不能容忍的。

在第一章的讨论中我们曾经提到，Whitehead认为，科学必须忘掉自己的创始者才能保证自己不死。现在我们可以更清楚地看到，科学话语和其他话语的不同不仅在于其话语发生的根基处自我再现的世界领悟，而且在于这种自我再现对于话语本身的根本态度。和人文话语相比，科学话语在态度上的一个最大特点就是拒绝“边缘化”，它所依赖的根本必须以“常识”的形式遮蔽自身的历史性从而保持住一种“中心”，围绕这个“中心”，无论是在什么方面、以哪种理论进行研究，都不存在Heidegger说的那种“没有把握的把握”，而是如朱晓农所说，在“相同的目的、方法”下，从“相同的材料”中必然能够得出“相同的结论”（无论实际情况如何，至少科学对自身的要求如此）。朱晓农的总结清楚地表明，无论一项科学研究的具体目的和方法是什么，科学中有一种根本的方法，即一种根本的信念、态度或者说话语是不容置疑的。可是，人文学者就是要置疑这种话语，就像他们也置疑其他的、包括他们自己的话语一样，因为话语——无论是什么话语——对于他们而言都是自我发生的，因而也是可以以其历史性而被悬置的。一个写爱情小说的作家从来不会在自己小说的开头对已经出现过的爱情小说进行“文献回顾”，可是他知道自己的小说一定是独一无二的，即使他用了从别人那里学来的技巧或者用了某个历史事件作为自己的素材。他的小说也一定是独一无二的，因为文学话语以至一切艺术话语乃是在根本上发生的，从来不会有某种更基本的东西使两个艺术家在“相同的目的、方法”下，从“相同的材料”上建构出相同的艺术话语。这其中的道理并不是什么“艺术为满足情感强调个性，科学为追求真理强调共性”，科学在根基处也是一种个性，只是它在自己的个性中追求它所追求的共性，并以此遮蔽自己的个性，而正是在这一点上，人文学者和科学家不同。可以说，人文学者更像作家，他们也引用别人的话，也讲道理，但是他们在话语的选择上是自由的，他们不认为自己的观点无法用科学话语中的“假设—演绎”法论证就是缺陷，因为他们尊重在话语之历史性中的话语选择。中国古代文人都讲道理，但他们是在自己的话语中讲道理，而这种话语本身就充满了对话语历史性或“边缘性”的体验。宰我问孔子：父母既丧，服孝三年，是否太久？可否缩短些？孔子答曰：“食夫稻，衣夫锦，于女安乎？”“女安则为之。”陶渊明给儿子送去一个仆人，为让儿子明白待人之道，特意附信嘱道：“彼亦人子也，可善视之！”试问“心安”如何验证？从“那是别人的孩子”如何就能推出“我要善待他”？这岂不是典型的低级“直觉法”？孔子为何不搬出《周礼》来做普法教育？陶渊明为何不给儿子讲“天赋人权”？那样岂不科学民主？可是中国人就是这样讲道理的。子曰：“予之不仁也。”“己所不欲，勿施于人。”这些道理中国人从心底里信服。

话语的开放性并不意味着话语可以随便乱来，而是说话语是有生命的，就像人生和世界是活生生的，它的生意味着它的死，或者不如说，正因为它的有死性，它才是活生生的。如果话语永远不死，那么生活世界就要死在话语的永生同时也是永死里。人文学者不亲近科学话语，不是因为他们觉得自己想怎么说就可以怎么说，而是因为科学话语

在现代性语境下要以自身僭越现象界的活的真理，要以自身内部的理论多样性取代话语发生的根本可能性，而人文学者则一定要回到这个根本的可能性。因此，Heidegger说：

真理之发生以其形形色色的方式是历史性的。

真理把自身设立于由它开启出来的存在者之中，一种根本性方式就是真理的自行设置入作品。……相反，科学却决不是真理的原始发生，科学无非是一个已经敞开的真理领域的扩建，而且是通过把握和论证在此领域内显现为可能和必然的正确之物来扩建的。当且仅当科学超出正确性之外而达到一种真理，也即达到对存在者之为存在者的彻底揭示，它便成为哲学了。

因为真理的本质在于把自身设立于存在者之中从而才成其为真理，所以，在真理之本质中就包含着那种与作品的牵连（Zug zum Werk），后者乃是真理本身得以在存在者中间存在的一种突出可能性。[1]

真理的原始发生“决不在”科学中，因为科学是不朝向那个话语发生的根本可能性的，只有科学意识到了这种可能性从而超出自身话语的“正确性”，也即承认自身话语的“边缘性”，它才可能成为真理之发生的一种形式——哲学。然而，正如我们已经看到的，艺术话语乃是“在根本上发生”的话语。因此Heidegger认为，真理之原始发生仍然只有在艺术中，在“自行设置入作品中”。故而，我们可以说，真正的人文学者必然是与艺术亲近的，而且科学对此完全无可指责。事实上，人文学者并不是社会科学家，后者才是在科学的话语内工作，在那里并不需要考虑与话语之根本可能性有关的“真理的原始发生”。

人文学者在话语发生的根本的自我再现中拒绝现代科学话语的独断，因此中国人文学者对现代汉语的现代语言学话语的质疑也就是完全可以理解的了。可是，为什么人文学者对其他科学研究（包括社会科学

[1]［德］海德格尔著，孙周兴译：《林中路（修订本）》，上海译文出版社2004年版，第49页。着重号依原文。

研究）的态度并不像对现代汉语语言学的态度那样强烈？为什么他们对于后者的一些实践和成果的批评已经到了针锋相对的程度呢？实际上，这就涉及到现代汉语语言学话语的另一个非常重要的方面，即话语和它的对象的关系。

现代汉语的现代语言学话语是一种科学话语，这一点朱晓农已经反复强调过了；科学话语是一种在自身建构中遮蔽自身历史性，并围绕反“边缘化”的中心不断自我扩建的话语，这一点我们也已经分析过了。可是，现代汉语的现代语言学话语究竟遮蔽了自身怎样的历史性，或者说，在这种关于语言的语言发生的背后，究竟是怎样一种话语的命运在向我们发出召唤呢？

按照科学对其自身的叙述，科学研究对象的特性是不能作为科学本身的特性的，就像不存在只适合大熊猫的解剖学，也不存在只适合汉语的语言学。科学虽然诞生在西方，但科学本身是不分东西的，因此现代汉语语言学就是现代语言学的一部分，完全没有必要要求它在研究的根本面貌上也要具有汉语性。可是，正如我们已经指出的，科学的叙述，包括科学对自身的叙述，都是以科学话语对世界领悟的方式进行的，这种方式的更深刻的历史性在它的叙述中已经被遮蔽了。Marx在《1844年经济学—哲学手稿》中指出：

说什么生活有它的一种基础，科学有它的另一种基础——这压根儿就是谎言……感性必须是一切科学的基础。[1]

人们通常认为，科学的基础是理性，艺术的基础才是感性。仿佛理性和感性是在同一个层面上发生的，科学和艺术也是两种在认识的发生层次上对等的话语。可是Marx却认为感性是理性的基础，“这一命题的真实意思是说，如果在人的理性思考中有真理发生的话，其实只是重新找出了那已由人的感性生活置入到事物之中去的真理”，这个意思和Heidegger“科学决不是真理的原始发生”的思想是完全相通的[2]。因

[1] 引自王德峰：《艺术哲学》，复旦大学出版社2005年版，第61页。
[2] 同上书，第62页。

此，当我们面对“完全是现代语言学之一部分”的现代汉语语言学时，我们对这一话语之本真性的关心所引出的乃是这样两个问题：这一话语是基于怎样的一种感性基础的？它又能否找到那已由人的感性生活置入到“现代汉语”这一事物之中去的真理？而这时我们会发现，科学所宣称的普适性实际上是将一种感性生活普遍移植到了世界的事物当中，与其说那里本来就存在科学的真理等待发现，不如说是科学将它纳入了自身的话语当中进行诉说，而在这种诉说中，科学的世界观也就成了世界的科学形象。

现代汉语的特性在现代汉语语言学中得到揭示，但现代汉语语言学作为现代语言学的一部分，在它的基本理论、基本方法等基本特征上是没有汉语性的，这是科学家反复向我们申明的道理。朱晓农甚至举了很多类似的例子来说明那种将研究对象的特色误作研究本身的特色的荒谬可笑：

> 民族有民族性，可民族学只有科学性而无民族性。社会有社会性，社会学无社会性。地貌有地域性，地质学无地域性。宇宙有时间性，宇宙学无时间性。心理有个别性，心理学无个别性。动物有动物性，动物学无动物性。植物有植物性，植物学无植物性。基因有遗传性，遗传学无遗传性。经济有人文性政治性，经济学无人文性政治性。以前人类学研究的是无文字的未开化社会，可人类学可不具备愚昧性……[1]

可是，如果仔细考虑这里的论述，我们就会发现，这里所有对象的个性都是必须由一个标准来揭示的，而这个标准本身就已经在根本上预先规定了对象可能会有怎样的个性。举一个很简单的例子，给定标准“好人（具体描述：……）/坏人（具体描述：……）”，拿来研究影视人物甲、乙、丙，最后得出结论：甲（+好人/−坏人），乙（−好人/+坏人），丙（−好人/−坏人），于是认为甲的特点是“好人”，乙的特点是“坏人”，丙的特点是“不好不坏”，这整个过程非常合乎逻

[1] 朱晓农：“科学主义：中国语言学的必由之路”，《语文导报》，1987年第11期，第56~59页。

辑，可是我们会发现，甲、乙、丙到底各有怎样的特点其实完全是由事先给定的标准决定的[1]。“好人/坏人”作为对人的某种规定乃是话语本身在某种感性生活中自我发生的产物，是它教会了我们这样来看待世界，于是甲、乙、丙才分别有了各自的“个性”。实际上，这里的问题和我们曾经讨论过的比较之基础的问题在本质上是相同的，它可以很轻松地转换为：“甲是好人。——为什么？——这是就他和乙、丙等其他人相比较而言的。——他们比较的基础是什么？——他们都是可以用“好人/坏人”来描述的人……”这个叙述的最后的根据就在于：我们是用“好人/坏人”的话语来对人进行再现的。

因此，我们可以说，在给定的科学话语中，其实是不可能存在真正的个性的，没有现代汉语，现代语言学仍然存在，但是如果没有科学话语，现代汉语则不可能以任何一种方式向我们科学地敞开。在这里，个体只是话语无数次地实现自身的工具，这就像前文所引Derrida所说的，在终极目的论及形而上学的“历史”中，历史只是概念系统实现自身的工具，真正的活生生的历史是不可能存在的，因为它早已被“非历史”地给定了。因此，在朱晓农所谓“民族有民族性，民族学无民族性。社会有社会性，社会学无社会性。地貌有地域性，地质学无地域性。宇宙有时间性，宇宙学无时间性。心理有个别性，心理学无个别性。动物有动物性，动物学无动物性。植物有植物性，植物学无植物性……”的背后，这些科学话语与其对象关系的真相乃是：对象本无如此这般的特性，而是那个在生活世界和感性经验中自我发生的话语对它作了如此这般的再现。民族学无民族性，可是民族到底有怎样的民族性，这本身就是民族学话语所建构的，民族学和它自身所建构起来的民族性乃是彻底的同谋。因此，表面上是“民族有民族性，民族学无民族性”，实际上是“民族因为有了民族学而有了‘民族学性’，而‘民族学性’正是其民族性的基础”；表面上“大熊猫解剖学”没有“大熊猫

[1] 如果有人认为这根本上还是取决于甲、乙、丙的本质特征的，那么这实际上将陷入一种悖论：本质特征是先于话语而存在的，然而它又是由话语抽象建构出来的，这个悖论的本质就是本书第一章开头讨论的“心”与“物”的悖论。

性”，可是“大熊猫性”正是由“大熊猫解剖学”所建构的，“大熊猫”因此有了“解剖学性”，而这种“大熊猫性”正是“大熊猫解剖学”所带来的。同理，现代汉语语言学自称没有“现代汉语性”，可是现代汉语究竟有什么“性”？这本身就是现代汉语语言学在它所基于的感性经验中建构的，现代汉语因此有了“语言学性”，而这个“现代汉语性”就是现代汉语语言学的根本特性。

科学关于它没有对象性的神话其实是一个根本的悖论，正如朱晓农所说，科学中没有“事件”，只有“物相”，这个对象本身就是被科学所领悟、为科学所建构的。科学当然没有它所再现的这些对象具体的那些“个性”，可是这些“个性”的根本依据，也就是它们真正的个性，恰恰是科学自身的个性。生活世界以及我们的感性经验并不是在这样或那样的“个性”的基础上才如此这般的，可是科学将它自身的感性经验植入了世界当中，于是世界被“科学化”了，而不可避免的是，由于科学对自身历史性的遮蔽，在科学中，科学话语的根本的个性却作为世界的唯一的“个性”而成为了世界的共性。如果说翻译中失掉的是“诗”，那么在科学对世界的翻译中，就只剩下了科学这“一首诗”了，无论在世界的哪个角落，我们所能拥有的也只能是这“唯一的一首诗”所能赋予我们的唯一的一种感性生活。大熊猫从此也就是那个具有如此这般解剖结构的动物，而现代汉语也就是那个语言学常识中的现代汉语。

现代汉语不是不能被现代语言学再现，这就好比说“好人/坏人”也是一种认识人的方法，但是现代汉语的现代语言学再现还涉及一个特别的问题，那就是我们已经提出的“它能否找到那已由人的感性生活置入到‘现代汉语’这一事物之中去的真理”的问题。现代汉语不是大熊猫，用王阳明的话我们可以说，“你未看熊猫时，熊猫与汝同归于寂；你来看熊猫时，则熊猫颜色一时明白起来”[1]。现代汉语则不一样，

---

[1] 原句见王守仁：《王阳明全集（上）》，上海古籍出版社1992年版，107~108页：“先生游南镇，一友指岩中花树问曰：‘天下无心外之物，如此花树，在深山中自开自落，于我心亦何相关？’先生曰：‘你未看此花时，此花与汝心同归于寂；你来看此花时，则此花颜色一时明白起来。便知此花不在你的心外。’”

和大熊猫相比，现代汉语更接近筷子，筷子和一个生命世界的敞开是不可分的，而对于一个以现代汉语为母语的人来说，现代汉语就是那个令整个世界包括我们自己向我们敞开的东西。正是从这一点出发，中国人文学者对于现代汉语语言学的各种常识和实践抱着深刻的怀疑。

从某种角度来看，现代汉语语言学“能否找到那已由人的感性生活置入到‘现代汉语’这一事物之中去的真理”这一问题不是很好回答的。一方面，现代汉语本身就是现代的产物，而且现代汉语在其形成和发展的整个过程中都深受现代语言学思想的影响[1]。大部分研究者都认为，现代汉语的起点在“五四”[2]，这和整个中国社会现代性的开始也是相一致的。而现代科学，包括现代语言学，对现代社会中以科学态度为基本特征的感性生活的科学再现难道不是一种对真理的揭示吗？的确，在科学话语不断地以其自身为依据扩建其领域的过程中，我们不能不说现代汉语本身在一定程度上要将一种科学向它植入的世界形象植入到现代汉语自身向它的说话者所敞开的世界形象当中。然而另一方面，无论现代汉语本身的情况如何，现代语言学对现代汉语的科学再现仍然只是科学话语在其自身领域中的扩建，它不涉及任何关于现代汉语之真理的原始发生。也就是说，它只在自身对现代汉语这一对象所注入的感性经验中发现自身的真理，因此，在并不拒斥这一具有自我遮蔽和排他性的科学真理的情况下，我们需要一种对话语之发生的历史性完全敞开的更加原本的真理发生领域，而正是在这一领域里我们才有可能看到：在我们科学地再现现代汉语的同时，我们赋予现代汉语之形象的科学性也就成为了整个现代汉语中世界形象的一个隐秘的隐喻之源，而且这个来源乃是和我们在科学中赋予一切对象之形象的科学性共谋的，因为现代汉语本身就是这些科学话语的发生场。

[1] 详见本书第四章的讨论。

[2] 刁晏斌总结了六种关于现代汉语起始时间的观点，分别为：石毓智“1501”说、胡明扬“明末清初”说、蒋冀骋“清末”说、“五四”说、“1949”说和模糊说，其中“五四”说“恐怕是目前为止赞同人数最多的一种观点”（刁晏斌：《现代汉语史》，福建人民出版社2006年版，第3页），刁晏斌本人从综合考虑语言内部各要素的观点出发也认为“五四”时期是现代汉语的时间上限。

本书并不试图回答关于现代汉语之真理的问题，本书也不拒斥现代语言学在科学业已敞开的领域中对现代汉语的建构，但是，本书要敞开这话语的历史性，而也只有在这根本的历史性敞开之时，现代汉语才能作为现代汉语把我们带向它自身。在这一意义上可以说，我们现在所做的乃是在构造一个“三重的再现”，即“对再现的再现的再现”，我们曾经以Velázquez的《宫中侍女》为例对“二重再现”作了诠释，在这一基础上，Picasso对Velázquez《宫中侍女》的著名再现则无疑是对我们“三重再现”的最好说明：

图10 《宫中侍女》（Picasso作）

立体主义艺术对于绘画比例和结构的基本态度可以说就是我们对于话语的基本态度，这种态度在立体主义作品中是通过对传统绘画再现中比例和结构的解构来实现的，这正如我们这里对现代汉语语言学之话语本真性的揭示乃是通过对比较法、科学基本信条之常识性以及科学话语与其对象关系的层层解构开始的。Picasso对于Velázquez极为尊敬和崇拜，对于《宫中侍女》更是到了痴迷的程度——前后共创作了58幅再现《宫中侍女》的画作，然而，Picasso的所有再现都和巴洛克时期的写实风格迥然不同。和所有现代主义画家一样，在绘画语言开始遮蔽自身并构造一种虚假的中心时，Picasso以一种对结构的破除再次实现了话语的敞开。对Velázquez《宫中侍女》的再现，就其具体内容不论，首先就表明了这样一种态度，即：比例与结构本身乃是作为在感性经验中自我发生的话语自行进入作品的；以比例自身来再现比例，以结构自身来再现结构，本质上是无所依的。对《宫中侍女》的再现，是赐原作以死，同时也就是给它以生命，一种在根本的历史性中发生的活生生的生命，只有这样，比例、结构才是真正的作为自身的比例、结构，而不是某种本质上非艺术的艺术规则实现自身的工具，这些道理和我们解构作为现代汉语语言学话语本质基础的最基本的比较法、科学基本信条之常识性和科学话语与其对象的关系，从而敞开话语之历史性并最终使现代汉语作为现代汉语把我们带向其自身是完全相通的。

在本节开头我们曾经提到，朱晓农非常认同一些哲学家将语言学在人文学科中的地位"抬高到像数学在自然科学中的地位"，并认为语言学因此更有责任摆脱"国学"方法而贯彻科学主义。事实上，现代哲学界对语言学的关注与其说是对作为科学的语言学的关注，不如说是对语言学——作为对语言本质之关注的哲学意义上的"语言学"，而非已经科学化的语言学——作为科学之可能性（或不可能性）的关注，而这种关注中的态度正是一种对话语敞开的态度，它和科学一定要遮蔽自身历史性的态度是完全相反的。在现代语言学将现代科学的感性生活引入汉语本身的感性生活时，中国人文学者对现代汉语语言学的批判也正是源自一种对语言学话语的哲学式的关注。从某种意义上说，他们是真正意识到了当代哲学家所强调的"语言学在人文学科中的基础地位"，但是这种基础地位不是作为确定为科学话语的语言学的基础地位，而是作为对话语之可能性也即认识（包括科学认识）之可能性或者说世界之为世界之可能性的探讨的语言学的基础地位。可以说，这种"语言学"正是当代哲学在发生所谓"语言学转向"之后最为核心的问题，它才是哲

学家所说的好比自然科学之数学基础的人文学科[1]的基础。

出于对作为人文学科之基础的"语言学"——即一种对话语中的根本的感性生活的开启——的关注，一些现代汉语语言学家也曾对现代汉语语言学的科学话语进行过认真的反思，其中最有影响、最具代表性的就是上世纪80年代末开始的一场关于汉语研究应该坚持"人文精神"还是"科学主义"以及关于建立"中国文化语言学"的争论。这场争论今天已经不再像过去那样引人关注，但是它仍然在一定范围内针锋相对地进行着，其中一方甚至有人始终认为自己是在"学术打假"[2]。排除这场争论中所纠缠的非学理因素不

[1] 人们往往将"人文学科（the humanities）"与"人文科学（human sciences）"混为一谈，并认为它们与"社会科学"、"自然科学"的区别主要是研究对象不同。事实上，"人文学科"与"人文科学"不同，它与"社会科学"和"自然科学"的主要区别也不在研究对象上。"人文学科"对于话语的发生是持根本的开放态度的，因此，它的研究对象和方法具有一种根本的变动性，不仅传统的文史哲，就是研究数物化，只要进入了话语发生的可能性即我们所说的话语的"边缘化"领域（比如Kuhn从理论物理学进入物理学史并最终进入科学哲学），就进入了"人文学科"之中。另一方面，对于"人文科学"的定义则存在不同看法，《现代汉语词典》将"人文科学"直接解释为"社会科学"（并且没有收入"人文学科"这一词条，参见侯永正："'人文科学'='社会科学'？——《现代汉语词典》该词条值得商榷"，《语文建设通讯》，2005年第3期。）。尤西林则认为，对"人文学科"的本质特征的哲学考察构成了"人文科学"的主要内容，因此，"人文科学"实际上将成为对人类知识话语的最终研究（尤西林：《人文科学导论》，高等教育出版社2002年版）。尤西林并引用了Marx在《1844年经济学—哲学手稿》中的话证明自己的观点："自然科学往后将包括关于人的科学，正像关于人的科学包括自然科学一样：这将是一门科学。"（引自上书第1页）尤西林关于"人文科学"的观点是一种非常新颖的观点，在这里，"科学"实际上已经不是"社会科学"和"自然科学"中以自身话语遮蔽自身历史性的现代"科学"了，它更接近一种作为原本的"Wissenschaft（'知识'+'学'）"的"科学"概念。Heidegger在《世界图像的时代》中指出："我们今天使用科学一词，其意思与中世纪的doctrina[学说]和scientia[科学]是有区别的，但也是与古希腊的ἐπιστήμη[知识]大相径庭的。希腊科学从来都不是精确的，而且这是因为，按其本质来看它不可能是精确的，也不需要是精确的。所以，那种认为现代科学比古代科学更为精确的看法，根本就是毫无意义的看法。"（[德]海德格尔著，孙周兴译：《林中路（修订本）》，上海译文出版社2004年版，第78~79页）我们可以认为，尤西林所理解的"人文科学"中的"科学"正是一种超出我们今天所广泛使用的"科学"概念而与"科学"作为"科学"的本质历史性相通的"科学"，这种"科学"的精神正是"人文学科"的精神。

[2] 如：伍铁平：《语言和文化评论集》，北京语言文化大学出版社1997年版；伍铁平："做人比做学问更重要——简评申小龙《当代中国语法学》"，《天津外国语学院学报》，2002年第1期，第61~66页；伍铁平："论进一步开展我国语言文字学界反对伪科学斗争的必要性"，《天津外国语学院学报》，2003年第3期，第76~80页；伍铁平："申小龙著《汉语语法学》的几个问题"，《外国语言文学》，2006年第1期，第68~71页。

论，可以说，它所涉及的问题根本上就是一个作为再现之话语的发生问题。

在汉语的本质是否在于其独特的人文性以及是否应该抛弃“科学主义”而建立符合汉语特点的“中国文化语言学”这两个争论的核心问题上，作为“认同派”代表人物的申小龙认为，汉语在人类各民族语言中具有突出的人文性，这种人文性是和中国文化的整体特征相一致的，用西方现代语言学的科学方法来研究汉语等于是“把汉语从中国文化母体上剥离开来，使它成为一种没有文化生命的纯粹的工具或符号”，从而湮没了汉语的本质特征，以至于离中国人的实际语感越来越远。因此，只有充分考虑汉语的人文性，放弃走自然科学的形式化、精确化道路，建立符合汉语特点的“中国文化语言学”，才能使汉语的本质得到彻底的揭示[1]。而申小龙的反对者则认为，世界上的语言是以共性为主的，认为语言与文化同构是完全错误的，过分强调汉语的独特性只不过是一种“极端的文化爱国主义”的表现[2]，汉语的本质特点如果真如申小龙所说的那样没有科学理性只会令中国人“觉得很羞耻”[3]，汉语语言学只有加强共性研究才能最终发现汉语的个性，科学主义是中国语言学的必由之路，“语言研究中的大部分缺陷和障碍，正是科学主义没有得到全面贯彻的结果”[4]。

在汉语语言学历史上曾经发生过多次“大讨论”或者说争论，然而，就其所涉及问题的本质性而言，没有任何一次争论可以和这一次相比，因为后者讨论的乃是一种根本的选择，即道路——或者说“道”——的选择。表面上，争论中发言最踊跃者总是那么几位，但

[1] 申小龙：《人文精神，还是科学主义？》，学林出版社1989年版；申小龙：《语文的阐释——中国语文传统的现代意义》，辽宁教育出版社1991年版；申小龙：《中国文化语言学》，吉林教育出版社1991年版；申小龙：《文化语言学》，江西教育出版社1993年版；申小龙：《汉语语法学》，江苏教育出版社2001年版；申小龙：《汉语与中国文化》，复旦大学出版社2003年版。

[2] 马爱德：“‘中国文化语言学’运动和汉语的本质：中国国情的新表现？”，《北方论丛》，1995年第4期，第91~102页。

[3] 孔宪中：“语法与文句的格局”，《语文建设通讯》，1990年第2期。

[4] 朱晓农：“科学主义：中国语言学的必由之路”，《语文导报》，1987年第11期，第56~59页。

私下里，所有语言学家都必须面对他们所提出的问题并给出自己的答案——虽然表面上他们对这些问题可能根本不屑一顾。批评“认同派”的人总是说对方“缺乏语言学的基本常识”、“显然不懂得什么叫科学”、“令人惊讶地信息闭塞”，并劝对方“还是老老实实地从语言学的ABC学起吧”，可是，如果争论就是发生在常识当中的，那么它恰恰从另一方面说明了争论所涉及问题的根本性。和那些词类划分、主宾语性质、单复句分类的问题不同，这些问题触及的是语言学家心里更深处的一些东西。就像哲学家所说的，在吃一片面包之前，我们就已经对“生存还是毁灭”这个最基本的哲学问题作出了回答，在对语言学基本话语问题的回答中，汉语语言学家或重温了、或坚定了、或重新作出了自己的选择，而这种选择是和他们的学术方向以至整个学术人生的意义根本相连的。多年以后，朱晓农是这样看待那次争论中自己的对手的：

那时玄虚的“文化语言学”在一些文化相对后进的地方蔓延。那些年我有幸每过一两个月去吕（叔湘）先生家亲炙教诲，有一次吕先生对我说，那种“学”离“禅”只有一步之遥。[1]

与此形成对比的是，音韵学家李葆嘉认为：

1989年，中国语言学界发生过人文主义与科学主义的针锋相对。与申小龙主张汉语研究的人文主义本体论相反，朱晓农认为“中国语言学的‘科学主义’不是‘宠坏了的科学主义’，而是远未到家的科学主义”……平心而论，可谓各有千秋。……

然而，问题的最终症结在于——在人类认识论上往往存在一个共同的盲点：以为“科学思维”是人类认识世界的唯一手段，以为所有“学科”都建筑在相同的或唯一的认知方式上。[2]

事实上，在今天的许多汉语语言学著作中，我们都能看到对那次争论中的问题或隐或显的不同回答：

---

[1] 朱晓农：“我看流派——语言学中的三大流派”，《语言科学》，2006年第1期，第37页。

[2] 李葆嘉：《理论语言学：人文与科学的双重精神》，江苏古籍出版社2001年版，358~362页。

以印欧语系的语言为基础而产生的语法框架和语言学理论，从根本上同汉语不相适应。[1]

至于还有人提出要建设“有中国特色的语言学”、“有中国特色的语法学”，这就好像说世界上还存在“中国特色的数学”、“中国特色的物理学”一样，把本来没有国界区别的语言科学研究硬性割裂开来了，这当然也是没有多少道理的。而近年甚至于还有人把是否研究汉语的个性特点跟政治上“要不要坚持民族气节”、“是不是屈从于西方霸权主义”联系起来，这就更是莫名其妙的言论了。[2]

回过头来看汉语研究时，常觉得汉语学界太迁就欧美语言学理论。欧美理论中有许多不适用于汉语处，显然是由于欧美学者缺乏汉语知识而残留的，就像他们当年尚未认识欧洲现代语言时也曾带着拉丁语的成见看自己的语言一样。但中国语言学界都没有与他们较真。[3]

他（申小龙）在20世纪80年代倡导的文化语言学范式，代表了自“五四”以来中国学术的一次语言学转型。正是在其“语言是一种看待世界的方式”的思想影响下，我才逐渐形成了“文字是看待世界的方式”的汉字符号学观点。[4]

可以看到，尽管争论不再那样表面化，但是大家各执己见，对于争论中所提出的问题其实都有相当鲜明的态度。事实上，就其本质而言，以前对于汉语词类划分、主宾语性质以及单复句分类等的讨论，其最根本的问题也正是这次争论中所涉及的一些问题。然而，耐人寻味的是，至今没有任何人对这次争论进行过较为全面的总结。或许人们的注意力都被争论当中的一些非学理问题吸引了，或许人们认为那不过是一些“不懂语言学常识”的“小孩子”的幼稚提问引起的一场不欢而散的争吵，然而问题的关键正在于：孩子关于“常识”的问题往往是最为成

[1] 张志公：“汉语语法的再研究”，《张志公自选集（下册）》，北京大学出版社1998年版，第415页。

[2] 陆俭明、沈阳：《汉语和汉语研究十五讲》，北京大学出版社2003年版，第510页。

[3] 程雨民：《汉语字基语法》，复旦大学出版社2003年版，第1页。

[4] 孟华：《汉字：汉语和华夏文明的内在形式》，中国社会科学出版社2004年版，第324页。

人忽视、却也最终隐秘地决定着成人浑浑噩噩的生活之本质的问题，汉语语言学如果不能正视关于它的“孩子式”的提问，便永远也无法走出它的“客西马尼之夜”。

汉语语言学要真诚地正视“孩子式”的提问，就必须彻底放弃“成人式”的关于生活世界之一切“常识性认识”的权威架子，虽然这种放弃确实是相当困难的。就像一个时代、一个地域的生活本身一样，思维仿佛依赖着一种“确定之物”，它向我们提供了生活和思维的模板，然而它本身却并不在真正的意义上被生活着、被思着。Heidegger说：“沉思乃是一种勇气，它敢于使自己的前提的真理性和自己的目标的领域成为最值得追问的东西。”[1]然而他也指出：“这样一种沉思既不是对所有人来说都必然的，也不是每个人都能完成的或者哪怕仅仅承受的。相反，无沉思状态却普遍地属于实行和推动活动的某些特定阶段。”[2]实际上，一个人不会沉思、不敢沉思或者不能够承受沉思，往往不是因为知识不够、基础不扎实，而是恰恰相反：正是由于对一切知道得太多，他对于“一切”本身才越发一无所知，他确信无疑地生活在他的“知”对于世界的再现里，然而作为世界本身的世界却早已逃逸了。

对“人文精神”还是“科学主义”的争论掀起的只是现代汉语语言学话语历史性的冰山一角，而且在这一争论中，对语言学的常识性结论以及语言学实践中的常识性信条发出质疑的一派由于对话语建构的过多的功利性诉求并没有将汉语语言学话语中的问题彻底澄清，他们急切地希望建立一种新的话语，却没有意识到在整个时代的“认识型”下，这些话语与他们所反对的话语始终有着千丝万缕的联系。如朱晓农所说，“国学”方法与现代意义上的科学方法确实有着本质的区别（虽然这种区别完全不构成前者低于后者的理由），汉语语言学家尽可以提出各种将汉语作为“常态型”而非高度偏离的“边缘型”的理论体系，或者尽量选择现有理论中他们认为可以充分体现汉语特色者（比如有人认

[1]［德］海德格尔著，孙周兴译：《林中路（修订本）》，上海译文出版社2004年版，第77页。

[2]同上书，第98页。

为功能主义比形式主义更适合研究汉语）。但是，这些理论只要是科学理论，就至少必须满足以下两个要求：第一，能够在其中以严格的科学方法进行论证；第二，能够满足科学的普遍性诉求。而这也就意味着，凡是不能证伪的，都必须用"奥康姆剃刀"剃去，凡是研究对象本身在元语言上独一无二的，都不具备统计学意义（因为我们对关于它的结论既无法推广也无法证伪）。可是，有些语言学家一方面提出的是可以在"国学"方法中进行非常合理的论述但不宜在科学方法中用来证伪的理论，另一方面却又大讲科学，或者从以科学方法运作的理论中借用大量现成的术语或结论，以至于将可证伪的东西拿来做不可证伪的论述，这就不能不为人所诟病了。事实上，正如我们所指出的，科学话语对对象的再现是要将自身的感性生活植入其中，对象在这种再现中是不以对象作为对象本身的本真性而出现的，在这里它只是话语实现自身的工具。因此，科学话语中不存在对象的真正的没有异化、不能还原的"个性"，除非它开放自身的历史性，但那样它就成了哲学。如果我们希望以"朝向事情本身"的态度朝向汉语作为汉语的"个性"，那么无论我们提出何种理论，只要我们诉求于现代意义上的"科学"，都是无法办到的。

其实，科学虽然不是真理的原始发生，但是科学自有它的领域，在科学领域中就应该坚持纯正的科学方法。对于语言，以科学方法进行研究"自有其特殊的正当性，亦有它自己的价值"[1]，以人文方法进行的研究当然也是如此。问题是，科学话语拒绝自身的"边缘化"并拒绝其历史性的敞开，因此，我们需要一种还科学话语以其本真的有死的生命的思考，这种思考本身则是人文性的，这也符合前文所引尤西林关于"人文科学"的阐述。

《利玛窦中国札记》中记录了16世纪末意大利传教士Matteo Ricci（利玛窦）与一位名叫"三淮"的中国和尚（即雪浪大师黄洪恩）在南

[1]［德］海德格尔著，孙周兴译：《在通向语言的途中》，商务印书馆1997年版，第128页。

京的一次公开辩论，下面这段由Ricci的同行Nicolas Trigault（金尼阁）整理的辩论记录以极富戏剧性的形式展现了本章所涉及的一些根本问题：

利玛窦神父问道，一些显然是由天地的创造者所创造出来的事物，他（即三淮和尚）是否也能创造出来，因为从他的学说看来他似乎是办得到的。于是他承认他可以创造天地。那时房里恰好有一个火炉，里面全是闷着的炭灰。利玛窦神父就说："就请让我们看看你创造出一个和这里一样的火炉吧。"听到这话，那位偶像崇拜者非常生气。他提高嗓门说，神父要他做这样的事是完全不合宜的。利玛窦神父也提高嗓门反驳说，硬说自己能办到自己办不到的事，也是完全不合宜的。……

……那位庙中的和尚就说："那么当你看太阳或月亮的时候，你是升到天上去了呢，还是那些星宿下降到你这里来了呢？"利玛窦神父回答说："两者都不是。当我们看见一个东西的时候，我们就在自己的心里形成它的影像，当我们想要谈论我们所看到的东西时，或想到它时，我们就把贮存在我们记忆中的这件东西的影像取出来。"听到这话，那位僧侣就从他的座位上站起来说："这就对了。换句话说，你已经创造了一个新太阳、一个新月亮，用同样的办法还可以创造任何别的东西。"于是，他骄傲地环顾四周，又坐了下去，泰然自得，就像是他已经清楚地证明了他的论点。

现在轮到利玛窦神父了。他解释说，人们心里形成的影像，是太阳或月亮在心里的影子，并不是实物本身。他接着说："人人都可以明显地看出实物和影像有多大的差别。事实上确实如此，如果一个人从来没有见过太阳或月亮，他就不可能在心里形成太阳或月亮的形象，更不要说实际上创造太阳和月亮了。如果我在一面镜子里面看见了太阳或者月亮的影像，就说镜子创造了月亮或太阳，那不是太糊涂了吗？"在座的人对这一解释似乎比对那位爱争辩的名僧更为满意。[1]

这也许是有记录的中西哲学最早的直接交锋之一，而且它恰恰是

[1]［意大利］利玛窦、［法］金尼阁著，何高济、王遵重、李申译：《利玛窦中国札记》，中华书局1983年版，第365~367页。

关于“再现”的。在Trigault的转述中，那位中国和尚三淮显得特别蛮横无理且荒谬可笑。可是，我们最终还是发现，彬彬有礼、循循善诱的Ricci和他并不在同一个层次上。佛教对于话语的再现本质有着深刻的认识，三淮想要告诉Ricci先生的，正是那个“缘起性空”、“诸法空相”、“色不易空，空不易色”的道理，可惜Ricci显然并不准备挖掘自己的“慧根”。三淮说他可以创造天地星辰，这里的“天地星辰”并不是心物二分的西方传统哲学中作为纯粹的物的“天地星辰”，套用Derrida的话来说，“天地星辰”必须死去，那个让我们知道所谓“天地星辰”的话语以至“天地星辰”本身才能活，同理，如果没有话语，如果话语不是如此这般地再现，Ricci又怎么知道房里有一个火炉呢?

Ricci的观点是一种典型的西方传统哲学心物二分的世界观，即在任何话语发生之前，生活世界就已经清清楚楚地在那里了：这是天、那是地，这是太阳、那是月亮，这是炭灰、那是火炉……然后人们心里就有了天、地、太阳、月亮、炭灰、火炉……的影像。可是持这种观点的人却没有意识到：这个“天、地、太阳、月亮、炭灰、火炉……”的区分本身也是在话语中发生的影像，而这一影像作为一种“心”之外的“实物”世界的再现，又预设了一个作为诸存在者之和的“实物”世界。Ricci说，有了实物的太阳，才有人们心中关于太阳的影像，可是如果话语从来就不发生，那么世界就从来不可能敞开为任何“实物”，人们抬头看到的不是什么太阳、天空，而是一片混沌。心物分立，或者说主客分立的矛盾就在于：“物”作为和“心”无关的世界的本质而存在，然而“物”的本质却正是“心”的结果，这样所造成的“唯物主义”和“唯心主义”在根本上是相同的，它们都是西方哲学“知识论”传统的产物。

我们的“现代汉语语言学”就是发生在心物分立下的比较法和现代科学观之中的。心物分立的比较法继承了本质主义的根本矛盾，给现代汉语语言学话语的发生带来了看似实实在在，实则无所依傍的可比性“基础”，而这种“基础”立刻和以自身感性生活为世界之“共性”的科学话语相结合，并将现代科学的世界形象带进了现代汉语本身的再现中。中国人文学者排斥这一再现，因为它在本质上是反人文的，它一定

要遮蔽自身的历史性，并将自己确立为不可还原的“中心”，而在这一虚假的“中心”下，话语中原本地发生着的真理早已逃逸。实际上，不仅对汉语，就是对西方语言而言，作为现代科学的现代语言学也无法将我们引向它们作为自身的本真性。让我们再次回到Heidegger的那句话：

在语言之本质中语言虽然被把捉了，但却是通过某个它者而被把捉为语言本身的。[1]

语言的“它者”就好像Ricci的“天、地、太阳、月亮、炭灰、火炉……”，它们将语言世界的本质颁布给我们，仿佛它们是先于我们对语言的思而存在的，我们通过这些本质去把捉语言，但语言作为将我们带向语言自身的语言却早已如Georg所言“逸离我的双手”，只是在这里还留下了它者对它者自身的实现。

事实上，按照解构主义的观点，我们对于现象界所能拥有的只能是它者，现象界其实就是它者对它者的无穷解构。然而，话语如果拒绝解构，那么话语的发生便将永远被扼杀，话语不死，从此也就无法活，真正的思不再可能，剩下的只有人生和世界的破碎的赝品。

回到本章第一节结束时所提出的问题，我们不认为现代汉语的现代语言学话语是典型的“东方主义”的，因为在话语对于自身对象的态度上，它和作为东方学代表的伊斯兰研究——后者在其起源与发展中对自身对象持明显的敌视态度——有着显著的不同。虽然历史上许多西方人的汉语研究也都对现代汉语语言学的形成起到过重要作用，但是，正如我们曾经指出的——也正如三淮和Ricci的辩论中众人的态度所预示的——我们不认为某种社会—历史—心理状况是决定现代汉语语言学话语的根本力量。话语有它自身的历史命运。如果说Said所说的“知识的堕落”对我们有着重要的启示，那么我们是在如下意义上理解它的重要性的，即：在现代汉语之科学本质中现代汉语虽然被把捉了，但却是通过某个遮蔽自身“它者性”的它者而被把捉为现代汉语本身的。也正是在这一意义上，我们需要敞开现代汉语语言学话语之根本历史性的沉思。

---

［1］［德］海德格尔著，孙周兴译：《在通向语言的途中》，商务印书馆1997年版，第212页。

第三章　文本的结构考察

第一节　“科学教科书”与文本的话语特征

在第一章中我们曾经指出，Kuhn对于科学研究“范式”的考察给了我们一个重要启示，即：从典型的“科学教科书”出发对科学话语进行解构是一个极好的选择。可以说，如果科学是一种必须遗忘自身历史性的话语，那么科学教科书便是它的最佳同谋。

教科书的一种根本危险在于：这种书的诞生本身就蕴含着对话语历史性的反动。就本真的教学而言，任何材料都可能成为教学的辅助手段，然而，专门的教科书的撰写、编订和采用则意味着，在一个具体的教学中，话语的再现开始趋向于固定，而这种固定的一个危险后果便是：话语开始遗忘其自身的历史性并造成虚假的“中心”。人们常常发现，一篇出现在课外读物中的文章可能很受学生欢迎，然而一旦被编入课本，则往往在教学还未发生之前，它就开始受到一种莫名的抵制。这种抵制的原因是深刻的，它首先不在于具体教学方式的选择，而是和教学本身的专门化——包括教学材料的专门化——所造成的教学的异化危险密切相连。在课外阅读中，显然不存在刻意的教师和教材（而且作为本真的课外读物而存在的课外读物也不会在封面上印上“课外读物”的字样），可是教学的真理就在具有历史性的话语的生命中完全“境遇性”地发生了；相比之下，原本具有历史性的话语一旦以教学的名义作为教材的一部分出现在一种缺少“边缘化”的“中心”，话语的生命也就因为它的无法死亡而立即枯萎了。我们曾经谈到，Heidegger认为真正的教师“对他的材料比那些前来学习的人对他们的材料更加没有把握”[1]，因为前者对于话语的历史性有着深刻的体会。在这一意义上可以说，真正的教师所做的工作正是重现话语之历史性的工作，他让话语在感性生活中发生的真理重新向学生敞开；也正因为如此，在本质上非异化的教学中，真正的教师或者像Heidegger一样直接对对象进行诠释但从来不用教材（Heidegger前后六次讲授尼采，但从来不用教材，并且六次讲授内容完全不同），或者他确有一两本教材，但是他对教材的唯一态度便是“解构”。

可以认为，本书下面将要做的正是第二种教师所做的工作。在这一工作中，无论是否存在其他学生，我们都将首先成为我们自己的学生，这一点也是真正的教学所要求的；“教师必须能够比他的学生更可教”[2]，而这也恰恰表明，一切沉思在本质上都是对一种绝对“把握”的打破。虽然我们并不像第一种教师那样直接朝向作为现代汉语的现代汉语，但是通过对与教科书话语相结合的现代汉语语言学知识背后历史性的重现，我们仍然可以以“它者”的“它者性”而反思对象本身的本真性。或许，这样一种迂回所带给我们的将远远超过我们所失去的任何一种“把握”——无论这“把握”隐藏在教科书、现代科学还是其他任何一种话语（包括诠释话语）的危险中。

正如我们已经表明的，教科书话语与科学话语在对待话语历史性的态度上存在很多暗合之处，因此，两者的结合使得双方在这一方面的共同点得到了更加突出的表现。就科学话语单方面而论，则可以说，“教科书科学”已经成为了科学“范式”塑造并传播自身最重要的形式之一。对此Kuhn曾在《科学革命的结构》中以大量实例作了充分的揭示。

---

[1]［德］海德格尔著，郜元宝译：《人，诗意地安居》，上海远东出版社2004年版，第28页。

[2] 同上书，第28页。

Kuhn认为，科学教科书是从19世纪初才开始流行的（在新成熟的科学中更晚），在这之前许多科学经典起着和它们类似的作用。[1]这种作用，说到底，就是要在当时为“科学共同体”所认可的科学“范式”的指导下对它所涉及的全部学科内容进行重建，以确保该“范式”由于其“不可通约性”而必然要求的“排他的存在”。因此，典型的科学教科书必然是这样一种情形：

教科书总是一开始就剔除科学家对他的学科的历史感，然后提供以替代物。标准的情形是：科学教科书只包含一点历史，或者放在导论中，更常见的是散见于提及早期的伟人英雄的附注中。这些附注使学生和专业人员感到他们是一个屹立已久的传统的参与者。然而，教科书中塑造的这种使科学家有参与感的传统，事实上从未存在过。为着一些明显的和功能性的理由，科学教科书（以及如此多的老的科学史著作）只会提到一部分过去科学家的工作，即那些很容易看成对书中范式问题的陈述和解答有贡献的部分。部分由于选择，部分由于歪曲，早期科学家所研究的问题和所遵守的规则，都被刻画成与最新的科学理论和方法上的革命的产物完全相同。[2]

为了证明自己的观点，Kuhn列举了大量力学、热学、光学、电学以及物理化学中的例子来展现所谓“教科书科学”是怎样按照自身的“范式”对前人的研究进行“归化”并将科学史改造为一种“线性发展”的历史的，其中有些例子所涉及的“科学常识”即使是只受过中等教育的读者也非常熟悉——因此这些例子也就更加令人感到震惊。比如：

牛顿写道：伽利略已经发现恒定的重力所产生的运动与时间的平方成正比。事实上，伽利略的运动定理当放置在牛顿的动力学概念框架中时，的确是这么一种形式。但是伽利略根本没这么说过。他对落体的讨论很少提到力，更不用说导致物体下落的一种恒定的重力了。把伽利

[1]［美］库恩著，金吾伦、胡新和译：《科学革命的结构》，北京大学出版社2003年版，第9页。

[2] 同上书，第124~125页。

略范式根本不许问的问题的答案归功于伽利略，牛顿的叙述隐藏了在科学家就运动所提出的问题和他们觉得能接受的答案中，发生的一个不大但却是革命性的重新表述的效用。但是，就是这种对问题和答案的表述的变化，而不是新奇的经验的发现，才能解释动力学从亚里士多德到伽利略以及从伽利略到牛顿的转变。正是由于隐瞒了这些变化，教科书中那种把科学的发展线性化的倾向，就掩盖了一个科学发展中最有意义的插曲的核心过程。[1]

事实上，就动力学而言，从Aristotle到Galileo也许是一个更大的跨度。今天一个普通的中国中学生也知道，Aristotle的那个持续了1900年之久的"物体下落速度和重量成正比"的"谬论"就像哲学中的"唯心主义"一样可笑，这就好像说人们有时候怎么会愚蠢到如此地步，以至于在几千年里也发现不了这么清清楚楚、明明白白的"加速度"或者"唯物主义"的真理。可是，即使在这一点上Kuhn也指出：

他们（今天的科学史家）越仔细地研究亚里士多德的动力学、燃素化学或热质说，就越确凿地感觉到，那些曾一度流行的自然观，作为一个整体，并不比今日流行的观点缺乏科学性，也不更是人类偏见的产物。如果把那些过时的信念称做神话，那么神话也可以通过导致现有科学知识的同类方法产生，也有同样的理由成立。[2]

这一说法和Heidegger在其科学哲学名篇《世界图像的时代》中表达的观点如出一辙：

……我们也不能说，伽利略的自由落体理论是正确的，而亚里士多德关于轻的物体力求向上运动的学说是错误的；因为，古希腊人关于物体、位置以及两者关系的本质的观点，乃基于另一种关于存在者的解释，因而是以一种与此相应的不同的对自然过程的观看和究问方式为条件的。没有人会断言，莎士比亚的诗比埃斯库罗斯的诗更进步。更不可能说，现代关于存在者的观点比古希腊的更正确。所以，如果我们要理

[1] 同上书，第126页。
[2] 同上书，第2页。

解现代科学之本质，那我们就必须首先抛弃一种习惯，这种习惯按照进步的观点，仅仅在程度上把较新的科学与较老的科学区别开来。[1]

在这里，Heidegger之所以会把科学和诗歌相提并论，就是因为在现象学家看来，它们都是话语在其感性生活中的自我发生[2]。一种话语对另一种话语的再现，其实质乃是前者将自身的感性生活注入了后者而将其改造，这其中的道理和Kuhn所说的一种科学“范式”对另一种科学“范式”的重构，以及本书所讨论的作为现代科学的现代语言学对现代汉语的再现是完全相通的。

Kuhn通过物理学等自然科学教科书中“范式”的主导作用阐明了在科学发展中的一种根本的断裂，即所谓“科学革命”的存在。之所以说这是一种根本的断裂，乃是因为它带来的新“范式”的“不可通约性”必然造成科学内部世界观的改变。正如Kuhn所说：“注视着月球，皈依为哥白尼学说信徒的人不会说：‘我过去看到的是一颗行星，但是我现在看到的是一颗卫星。’那种说法等于暗示托勒密系统曾经一度是正确的。事实上，新天文学的皈依者会说：‘我曾经把月球当做（或把它看成）一颗行星，但是我错了。’这种陈述确实在科学革命以后一再出现。”[3]换言之，科学中也因为一种本质的历史性而存在着“流行”，科学也有其“命运”。而将这一说法放到一切话语发生的根本的感性生活中去，我们则不得不承认，天文学之前的星象学也并不因其本身的话语发生而在任何意义上比天文学更加“迷信”，相反，如果我们站在作为现代科学的天文学的立场将天文学话语内的概念和理论看成人类自诞生以来就从不间断的诉求，那么这就好像说Newton力学体系中的“加速度”从来就是Newton之前的动力学学者始终在追寻却又苦寻无着的事实，如此我们只能在话语的遮蔽性中越陷越深，作为“守在狭

[1]［德］海德格尔著，孙周兴译：《林中路（修订本）》，上海译文出版社2004年版，第79页。

[2] 但是Heidegger认为艺术的发生是更原本的。

[3]［美］库恩著，金吾伦、胡新和译：《科学革命的结构》，北京大学出版社2003年版，第104页。

隘的现代里”[1]的现代人，我们并不比任何时代“守在狭隘的同时代里”的人更加高明。而另一方面，如果我们要对现代科学话语的遮蔽性有一种具体的认识，那么我们便有必要在思想体系的高度仔细拷问那些令我们的话语如其所是的东西，而这也就恰恰意味着，那些将“教科书科学”赐予我们的“科学教科书”正是我们最重要的反思对象。

将人类话语的发生“线性化”从而以形而上的“非历史”的历史取代本真的历史并最终确立当前话语的唯一合法地位，这是一切科学教科书的基本特点（虽然在当前话语下可以允许各种“子话语”的争鸣，但是当前话语本身作为一种根本的世界观是不容置疑，也不能自己推翻自己的），当然也是关于现代汉语的现代语言学教科书的基本特点。为了抵制一种普遍存在的对于科学自我遮蔽的排他“范式”下的汉语观的反感，许多现代汉语教科书甚至辟出专门的章节来为其自我建构进行进一步的自我辩护。例如，张斌针对“一些学过现代汉语这门学科的人说，学到的知识用不着”的现象，就以整整一节的论述指出：

有人认为学习语言只需通过语言实践，在日常生活中学习就行了，用不着去学习语言知识。……让我们先说个例子。《庄子》这部书里有篇文章讲到一位宰牛的厨师……两千多年前的厨师当然没有读过动物解剖学，然而他懂得解剖的道理，掌握了这方面的知识。……如果有人认为不掌握解剖规律可以顺利地解剖动物，这显然是误解。同样，不掌握语言规律而能有效地运用语言，这也是误解。

当然，规律的掌握，有的是自觉的，有的是不自觉的。作家掌握语言规律大都是不自觉的。……然而科学的发展，总是从不自觉地掌握规律到自觉地掌握规律。……[2]

张斌用“庖丁解牛”的故事教育那些对现代汉语语言学知识还怀有疑虑的学习者：就像庖丁掌握了牛的解剖学才能解千牛而刀刃若新发于硎一样，只有掌握了现代汉语的科学规律才能把现代汉语用好，而对

[1] 龙应台：“守在狭隘的现代里”，《海燕》，2005年第9期，第1页。

[2] 张斌：《现代汉语教学参考与训练》，复旦大学出版社2004年版，第2页。

科学规律的掌握“自觉的”自然又比那“不自觉的”更上了一个台阶。然而，问题正在于，就像传统中医掌握的并不是现代西方医学知识一样，庄子笔下的丁厨师所掌握的远非我们所以为的“动物解剖学”：

庖丁释刀对曰：“臣之所好者道也，进乎技矣。……臣以神遇而不以目视，观知止而神欲行。依乎天理，披大郤，导大窾，因其固然。……”文惠君曰：“善哉！吾闻庖丁之言，得养生焉。”（《庄子·养生主》）

古代中国人所讲的“道”岂是今天的现代科学？今天的解剖学家有哪一个是“以神遇而不以目视，观知止而神欲行”？文惠君说“吾闻庖丁之言，得养生焉”，难道他是要去研究人体解剖学以掌握健康知识？诚然，世界总是在话语中向我们敞开，但是在不同感性生活中发生的话语却不可想当然地通约。按照张斌的说法，在现代科学话语中发生的汉语的“科学规律”自古以来就明明白白地在那儿，一切使用汉语的人靠的从来就是它，一切研究汉语的人孜孜以求的也从来就是它。可是这种说法恰恰表明，现代汉语教科书作为一种典型的“科学教科书”，从一开始就必须竭力遮蔽自身话语真正的历史性从而将其确立为不可“边缘化”的“中心”：它不承认自身话语根本的“自我发生”，也不承认其他话语在其背后的整个感性生活的昭示下与自己的本质的不同以及本质的平等。就像现代科学对待中医的态度一样，在现代语言学教科书的重构下，一切汉语作家乃至汉语使用者的汉语经验以及一切汉语研究者的汉语研究要么是以线性的方式自觉不自觉地朝向自己的，要么就是错误的。

如果我们将目光暂时放得长远一些而不仅仅局限于关于现代汉语的现代语言学文本，我们就会发现，现代语言学对于自古以来就“线性地朝向自己”的汉语研究的述说正是以“庖丁的解剖学”的面目出现的。反过来，这种“庖丁的解剖学”又被当做现代科学话语的某种智慧的但不自觉的前身而成了汉语——包括现代汉语——的现代语言学再现之所以必然如其所是地正确的一种侧面的、但却是声势浩大（因其时间跨度长）的“证明”。

在这些“庖丁的解剖学”中，一个已被戳穿的例子就是所谓“荀子约定俗成说”。几乎所有的中国语言学教科书都认为[1]，Saussure的符号任意性原则以及Stalin关于语言与思维关系和语言的社会本质问题的“马克思主义解答”，早在公元前二至三世纪就已经由我国战国时代“杰出的唯物主义思想家”荀子提出了一个基本近似的、也是“十分卓越的、科学的、在世界语言学史上也是罕见的”[2]、“直到今天，还是不可动摇的”[3]表述，这就是《荀子·正名》中所说的“名无固宜，约之以命，约定俗成谓之宜，异于约则谓之不宜。名无固实，约之以命实，约定俗成谓之实名”。

荀子是孟子之后儒家“性恶论”的代表，近代思想史家林尹认为：“其论王霸之道，最能切乎实际。作正名之篇，更可矫正当时之弊。”[4]就是这样一位认为“王者之制名，名定而实辨，道行而志通，则慎率民而一焉”的思想家，是怎么会成为语言符号任意性和社会约定性的提出者，并且“解决了古希腊哲学家几百年来争论未决的问题，也对我国古代先秦诸子的‘名’‘实’之争，进行了小结”[5]的呢？李葆嘉（1986）发现，从荀子的总体思想以及“正名篇”的全文来看，荀子提出“名无固宜，约之以命”、“名无固实，约之以命实”，并不是因为他认为语言符号是任意的或者社会约定的，而是恰恰相反，正是因为根本上是“王者之制名，名定而实辨”，而荀子之时又逢“圣王没，名守慢，奇辞起，名实乱，是非之形不明”，所以他才会提出王应“正名”以维护天下之道。因此，李葆嘉认为，荀子那段被中国语言学家广为引用的话的真实含义应为：

名没有固定的适宜，王者制定事物之名，王者约定而民众相效的

[1] 如：岑麒祥：《语言学史概要》，科学出版社1958年版；王力：《中国语言学史》，山西人民出版社/复旦大学出版社1981/2006年版；濮之珍：《中国语言学史》，上海古籍出版社1987年版；王德春：《语言学概论》，上海外语教育出版社1997年版。

[2] 濮之珍：《中国语言学史》，上海古籍出版社1987年版，第50页。

[3] 王力：《中国语言学史》，复旦大学出版社2006年版，第4页。

[4] 林尹：《中国学术思想大纲》，华东师范大学出版社2006年版，第30页。

[5] 濮之珍：《中国语言学史》，上海古籍出版社1987年版，第48页。

名，就是适宜的名，与王者制定不同的就是不适宜的名。

名没有固定的实，王者确定名的含义，王者约定而民众相效的名，才是具有实义的名。[1]

事实上，作为儒家学说的继承人，荀子是不可能反对王道而支持所谓“社会约定”的，更不可能会产生“语言符号有任意性”的想法。在儒家思想中，圣王乃是天道的化身，名要符实，需由圣王命定，绝不容民间擅自篡改。荀子提出“正名”，正是因为一方面天下发生了“名”的变乱以致天道将失，另一方面荀子又是主张“法后王”的，如果是主张“法先王”的孟子，则断不会提出再由后王来“正名”的观点。

上面的例子涉及的是语言学课本对古代语言思想进行“朝向现代语言学理论”的重塑。实际上，在现代语言学对古代训诂学的刻画中，我们可以发现更多的这样的“重塑”，下面这段论述便是一个典型：

主谓次序是主前谓后，为了表达需要，原文有时谓前主后；释文以语词移位表现。

（1）招招舟子，人涉卬否。【传：招招，号召之貌；舟子，舟人主济渡者。笺：舟人之子号召当渡者。】《诗经·邶风·匏有苦叶》

（2）鲁庄公及宋人战于乘丘，县贲父御，卜国为右。马惊败绩；公坠，佐车授绥。【戎车之贰曰佐；授绥，乘公。】公曰：“末之，卜也。”【末之犹微哉，言卜国无勇。】《礼记·檀弓上》

（3）子曰：“何伤乎，亦各言其志也？”【孔曰：各言己志，于义无伤。】《论语·先进》

……

以上各句主语（1）“舟子”、（2）“卜”、（3）“各言其志”、……位谓语后，释文以移位方法表现。[2]

孙良明的这段分析是为了表明：古代的训诂学家虽然不能用今天的现代语言学术语来说明语法，但他们都有语法分析的概念，只是表达

[1] 李葆嘉：“荀子的王者制名论与约定俗成说”，《徐州师范大学学报（哲学社会科学版）》，1986年第4期，第89页。

[2] 孙良明：《中国古代语法学探究》，商务印书馆2002年版，第69~70页。

方法不同。比如说这里着重号所在的三个小句，都是“主谓倒装句”，古代的训诂学家也明白这一点，所以他们才在释文中把原句的“主语”和“谓语”倒过来再说一遍，可惜他们实在没有成体系的语法术语，又只讲实用，因此只能做到这一步。

其实，孙良明《中国古代语法学探究》整本书所表达的基本上也是这个意思。在书的末尾，他一方面对“中国古代语法学”给予了相当肯定的评价：

> 古人不知道什么是层次分析法，但是他们看出了语词组合的层次性，并做了一些层次分析。古人没有划分出如现在的词的语法类别，但是按他们的标准也分了词的类别。古人不知道什么是词的功能分布，但他们看出词在同一类型句中的位置相同，当属一类。古人没有主语、谓语、宾语等语法结构术语，但他们看出了句子的句法结构关系。古人不知道句法、语义、语用所谓“三个平面”的分析方法，但他们实际上从这几个角度作了分析。……古人不知道什么是变换分析，但从汉晋注释书中可看出，实际上是用的“移位”、“加入”、“替换”、“复写”、“省略”、“重排”等分析方法。[1]

另一方面他又郑重指出，“中国古代语法学”存在“严重缺陷”，并认为造成这些缺陷最重要的原因就是中国人太实用：“只要达到实用目的，就不考虑建立什么语法体系了”；中国古人很早就接触了梵语，可是他们既没有编出一本梵语语法，“更没有借鉴梵文语法编出汉语语法书，这也是应该感慨的”[2]。

可以看到，在孙良明“中国古代语法学”的再现中，中国古代训诂学的部分内容变成了一种和Newton转述的Galileo类似的东西。训诂学被剥离它自身话语的意义域而成为了另外一种话语中“虽有不少可取之处，但是存在严重缺陷”的东西，而它之所以有“可取之处”，也是因为它被塑造成了一种线性地朝向另一种理念体系的过渡。这样的叙述给我们造成了一种假象，好像人们自古以来就在参与一种单一的话语建

[1] 同上书，436~437页。
[2] 同上书，435页。

构，大家都希望为某种古今中外都认同的“知识的总汇”做出贡献，中国古人由于太重实用而终于没有为这个共同的、光荣的事业贡献足够的力量，这实在是令人感慨。但是另一方面，他们其实什么都明白：他们明白语词组合的层次性（甚至还做过“层次分析”），他们明白词要分词类，他们明白句子有句法结构，他们使用各种“变换分析”法，他们甚至还能做朴素的语用分析……总之，他们一直是心知肚明并且“一心向学”的，只是因为这样或那样的原因——最主要的是，他们在“实用”中自满了一下——所以他们没能建立起像样的语法学体系。因此，我们还是应该对他们进行“实事求是、恰如其分的评价”，“总之一句话：一不要拔高，二不要贬低”[1]。

要对古人的研究进行“实事求是、恰如其分的评价”话虽不错，但这里的问题是“实事”是在哪一种感性生活中看到的“实事”，它又是否同时体验着自身本真的历史性？在现代科学这个已经敞开的话语中，我们看到的其实只是科学将自身的感性生活植入对象而造成的科学本身“自证明”的“真理”，而且正如Kuhn所指出的，即使在科学中，“事实”在各种“不可通约”的“范式”中也是不相同的。在前面的引文中，孙良明认为，汉儒将孔子的“何伤乎，亦各言其志也”解释为“各言己志，于义无伤”就是因为这个句子是个“主谓倒装句”，“各言其志”是“主语”，“何伤乎”是“谓语”。试问：这样的“事实”是否是可以拿来做“实事求是、恰如其分的评价”的标准呢？不要说古人是怎样看的，就是今人对这句话也未必有相同的看法。

回到现代汉语的语言学教科书，我们会发现，虽然古人不可能研究现代汉语，但是由于古今的不可割裂，现代语言学对于现代汉语的再现恰恰包含着比今天仍然遵循着一定的语文学传统所编写的古代汉语教科书更加典型的对汉语研究史的“科学教科书”式的重构。当然，这种重构包括Kuhn所说的“剔除”和有选择的“包含”两部分，而剔除的部分越多，包含的部分越少，便越说明话语断裂的强烈以及教科书对自

[1] 同上书，第437页。

身话语的遮蔽的维护。

也许有人会问：对关于现代汉语的现代语言学话语的解构是否可以以各种论述现代汉语的语言学论文或专著为基本的对象文本呢？毕竟后者，尤其是论文，是现代科学共同体内部更加认可的科学话语的专业形式。的确，Kuhn也曾经指出，“只有在各门科学发展的早期阶段，即前范式阶段，（教科书）这样的书才一般地保持着与专业成就同样的关系”[1]，在教科书所诉求的“范式”已经基本确立之后，科学工作的推进则主要表现为对“范式”所展开的领域的拓展，而这种拓展越是深入，论文的地位便越是凸现，因为它的任务是在各个细小的领域完成“范式”所留下的“扫尾工作”。“如果不是一门成熟科学的实际实践者，就很少有人会认识到一种范式给人们留下非常多的扫尾工作要做，而完成这些扫尾工作又是多么地令人迷醉。……大多数科学家倾其全部科学生涯所从事的正是这些扫尾工作。”[2]因此，科学共同体在很长一段时间内对论文更为看重是有深刻原因的。在得到“范式”保障的论文中，对“范式”本身进行确立甚至辩护已经不再是科学家的主要任务[3]，可以说，如果科学不是“真理的原始发生”的话，那么在“范式”确立之后逐渐兴起并逐渐规范化的论文便是科学中最不是“真理的原始发生”的地方，然而它却也是科学最为庞杂、也是最引以为傲之处，因为科学“范式”恰恰要依靠它来完成自身领域的扩建。这就好比一个孩子得了一把锤子，便要这里敲敲、那里敲敲，科学称之为“发现问题”、“解决问题”，这个过程非常漫长、复杂并且引人入胜。但是，无论如何，在这一过程中世界始终必须通过锤子而向孩子展现为世界，直到有一天孩子发现锤子在有些时候并不是非常令人满意（比如说用它

---

[1] 库恩著，金吾伦、胡新和译：《科学革命的结构》，北京大学出版社2003年版，第19页。

[2] 同上书，第22页。

[3] 这里必须明确的是：在同一“范式”内，论文完全可以对现有理论进行修正甚至推翻，这并不构成对“范式”本身的否定，恰恰相反，由于论文的论证完全是在大的“范式”内进行的，因此无论论文对“范式”内的具体理论得出怎样的结论，它只是再一次帮助“范式”完成了其自身领域的自我扩建。

来敲水就特别别扭）——用Kuhn的话说就是发生了“科学的危机”，于是他再用其他工具（例如一把既能敲又能舀的勺）取代了锤子——也就是发生了“范式”的革命（当然，也有些孩子坚持使用锤子来探索世界，他们是Kuhn所说的“拒斥科学革命的科学家”）。无疑，锤子下的科学世界和其他工具下的科学世界都是可以证实或证伪的，锤子并不是因为在任何一个领域（包括对水的探索）中被证伪了而被其他工具取代的，其他工具很可能在锤子大行其道的时候就已经存在了，有些孩子反而是一开始用勺子但是后来又选择了锤子，这其中可能有各种原因（比如有人喜欢锤子的样子或重量），因此，抛弃锤子而选择其他工具或者抛弃其他工具而选择锤子的孩子并非仅仅出于实用的目的。然而，锤子下的世界和勺子下的世界就是不同的，用勺子提出的问题对锤子而言可能根本不存在，反之亦然。因此，虽然在选择工具的时候所有的孩子都可以参与讨论，但是工具一旦选定，那么就只有使用相同工具的孩子才能在一起深入地探讨他们的世界中的问题。从某种意义上可以说，后一种情况中的孩子是“写论文”的孩子，他们在自己的会议里、自己的刊物上说只有自己的圈子才明白、才关心的话，并且他们陶醉其中，排斥外界对自己的指手画脚，只有当第一种情况再次出现的时候，他们才又回到了对“教科书常识”的选择和建构。

无疑，在本书中，我们最关心的就是孩子的这种“选择和建构”，因此我们对于教科书比对于在教科书所铺垫的某一个领域进行扩建的论文更感兴趣。而事实上，我们的这种行为是真正“孩子气”的：孩子都愿意问个“为什么”，也都愿意在话语本身的发生中停留，只有成人才更可能像我们上面所描述的某些孩子那样成为自己选择的工具的奴隶，这一点历史和现实难道还向我们展现得不够吗？

在下面的讨论中，我们将选取三本中国大陆通用的现代汉语教科书（高等学校汉语言文学专业用）作为我们的主要对象文本[1]，对它

[1] “主要对象文本”的意思是说，我们将以这些文本为窗口去观察一个话语的天地，这并不排除对它们的讨论将可能涉及更多的原始文本，这正如我们在第二章中指出的，对话语的解构的考察并不是语言学的文本分析。

们的话语体系进行解构式的考察。这三本教科书分别是：胡裕树主编《现代汉语（重订本）》（1995年6月第6版，以下简称“胡本”）、黄伯荣、廖序东主编《现代汉语（增订本）》（2002年7月第3版，以下简称“黄本”）和钱乃荣主编《现代汉语（修订本）》（2001年6月第1版，以下简称“钱本”）。这几本教材各有特色，其中胡本和黄本的历次版本一直被中国大陆各高校广泛采用[1]，龚千炎对胡本1981年增订本和黄本1983年修订本（主要侧重语法部分）的总体评价是：

胡本特别注意科学性，吸收了语言学界近年来的科研成果。它讲词类注重语法功能，分析句子主要采用层次分析法。它的体系是严谨的、有理论深度的。叙述简明扼要，语法部分只写了8万字，但容量是很大的，因此要求教师必须具备一定的语言学修养。黄本特别注重继承性和教学性，处处考虑教学的方便，跟定中学语法系统。叙述详细，语法部分写了12万字，容量并不很大，易于掌握，因而受到各级各类学校的欢迎。

……

从科学性方面说，胡本为最，……从理论阐述方面说，……黄本不大注意；……从教学性方面说，黄本教学效果最好，胡本在重点大学的教学效果也很好，……从内容的深广度说，胡本是篇幅小容量大，……黄本则篇幅大而容量却显得少了点儿；……[2]

从龚千炎所评论的版本到现在的最新版，胡本和黄本又有了一些变化，这些变化主要表现在：第一，对一些具有强烈意识形态色彩的语句作了改动；第二，吸收了一些新的研究成果（主要是在语法、语用等方面）；第三，根据各类使用者及专家的意见对个别公认的谬误和不妥之处作了修正。另外，这两套教材的最新版本都配有使用说明，其中包括教材中练习题的参考答案和其他教学或自学参考资料。

---

[1] 胡本初版于1962年，1978年修改再版，1981年出增订本，1995年出重订本第6版，该版到2005年2月已印刷41次，仅第41次印数便超过20万本。黄本于1979年出试用本，1981年出正式本，1983年出修订本，1990年出增订版，2002年出增订3版，从1981年正式本到2002年增订3版的总印数已超过400万套。

[2] 龚千炎：《中国语法学史》，语文出版社1997年版，第423~429页。

钱本是我们所选择的对象文本中历史最短的，它初版于1990年，2001年出修订本，它的使用人数也不及胡本和黄本多，修订版2002年11月第2次印刷的印数为3001~8025册，另外它也不是自学考试和电大的指定教材，所以总的来说它的影响是比较有限的。但是，由于这部教材主要是由一些80年代完成研究生学业的年轻学者编写的，无论形式还是内容都非常强调新意，因此在汉语语言学界还是引起了广泛的关注。平悦铃认为，它“打破了过去《现代汉语》教材的内容在五六十年代编成的教材格局上徘徊、停滞，因而越来越不受学生欢迎的僵局，广泛而又审慎地吸收了七八十年代国内外学者的新的研究成果，以崭新的面貌呈现在新时代的大学生和现代汉语研究人员的面前”[1]；王心欢认为，它是“第一部正确认识、公正评价汉字的《现代汉语》”[2]；胡宗哲在比较了90年代诞生的八部《现代汉语》教材（主要是语法部分）后认为，“钱乃荣本理论性最强，吸收新成果最多，然而似有食多不化之嫌，特别是一些边缘学科理论的介入，作为扩大视野、丰富视角未尝不可，但作为教材更应注重继承性及公允性”[3]。

无论如何，钱本的“新”是大家都承认的，而且就信息的全面性、问题的开放性和对方法论的强调而言，钱本比大多数现有的现代汉语教材都更具备现代语言学的专业性，更适合做一部专门用来培养现代汉语语言学研究者的导论[4]。通过钱本，学生可以了解到不少胡本和

---

[1] 平悦铃：“结构谨严、新意盎然——评钱乃荣主编的《现代汉语》”，《汉语学习》，1991年第3期，第39~43页。

[2] 王心欢：“第一部正确认识、公正评价汉字的《现代汉语》——评钱乃荣主编的《现代汉语》第七章”，《汉语学习》，1990年第6期，第40~41页。

[3] 胡宗哲：“90年代八部《现代汉语》教材（语法部分）的比较”，《新疆石油教育学院学报》，1998年第1期，第55~60页。

[4] 这和钱乃荣对“现代汉语”教材的定位有直接的关系，见钱本第45页，同时见钱本“修订本前言”：“‘现代汉语’这个名称是沿用文科大学基础课大纲规定的教材名称的，其实这个名称本身有歧义：一种理解是现代汉语的训练课本，它的目的是教人学会现代汉语；另一种理解是‘现代汉语学’省去一个‘学’字，它的目的是总结汉语规律和特征，以帮助学生全面了解汉语面貌，它是一门理论科学。在中国的文科大学里教学的‘现代汉语’当然应该是后者。我们应该重视‘现代汉语’教学的科学性和现代性。我们的目的是为了帮助大学生总结探讨‘现代汉语’的特点和各种规律，培养学生自己动手研究‘现代汉语’的创新能力，而不是进行一种语言培训，运用一些固定的规则去规范言语实践。”

黄本未作介绍的现代汉语语言学知识和研究方法。

可以说，从教材诞生的历史来看，我们所选择的胡本、黄本和钱本分别代表了“现代汉语”教材编写的三个不同的历史时期：胡本和北京大学中文系编写的《现代汉语》都诞生在20世纪60年代初，它们是新中国建国后第一代“现代汉语”教材中影响最大的两本；黄本则诞生于“文革”结束、改革开放伊始之时，这段时期编写的“现代汉语”教材影响较大的除黄本外还有张静主编的《新编现代汉语》；90年代以后，新的“现代汉语”教材层出不穷，新的编者都希望能够在自己的教材中克服原有教材的诸多不足，并体现出由学科发展和时代变化所带来的一些新意，钱本就是新教材在创新方面较有代表性的一种。这一时期的代表教材还有邢公畹主编的《现代汉语教程》、邢福义为师范院校汉语言文学专业编写的《现代汉语》等。另外，这一时期还出现了专门为各种非高等院校学生或者非中文专业的大学生所编写的“现代汉语”教材。当然，虽然新教材一直不断地问世，以前的很多老教材随着版本的更新也没有停止使用。从发行量来看，目前在中国大陆高校最通用的“现代汉语”教材还是胡本和黄本。

通过以上的分析可以看出，我们所选择的三本“现代汉语”教科书对于论述现代汉语的现代语言学话语是有代表性的，继上一章对作为现代汉语语言学话语产生基础的比较法、科学基本信条之常识性和科学话语与其对象关系进行解构之后，我们将通过对这些教科书文本的哲学反思对本书的核心问题“现代汉语在现代语言学文本中的再现”给出更加具体的回答。不过，在做出这些具体回答之前，这里仍有两点需要说明：

第一，我们没有选取任何以汉语以外的语言编写的“现代汉语”教材作为我们的主要对象文本。这是因为，我们需要的不是主要用于语言培训的“现代汉语”教科书，而是专门用来传授关于现代汉语的语言学知识的作为科学文本的“现代汉语”教科书。前者虽然也可能包括一些（甚至比较系统的）现代汉语语言学知识，但是它们只是“语言教科书”，而不是Kuhn意义上的“科学教科书”。当然，并不是所有以非汉语编写的“现代汉语”教科书都是主要用于语言培训的，国外学者也编写过一些专门从语言学角度介绍现代汉语科学知识的普及读物，但是考虑到文本的内容涵盖（普及读物往往内容过于简单且不全面）、通用程度和影响力（普及读物常常不被用做教材，而是作为参考资料使用），我们还是将选择集中在了中国大陆高等院校汉语言文学专业“现代汉语”课教材的范围内。这些教材最全面地展现了关于现代汉语的现代语言学话语中最基本、得到最普遍传播的部分，国外的汉语研究者因为种种原因较少编写这样的教材[1]。不过，这些教材和国外一些语言学家眼中标准的现代语言学教材确实又有一些不同，对于这一点我们将在后文中具体分析。

第二，我们将主要讨论我们所选择的“现代汉语”教科书中涉及到现代汉语语音的部分。之所以如此，部分原因当然还在于本书篇幅有限，但是在选择语音部分进行研究这一点上，我们还有更进一步的考虑。事实上，语音研究（包括“语音学”和“音系学”两部分）在语言学中的地位非常特殊。一方面，有些语言学家认为，和“音系学”相对的“语音学”（包括“发音语音学”、“声学语音学”、“听觉语音学”三个分支）严格来说并不在（或者不全在）语言学研究的范围内，而是基本隶属于解剖学、生理学和声学等自然科学的研究范围[2]。而另一

[1] 这其中的原因是多样的：一方面，正如已经提到的，国外的现代汉语学习者需要的首先还是“语言教科书”；另一方面，国外大学的语言专业和语言学专业多是分开的，汉语专业的学生在掌握汉语之后多是研究中国文学和文化，它们不需要作为专门的“科学教科书”的“现代汉语”教材，而语言学专业的学生并不只学汉语，对于对汉语有特别兴趣的学生，一本从语言学角度介绍汉语的书也许是有趣的（但是这些书和我们所选的给中国高校汉语言文学专业学生用的“现代汉语”教科书相比往往过于简单），但是对于在研究生阶段以汉语为主要研究对象的语言学学生而言，由于现代汉语语言学中的很多知识他们已经在学习普通语言学时掌握了，因此他们也不是太需要专门为奠定基础编写的面面俱到的“现代汉语”的“科学教科书”，而是以学习专著和论文、开展具体研究为主。

[2] Crystal认为，那些旨在发现所有人类语音在发音、传播和收听上的普遍规律的语音研究不属于语言学的范围。他说：“……语音学的研究工作因此可分为两大类：（a）对语音发音、声学或知觉的一般研究；（b）对具体语言语音特点的研究。很明显，后一种意义上的研究还需要分出另一个纬度，即研究语音在一种语言的发音系统中如何使用。语音学的这种‘功能’研究通常在音系学的名目下进行。但是只要语音学家具体关注的是个别语言或方言（或方言、方言群）的研究，就可以认为语音学是语言学的一个分支。

方面，语言学家对于具有确定生理—物理学特性的语音研究又非常向往。正如Robins所说的，在对现代语言学的当今面貌具有决定性影响的“Bloomfield时代”[1]，“语音学是描写理论和方法的开路先锋。语音的观察和音位的分析，是促进理论以及有关概念不断完善的最大动力。布拉格学派以及更早的弗斯派学者，实际上都把大部分精力放在语言的语音学层次；琼斯完全致力于语音学和音位学的研究；美国的音位理论，在既定方向上比语法理论更为先进，而那时的语法理论强调语素分析，也是前音位理论发展的后尘。有人在评论霍凯特于那个时代的后期（1955年）发表的《语音学指南》一书时，正确地指出，能跟语音学媲

“正是由于语音学研究的这种双重性质才引起一个难题：语音学究竟是一门独立的学科还是应视做语言学的一个分支？从方法上讲，两者肯定很不相同，上述（a）类的语音学研究通常和语言学的分析目的没有什么关系。但是（b）类语音学研究显然是语言学研究的一部分，有人甚至认为是语言学不可或缺的基础。”（［英］克里斯特尔编，沈家煊译：《现代语言学词典》，商务印书馆2000年版，第267页）

对于这个问题，朱晓农认为，语音学（尤其是现在的语音学）就是实验语音学，它是一个包括语音诸学科的“大语音学”，它“只有很小一部分跟语言学有关，这一部分可以称之为“实验音韵学”（对应英语“experimental phonology”）。他说：“phonology”研究的范围比它通常的中译文“音系学”所标识的更广，后者“承继取代的是形式化研究的音位学”，它们都是音韵学“特定时代的特定分支/派别”，而前者“研究的往往是一个个很具体的音韵问题，不是音系问题；它还研究跨音系的共时分布问题，与具体音系无关；它还研究历时音变，这是音韵学而不是音系学问题。”（朱晓农：“实验语音学与汉语语音研究”，刘丹青主编《语言学前沿与汉语研究》，上海教育出版社2005年版，第253~275页）语音学和语言学的关系可以用下图表示：

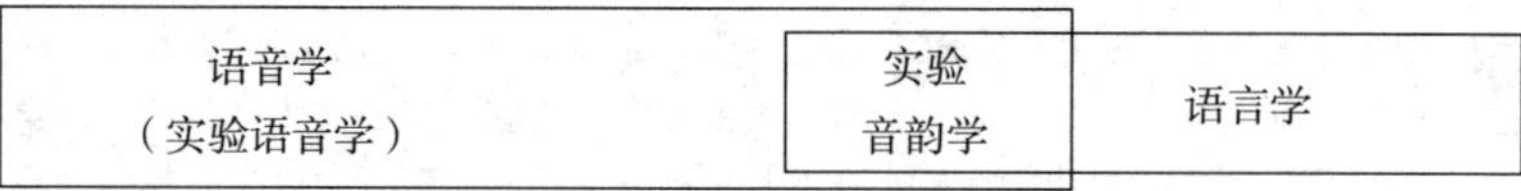

图11　语音学和语言学的关系（引自上文第256页，略有改动）

我们认为，朱晓农对于语音学和语言学关系的理解同Crystal的观点在总体上是一致的：一方面，他们都认为语音学有很大一部分内容和语言学无关；另一方面，正如Crystal所指出的，语言学和语音学直接相关的部分对于语言学相当重要，“有人甚至认为是语言学不可或缺的基础”，从朱晓农的表述中我们也可以看出，语音学的一般研究方法对于语言学内的语音学有着决定性的影响。实际上，语音学和语言学之间的深层关系还远不止如此，在下文中我们将对此做详细分析。

［1］Robins认为：“完全可以把20世纪语言学的理论和方法分成两大类，一类跟布龙菲尔德发生直接或者间接联系，另一类则是以后人们对乔姆斯基的理论的回应。”（［英］罗宾斯著，许德宝等译：《简明语言学史》，北京：中国社会科学出版社1997年版，第233页）

美的语法书，还没有出现”[1]。

当然，语言学内的语音学或音位学（即“认为一种语言音系的所有方面都能用音位来分析”[2]的音系学）和作为纯粹解剖学、生理学或声学的语音学并不是一回事，语言学家对音位研究的极大热情和“语音学的大部分内容不属于语言学”这一说法并不发生必然的矛盾。但是，从Robins描述的情况中我们仍然能够明显地看出，语言学家对于音位研究的热情实际上和作为纯粹语音学对象的语音本身的“确定性”是根本相关的。一方面，可以说在语言学形成今天面貌的决定性时期，音系学的研究起着极其重要的昭示作用。语言学在句法、语义等诸领域的众多基本理论都和音系学的范式或结论有着密切的关联，在它们不曾满足这些范式和结论所呈现的对对象的严格确定性的追求时，像Bloomfield这样坚持语言学科学性的严谨的语言学家甚至对于这些领域的研究表现出极大的悲观，这些都是语言学界非常清楚的。而另一方面，如果说音系学的这种昭示作用能够脱离对语音“物质性”的纯粹语音学研究所带来的科学的严密感和普遍主义信心，则无疑是天方夜谭。

为了说明这一点，我们可以举一个和现代汉语相关的例子。在现代汉语普通话中，[tɕ]、[tɕ‘]、[ɕ]和[k]、[k‘]、[x]，[tʂ]、[tʂ‘]、[ʂ]以及[ts]、[ts‘]、[s]三组辅音都呈互补分布（表2）。从原则上说，在音位归纳时我们可以将它们同这三组辅音中的任何一组进行音位化的

表2　现代汉语普通话中辅音[tɕ]、[tɕ‘]、[ɕ]和其他三组辅音的多重互补[3]

声母＼韵母	开口呼	齐齿呼	合口呼	撮口呼
[tɕ] [tɕ‘] [ɕ]		+		+
[k] [k‘] [x]	+		+	
[tʂ] [tʂ‘] [ʂ]	+		+	
[ts] [ts‘] [s]	+		+	

[1]［英］罗宾斯著，许德宝等译：《简明语言学史》，北京：中国社会科学出版社1997年版，第230页。

[2]［英］克里斯特尔编，沈家煊译：《现代语言学词典》，商务印书馆2000年版，第266页。

[3] 林焘、王理嘉：《语音学教程》，北京大学出版社1992年版，第201页。

合并，可是我们到底应该选择哪一组呢？历史上曾经出现过多种不同的方案，比如：国语罗马字将[tɕ]、[tɕ‘]、[ɕ]和[tʂ]、[tʂ‘]、[ʂ]组合并，这样[ɕy²¹ʂʅ⁵¹tʂ‘ɑŋ³⁵]（许世常）就写成“Sheu Shyhcharng”[1]；北方话拉丁化新文字将[tɕ]、[tɕ‘]、[ɕ]和[k]、[k‘]、[x]组合并，于是[tɕ‘yuŋ³⁵ɚ³⁵k‘u³⁵kou²¹⁴]（穷儿苦狗）就写成“kyngr kugou”[2]；汉语拼音方案则没有选择任何一种合并，而是将[tɕ]、[tɕ‘]、[ɕ]另立为独立的音位。表面上看来，音位归纳的这种多样性似乎表明，音系有着某种独立于作为纯粹物理现象的声音的特殊机制，这种机制就是具有知性的人对于声音的使用，然而矛盾的是，声音的特征本来就是知性的发现，知性是怎样回过头来再制约自己的发现的呢？当我们回顾我们在语音学和音系学中对于声音的整个认知过程时就会明白，音位和音素的区别其实并不像语言学家通常所宣称的那样一个是在具体语言中具有辨义功能的抽象发音单位，另一个则是和具体语言的辨义无关的实际物理发音。事实上，解剖学从来就没有告诉过我们从舌根挨着哪几个细胞开始软腭塞音[k]就变成了小舌塞音[q]。我们能够将这些音素区别出来，这本身就意味着它们也是一种抽象的结果，并且它们中的每一个对我们都是具有辨义功能的。这种辨义功能未必是一种在词典意义上的辨义功能，但是它们在更为本真的意义表达上都具有不可替代的作用。中国人从来不像阿拉伯人那样在词典意义上区分[k]和[q]，可是如果一个中国人对自己的孩子说“爸爸要工（[qoŋ⁵⁵]）作了”，这和他说“爸爸要工（[kuŋ⁵⁵]）作了”给孩子的感受可能完全不同，这其中的意义区分是非常微妙的。音素是并且只能是在感知中抽象的，再先进的声学仪器、再丰富的解剖学知识也不可能为我们创造新的音素，因为音素本身就是对“各个不同地说话”的“地方”，也就是海德格尔所说“大地”[3]的本

---

[1] Chao, Y. R.著：Gwoyeu Romatzyh or the National Romanization，载Z. J. Wu & X. N. Zhao主编*Linguistic Essays by Yuenren Chao*，商务印书馆2006年版，第68页。

[2] 倪海曙：《拉丁化新文字运动的始末和编年纪事》，知识出版社1987年版，第18页。

[3] ［德］海德格尔著，孙周兴译：《在通向语言的途中》，商务印书馆1997年版，第172页。

真的意义感受的一种再现。可以说，音位和音素之间根本不是什么“功能抽象”和“具体物理实现”的关系，对音素的察觉和归纳本身就是在对存在的意义体验中进行的。汉语普通话中没有/q/的音位，也没有哑嗓音的音位、气嗓音的音位、耳语音的音位，可是这些音素在普通话的实际使用中都存在着。它们和音位一样，都来自对存在中的活生生的意义体验，它们和音位的根本区别在于：两者是在不同的抽象层次上发生的。

现在再来看前面的例子，我们就会发现，它的意义并不仅仅在于表现了“音位归纳的多种可能性”。实际上，这个例子的深刻性正在于：如果音系学不是在根本上依靠着语音学所展现的意义体验，那么音系学的一切对象和方法都将是虚空，这个例子所展现的“多种可能性”也将不复存在。在现代汉语普通话中，语音学家所观察到的[tɕ]、[tɕ‘]、[ɕ]这些声音的形式本身就是从对言说着的“大地”的意义感受中抽象出来的，音系学要做的是将这种抽象在更高的层面上进行进一步的抽象处理，而它的处理方法、处理依据始终都不可能离开语音学业已敞开的一种感性生活。表面上看来，[tɕ]、[tɕ‘]、[ɕ]所涉及的音位归纳确实有很多方案，但是这些方案所考虑的其实都是如何对[tɕ]、[tɕ‘]、[ɕ]的来自“大地”的意义做进一步的归并。汉语拼音方案保留了/tɕ/、/tɕ‘/、/ɕ/，因为“这样可以使各辅音音位发音单纯，便于学习”[1]。这里的“发音单纯”其实是指音位的条件变体不要太多太杂，并且关键是要满足“语音近似性原则”，即各变体的发音不要相差太大，而这实际上也就意味着，[tɕ]、[tɕ‘]、[ɕ]的意义随着它们的音位化进入了更加抽象的结构当中。和汉语拼音方案不同，北方拉丁化新文字将[tɕ]、[tɕ‘]、[ɕ]和[k]、[k‘]、[x]组合并，这是基于现代汉语[tɕ]、[tɕ‘]、[ɕ]中的一部分来自中古汉语见、溪、群、晓、匣母的背景。这样一来，[tɕ]、[tɕ‘]、[ɕ]不再在词典对意义的抽象程度上分辨意义，但是这毫不影响它们在Garver所说的比逻辑更为根本的修辞中表达意义。我们完全可以想象，

[1] 林焘、王理嘉：《语音学教程》，北京大学出版社1992年版，第202~203页。

在某些语境下，一个人在说“小姐（[ɕiau^{35}tɕie^{214}]）”的时候和在说“小姐（[siau^{35}tsie^{214}]）”的时候所表达的意义可能非常不同。这种差别虽然不被收入词典，但是它和词典上所有词语的意义差别一样都是从以之为它者的世界的死亡中获得自身的在场的。

语音学和音系学的根本联系告诉我们，音系学在纯粹语音学已经为它敞开的感性生活中对整个语言学研究的科学性的昭示实际上乃是我们对于自身话语的迷恋。因此，一些语言学家虽然抱着极其严谨的态度将语音学的一大部分从自己的研究领域中“忍痛割爱”地还给了解剖学、生理学、声学等自然科学，但是他们对于那割去的部分的根本的牵挂是永远不能割去的——那里有一种“源头活水”般的营养，这种营养不仅是朱晓农所强调的在“实验”方法上的营养，而且是在话语本身的确定性上的营养。而另一方面，虽然一些生成音系学家极力排斥语音学，但是他们所做的本质上就是在一种比语音学更加抽象的层面上处理语音，在认为这种抽象似乎有着某种先验的逻辑作为其自身运作的保障的同时，他们没有意识到语音学其实就是这种抽象的最早雏形，它和音系学的最大区别仅仅在于它们不在一个抽象层面上运作而已。一个明显的事实就是：虽然音系学家口口声声强调音素不是音位，音位是“一种语言的语音系统中能区别意义的最小单位”。可是我们只要问：这里的“意义”到底是语义学中的意义还是语用学中的意义，我们就会发现，只要我们选择后一种意义，那些千奇百怪的所谓“音位变体”（尤其是各种“自由变体”）的哪怕最最细小的发音色彩马上也要统统变成音系学的研究对象。[1]

语音学和音系学的关系极为密切，正如整个语音研究和语言学的关系极为密切一样，这种密切的关系绝不是“语音是语言的物质外壳”

[1] 有一些完全排斥语音学的生成音系学家认为音位对立应该替换为抽象区别特征的对立，而这种可代数化的结构对立甚至不用像原子主义那样确定其中任何一个的值，可是作为结构对立根据的语音“区别特征”的采用本身就清楚地表明，音系学对语音的处理本质上只是在语音学处理基础上的进一步抽象（参见Foley著：*Foundations of Theoretical Phonology*，Cambridge University Press1977年版；Kelly & Local著：*Doing Phonology*，Manchester University Press1989年版）。对于这一问题我们还将在下一节中讨论。

之类的话就可以概括的（虽然对这句话的现象学反思同样可以将我们引向对于这种关系的揭示，详见下节），它深深地扎根在思想的隐秘的深处，而它的表现则是方方面面的。从上文所举的[tɕ]、[tɕʻ]、[ɕ]的例子我们就可以看出，现代语言学众多的理论、方法和规范——或者说它们所依托的那种根本的修辞中的根本的风格——都可以在对语音的研究中找到一种原原本本的、充满自信的表达，这里不仅有像优选论这样最新的启迪——它问世不久即被运用到了句法研究中，更重要的是，这里有一种似乎不可动摇的古老的信心，而这种信心根本上是来自这样一点，即“语音本身是不可动摇的”。《国际音标总表》虽经多次修改，但是作为科学家的语言学家每次打开那些包罗万象的语言学教材，还是觉得看到这张表心里就踏实：毕竟一切还可以是那么精确、严谨、实实在在。就连对20世纪中国语言学持彻底反思态度、力主建立“中国文化语言学”的申小龙也一度认为：

……语言又具有物理—声学的性质。在这一方面，现代语言学为汉语的分析做出了巨大的贡献。……语音是语言的自然属性，它与民族思维方式关系不大……[1]

当然，“中国文化语言学”还是很希望能在语音方面有一些创见的。上世纪90年代，李葆嘉曾为申小龙主编的“中国文化语言学丛书”撰写过一本《当代中国音韵学》，试图从文化的角度对汉语音韵研究进行阐释。然而有书评认为，李书虽然“体现了作者所强调的音韵学的人文特性，对前此的研究成果多有品评，并提出了一些新的研究范型”，但是“作者在强调音韵学人文特性的同时，对音韵结构的特性强调不够，‘科学主义’之于音韵研究实在还是本质性的”[2]。

“科学主义”对于音韵学真的那么本质吗？语音研究真的是当代语言学不可动摇的堡垒吗？在前文对于科学、语言学、语音学、音系学

[1] 申小龙：《语文的阐释——中国语文传统的现代意义》，辽宁教育出版社1991年版，第414页。

[2] 张玉来：“点检廿世纪汉语音韵学通论性著作”，http://www.eastling.org/paper/zhangyulai_phon_work_20century.doc，2002年。

等关系的考察中，我们已经可以感觉到这其中的一些深层问题。事实上，表面上最无反思可能之处，往往是症结最为隐秘的要害。现代语言学对现代汉语语音的研究便是这样一个例子。这个例子是值得我们仔细省察的。毕竟，声音是一件大事，当我们把它交给某种存在的赝品时，我们也许还不知道我们交出的究竟是什么。

第二节　作为“身体”的声音和作为“躯体”的声音

一、成为“味道”的“味道的死亡”

在一次关于“语言的本质”的演讲中，Heidegger对他的听众说到：

思（Denken）不是任何知（Erkennen）的工具。思在存在之野上开犁沟垄。1875年前后，尼采曾写道：“我们的思当生发浓郁的气息，犹如夏日傍晚的庄稼地”。今天，我们当中还有多少人有对这种气息的感觉呢？[1]

“思”是有气息、有味道的，这在今天的很多人听来确实是一件不可思议的事。然而，今天的人——只要他/她还是人——就不可避免地要在那些根本的（尽管可能已经残存不多的）“思”的气息中去体验自身存在的真理，因为我们的话语一定是带着自身的“味道”发生的，我们也一定是“闻”着话语的“味道”倾听和阅读的——那是来自一个世界的气息。

当我们捧起“现代汉语”教科书时，首先发生的是什么？知识的信息流动吗？不，并不仅仅是这样，首要的并不是这样。比如说，我们看到书的封面上都印着的一些名字：“胡裕树”、“黄伯荣”、“廖序东”、“钱乃荣”。这些是什么呢？当然，它们不是装饰符号。可是它们为

[1]［德］海德格尔著，孙周兴译：《在通向语言的途中》，商务印书馆1997年版，第142页。

什么出现在封面上？它们为什么不写成“甲”、“乙”、“丙”或者“某某”？当我们的目光从这些名字上轻轻掠过时，我们能够从根本上回答它们出现在这里的原因以及它们对于我们阅读的意义吗？当然，你可以说那些都是具体的人，是教材的编者，可是你以为具体的人是什么呢？教材的编者是什么呢？你以为人是什么呢？概念的发声器吗？理论的传话筒吗？透明的塑料薄膜吗？你以为作为“具体的、有名有姓的人”，他们不曾在襁褓中哭泣、在艰难中抉择、在岁月中感慨吗？你以为他们没有生命吗？你以为他们不曾和你一样经历着友谊和爱情吗？你以为他们不是和你、和所有人一样要面对死亡、面对虚无吗？你以为眼前的这些书是和他们的哭泣、他们的抉择、他们的感慨、他们的生命、他们的友谊、他们的爱情、他们面对死亡的痛苦、他们的人生哲学以至他们所处时代的命运彻底无关的吗？

一个人把自己的名字印在自己编的书上，这本身就是有哲学含义的。这本书和他不是无关的，也不是偶然相关的。尽管他只是编者而不是著作者，尽管他可能会说“这本书别人也能编得出”，但是这里就有他人生的气息，就有一个世界的味道，无论这味道是强是弱。我们一定是闻着这味道走进书的世界的，尽管我们可能早就忘记了，或者根本就没有发觉过这一点。是的，所有这些人的名字都在提醒我们：哪里有什么天上掉下来的“现代汉语”的绝对真理，哪里有什么先天规定的语言学的概念实体，哪里有什么自身不可证伪的科学的“可证伪性”。你读任何一本书——语言学也好、物理学也好、化学也好、文学也好——你其实都在读“人”自己。

人和人是不一样的，这种不一样根本不必用某种科学理论来解释，因为对科学的选择本身就是这“不一样”的结果。有人对现代科学崇拜得五体投地（这本身就是一种宗教的态度），有人则对它恨之入骨。韩少功在《马桥词典》里写道，马桥人特别厌恶科学：“什么科学？还不就是学懒？你看你们城里的汽车、火车、飞机，哪一样不是懒人想出来的？不是图懒，如何会想出那样鬼名堂？”[1]——这是作为

---

[1] 韩少功：《马桥词典》，上海文艺出版社1997年版，第40页。

知青的“我”告诉“罗伯”要“科学担柴”时“罗伯”教训“我”的话。与之形成呼应的一个例子是：“县汽车运输公司不久前把长途线路延伸到龙家湾，意在方便群众，没料到一个月下来没有几个人来坐车，只好又取消了那一趟班车。”[1]

尽管马桥人可能根本说不清科学究竟是什么，可是他们就是痛恨科学，看见科学种田的小册子就拿来卷烟丝，听到科学喂猪的广播就割了喇叭线箍尿桶，甚至看到大客车也要用扁担上去砸两下，从现代科学的眼光来看，简直是愚昧得无药可救了。然而，现代科学的受益者们又有谁真正感受过自己话语世界以外的马桥人——或者还有牛桥人、羊桥人……——的感性生活呢，就好像他们又有谁真正感受过自身的科学话语发生时的惊异、真正思考过自己生活的基础呢？《马桥词典》的作者说：

对于我来说，他们并不是我见到的他们，并不是我在谈论的他们，他们嘲啾呕哑叽哩哇啦，很大程度上还隐匿在我无法进入的语言屏障之后……[2]

话语就是这样，在它们发生的最根本的地方，我们无法用一种概念进行通约；它们的不一样是“味道”的不一样，是“味道”浓烈程度的不一样。马桥人就是吃不惯“科学”的“味道”，就好像城里人不能忍受马桥人的生活“味道”一样。可是如果大家都看不到自身话语的历史性和边缘性，那么城里人又在哪一点上比马桥人更聪明呢？

1914年的一天，Wittgenstein在笔记本里写下了这样一段话：

听中国人讲话，我们总把它当做是莫名其妙的咯咯声，懂汉语的人知道这是一种语言。与此相似的是，我常常难以从一个人的身上辨别出人性。[3]

这段话乍听起来好像是对中国人的侮辱，可是如果我们把它和上面韩少功的话放在一起来看，就会发现它们在对待话语多样性态度上的

[1] 同上书，第170页。

[2] 同上书，第398页。

[3] [英] 维特根斯坦著，赖特、尼曼编，许志强译：《文化与价值》，浙江文艺出版社2002年版，第6页。“懂汉语的人”原译作“懂中文的人”。

一致。这种对待多样性的态度并不是相对主义，这一点我们在后面还会谈到。语言的声音是在具有历史性的境域中发生的。就好像一首乐曲并不因为自身的存在就否定另一首乐曲的再现，一种语言也不以自身作为打倒另一种语言的理由；它们都在不停地“延异”着，这里并不存在任何概念实体的相对，相反，“相对”的概念也必然是在其自身的历史性中“边缘化”地发生的。要理解这一点，我们只要问一问：是某一种语言让我们具有人性，还是在任何语言规定之前的语言的发生（也就是说，不被任何一种已经发生的语言定义的语言的发生）本身让我们具有人性?

如果是某一种语言让我们具有人性，那么在西方人看来，汉语的语音确实就只是“莫名其妙的咯咯声”。可是，就算我们在某一种话语中揭示了汉语“咯咯声”的“语音性”，我们难道不还是在一种已经发生的语言中定义语言的发生的吗?这种做法本质上又和“某一种语言让我们具有人性”有什么区别呢?

显然，Wittgenstein的问题显示的就是这样一种困境。可以说，要以任何方法再现一种语言的声音，我们都不可能避免这样一种困境。然而，再现本身就是在这种困境中诞生的——事实上，声音本身也是自我再现的，没有人能够听到纯粹在场的、没有再现的声音，这种消抹自身“印记”的声音是不可能被听到的[1]。声音不断地把自己作为“再现”呈现给人，因此我们才可能听到对人敞开的声音；没有“再现”，整个世界，包括它的声音，都将是闭锁的，我们也不可能拥有关于声音的任何话语。就像声音也是关于它自身的话语，各种关于声音的话语不断地发生，它们都是带着“味道”的，而也就是在这必然各个不同的原始的“味道”中，我们发现了作为“不解之谜”的人性。是的，谁也无法生活在所有的语言中，也不能想象一个正常人始终生活在语言将发而未发的那一刻。可以说，的确是“某一种语言让我们具有人性”，但这样说的前提是：它必定要自我再现，必定要展现它的历史性，必定要发

[1] 声音不是传达意念的透明的东西，关于这一点，我们还将在下一节中详细讨论。

出“气息”、发出“味道”；只有那根本的“味道”的不断再现的发生才让我们时时感到，我们还是活着的，同时我们又知道自己是活着的。

我们不知道Wittgenstein的问题对于我们三本“现代汉语”教科书的编者是否存在。他们想必不会对自己母语的声音进行这样陌生化的处理。但是在某种意义上，我们确实可以认为这三本书都对Wittgenstein的问题给出了自己的答案。某些声音究竟具有怎样的品质，能够将自己和周围的声音区分开来从而成为人的语言——比如汉语——的声音？如果我们能够对这一问题做出回答，那么实际上我们也应该能够回答关于人性的问题。当然，这些回答的“味道”未必是一样的，就像我们在翻开科学课本的时候便“闻”到一股来自某一种思想世界的“味道”，我们在翻开一本小说、阅读一首诗歌或者聆听一段音乐的时候也都能“闻”到各个不同的“味道”。这些“味道”有的很浓烈，有的近乎寡淡，但是“味道”的存在告诉我们，它们毕竟还是具有人的生命的人对自己生命的回答。

打开我们的三本“现代汉语”教科书，出现在“语音”部分的第一句话分别是这样的：

语音是语言的物质外壳。[1]

语音是语言的物质外壳。[2]

语音是由人的发音器官发出来的、携带着言语信息的一种声波。[3]

我们开始概念思维了吗？我们开始从“长时记忆”中调出“心理实体”了吗？或者我们已经建立了什么新的“心理档案”吗？且慢，如果我们看到的不是这些，而是“ἐνἀρχῇῆνόλόγοζ”呢？或者“الم”呢？有什么“心理实体”被调出吗？有什么“心理档案”被建立吗？当然，如果你懂古希腊文，你可能又觉得“心理实体”发生了，不就是

---

[1] 胡裕树主编：《现代汉语（重订本）》，上海教育出版社1995年版，第28页。

[2] 黄伯荣、廖旭东主编：《现代汉语（增订三版）》（上册），高等教育出版社2002年版，第20页。

[3] 钱乃荣主编：《现代汉语》，江苏教育出版社2001年版，第69页。

"太初有道"吗？管它是"λόγοζ"还是"道"，它们不都是唤起了我的一个"心理实体"吗？可是即使你还懂阿拉伯文，"艾利府·俩目·咪目"又是什么呢？我们好像认得这些字，但是我们开始概念思维了吗？不，在所以这一切开始之前，一种"气息"首先弥漫开来，我们什么概念也没有，我们什么实体也不靠，但是我们首先"闻"到了一种来自话语深处的"味道"。《古兰经》"黄牛"等二十九章的开篇字母甚至始终只呈现这种"味道"，它不断倾诉着自身话语在存在中发生的秘密，让我们不要忘记这是一切的根本：真理在至极之处不可以概念说之，就像《古兰经》的章首字母乃是真主的机密，你首先要在存在中感觉[1]。同样，我们对"现代汉语"教科书话语的进入也是从对它的"味道"的感觉开始的：这种"味道"里掺杂着简化汉字的视觉冲击、现代汉语的语感以及最关键的——一种从古希腊悠悠飘来，经过无数代人不断加工酝酿，最终被我们的编者以自身对世界、时代以及生命的体验道说出来的某种感性经验。这种根本的"味道"扑面而来，伴随着同一页上的那些声波的波形图、发音器官的解剖图，向我们昭示着对存在的一种可能的领悟。所谓"概念"，只是在这种领悟中发生的，用Garver的话说，一种根本的修辞必须首先展开。你要接收信息吗？你要探讨因果吗？你必须首先进入这个修辞的世界，这个话语的世界，这个"味道"的世界。有人一"闻"到这三句话的"味道"就被吸引了，好像是听到了真理的召唤一般，他激动地走进了这个对存在的领悟的世界，他如饥似渴地读下去，后面的话语都在这"味道"的进入中被照亮了。然而另一些人可能就不会有这样的感觉。比如说，有人不认识汉字，有人认识汉字但是不懂汉语，如此一来则那三句话在某些重要方面对他们就是闭锁的，他们走不进这个必须首先被"闻"到、被领悟到的

[1] 同样，作为宗教经典，《圣经》在根基处也绝不靠理性说话，《圣经》语言在根本上也不靠对象化的所谓"心理实体"来理解，《新约·约翰福音》开篇的"太初有道"就是一个典型的例子。Heidegger对《新约》部分章节的现象学诠释也充分揭示了这一点。另外，Heidegger自己的"形式显现"话语也有这种倾向：它不靠任何固定的、对象化的指称来获得意义，它是"纯关系"的，它和流动着的生活经验本身不可分离（见［德］海德格尔著，孙周兴译：《形式显示的现象学：海德格尔早期弗莱堡文选》，同济大学出版社2004年版）。

世界，也无法在里面展开概念讨论。不过，我们这里关心的还不是这两类人，我们要特别指出第三类人，他们懂汉语、认识汉字，但是他们却无法接受这三句话的“味道”。

不接受这三句话的“味道”的人，或者说拒绝它们的根本的修辞的人，是否就一定是在拒绝真理呢？恐怕并非如此。相反，他们可能是伟大的诗人、了不起的小说家，或者他们就是普普通通的老百姓，但是他们有着某些和我们的教材编写者完全不同的生命感受。中文系毕业的诗人李亚伟写道：“我们成了教师 / 我们把语文教成数学 / 我们都是猎人 / 而被狼围猎，因此 / 朝自己开枪 / 成为一条悲壮的狼。”[1] 显然，他的生命感受让他无法接受关于“现代汉语”的一些“教科书真理”，他不能忍受在语文里闻到数学的“味道”，于是他辞职不干了，他真的是一个拒绝真理的愚昧的诗人吗？也许有的科学家马上就要和他划清界线：“科学真理是客观、普遍的真理，它和艺术真理不一样。”然而，在话语的根本的自我发生中再搬出这种说法，只会让科学家的人生显得苍白和虚假。

语言的声音是怎么一回事，“现代汉语”教科书向我们展现了一种有自己“味道”的答案。这种“味道”，归根结底乃是人在“向死”的存在中生发的“气息”，是它使得一种话语和另一种话语根本不同。那么，“现代汉语”教科书的“味道”到底是一种什么样的“味道”，以至于不同的人会对它有如此不同的反应呢？在对这个问题给出任何概念的回答之前，我们也许应该首先强调一点，那就是：我们根本上不是在话语本身的概念和逻辑中去把捉话语的，这些东西一定要首先被我们对话语发生之根本的“味道”的领悟所照亮。其实，每个人读到我们这三本“现代汉语”教科书——不管他的文化程度如何，只要他活着并且能读懂中文——都一定能感受到一种扑面而来的“味道”，都一定会在理性的发现之前首先进入一种“气息”的弥漫。这是必然的，因为就连语言

[1] 引自唐晓渡编：《灯芯绒幸福的舞蹈——后朦胧诗选》，北京师范大学出版社1992年版，第80页。

和文字本身也不是透明的："物质"、"外壳"、"器官"、"声波"……这些字眼都在它们的感性生活中发出默默的倾诉，向我们召唤着一个世界的到来。我们可能觉得这些感受难以言说，然而我们肯定明白，它们和其他的一些话语——比如说下面引文中的话语——所呈现的"味道"或"气息"就是完全不同的：

他轻微的嗓音升高，发出一个又一个声音。有时似乎押韵，有时使人感到是一支西方曲子。但是，耳朵一再对听到的声音感到困惑，很快就找不到任何线索了，只是在一片喧闹的迷津中徜徉，没有令人感到刺耳或不舒服的地方，也听不明白什么。这是一只不知名的鸟的歌声。只有仆人们听得懂：他们开始相互交头接耳。一个正在捞荸荠的人光着身子从池子里出来，他的嘴欣喜地张着，露出绯红的舌头。[1]

这段引文所再现的也是声音——带着旋律的印度语言的声音，这好像和现代汉语没有什么关系，但是问题的关键在于：它们同样提供了一种对Wittgenstein关于语言与人性问题的可能的回答。语言学家可能会对此感到诧异：这种"还停留在感性阶段"的语音描写能揭示语音的真谛吗？什么"在迷津中徜徉"、"不知名的小鸟"，和语音学比起来，这也太小儿科了吧。然而，做出这番评论的语言学家可能没有意识到，他的这番评论的依据根本上只是在用一种话语去统摄另一种话语，而这两种话语本身都是自我发生的。

实际上，上面的这段文字非常妙。它对于漫溢着人性的印度人声音世界的生动刻画是任何语音学话语都取代不了的。如果几个好学的人同时读到语音学课本和这两段文字，多年以后，他们当中或许真有人会成为语音学家，可是谁又能说，不会有人早已把语音学的内容忘得一干二净，却还记得那个在声音的沐浴中停下工作、光着身子憨笑的印度人呢？是的，这也是"语音学"，是可以让人爱上声音的"语音学"。我们完全有理由相信，就像有人看到国际音标便心生戚戚一样，也一定会

[1] 出自Forster小说《印度之行》，引自［美］巴雷特著，杨照明、艾平译：《非理性的人》，商务印书馆1995年版，第54~55页。

有人在读过这段文字之后产生了对印度语言的无限的向往。而关键就在于：这就够了，话语就靠它了。“心生戚戚”也好，“无限向往”也好，它们就可以开辟一个世界。

上面的例子让我们对话语“味道”的不同有了一种感受。“味道”不是一种概念，也不能在概念中通约，话语的发生和理解，首先要诉求于我们作为人的根本的存在。可是，这个例子也让我们想要进一步追问：引文中的话语同教科书中的话语究竟为什么会让我们感觉如此迥异呢？“这是一只不知名的鸟的歌声”同“语音是语言的物质外壳”、“语音是由人的发音器官发出来的、携带着言语信息的一种声波”到底有什么巨大的差别呢？当然，肯定会有人说：“它们一个是文学，一个是科学啊!”可是这还是在用概念去反扑“味道”，用“逻各斯”去取代“延异”。我们应该注意到：教科书和上面的引文并不是说了“同一个东西的不同方面”，因为所谓“同一个东西”和“不同方面”都只是在某一种话语中发生的。如果说这里“一个是文学，一个是科学”，那么我们要问的正是：这种所谓“一个是文学，一个是科学”的再现又是如何可能的？只有回答了这个问题，我们才能真正揭示“现代汉语”教科书的“味道”，也才能最终展开对作为有声音的现代汉语在现代语言学文本中再现的历史性的沉思。

其实，不能说此刻我们面对这个问题没有一点头绪。既然我们能够将上面的两段引文和“现代汉语”教科书在“味道”上做出区别，我们就一定可以追问这区别的渊源。但是，我们应该怎样进行诉说呢？话语是不能避免的，但是我们需要一种关于历史性的历史性话语，这时候我们首先想到的是下面的两首诗：

在墙上的裂缝中有一朵花，/我把它连根一起拿下。

手中的这朵小花，/假如我能懂得你是什么，

根须和一切，一切中的一切，/那我也就知道了什么是上帝和人。（Tennyson）

凝神细细看/篱笆墙下一簇花/悄然正开放!(松尾芭蕉)[1]

据Fromm说，这两首诗是“铃木大拙在他去世前讲《论禅宗》一课时所引用过的”[2]。之所以想到它们，是因为它们用另一种方式道说出了隐蔽在前面的教科书话语和引文背后的某种重要的差别，而这种差别本身是在活的感性经验中被体验到的。

诗人体验到了什么？首先，松尾芭蕉的俳句就可能会引起一些人的疑问：这首诗表达了什么呢？诗人只是看到了一簇小花，这又如何呢？铃木大拙提醒我们：“全诗的最后两个音节是以日语中的‘かな’结尾的，这也许表达了诗人的情感。”[3]是的，“かな”就好像一个叹号，芭蕉什么也没有做，他只是“凝神细细看”，但是话语就发生了，他说“垣ねかな”(在那篱笆下啊)，他叹的是什么，他的心里到底生起了怎样的情感呢？这不禁让我们想起《枕草子》里记载的一则故事：

中宫说道：“少纳言呀，香炉峰的雪怎么样啊？”我就叫人把格子架上，站了起来将御帘高高卷起，中宫看见笑了。[4]

“香炉峰雪拨帘看”，这是一句在清少纳言时代的日本脍炙人口的白居易的诗。可是为什么日本人这么喜欢这句诗呢？“拨帘看”又怎么了，值得大家这样兴奋吗？然而，当我们这样想的时候，请不要忘了：我们小时候是怎样哭着闹着要爸爸妈妈带我们去动物园的，我们今天又是怎样盼着赶紧放假去游历大好河山的。这不奇怪吗？要看动物家里不是有百科全书吗？要看大好河山上网不是也可以看图片吗？为什么一定要去现场呢？去了的人又为什么都那么兴奋地说“啊，长颈鹿!”“啊，大熊猫!”“啊，云海!”呢？怎么人人这时候都变成了松尾芭蕉，到处都是“かな”、“かな”了呢？

这些例子好像很好笑，但是它们触及了一个根本的问题，用

[1]引自[美]弗罗姆著，关山译：《占有还是生存》，生活·读书·新知三联书店1989年版，第20~21页。

[2]同上书，第20页。

[3]引自上书，第21页。

[4][日]清少纳言、吉田兼好著，周作人、王以铸译：《日本古代随笔选》，人民文学出版社1998年版，第294页。

Heidegger的话说就是：物到底意味着什么？如果按照通常的说法，可感知的万事万物都是作为其最高抽象即世界之本原的物质的表象，那么人们游山玩水兴奋得不得了都是因为爱看表象。可是另一方面，既然“实践是检验真理的唯一标准”，那也就意味着，如果没有在表象中的亲身感知，道理其实都是虚的，因此，如果没有对万事万物的感知，也就不可能得出物质这个最高抽象。可是如此一来，到底是感知更本原，还是那个最高抽象更本原呢？这里的根本矛盾在于：被概念化的物好像是属于心之外的，但其实还是心的产物，它好像奠定了一个“实事求是”的实践界，但其实这里只有被自身检验的“真理”。我们所接近的物，如果只是由一个作为“最高抽象”的本原所生出的东西，那么它实际上只是一种纯粹理念的东西，这种东西我们何苦要长途跋涉去看它呢？

一个孩子看到长颈鹿兴奋得不得了，不是因为他看见了概念的一个特例，而是恰恰相反：他终于看到了概念的历史性，终于可以赐概念以“死”了；终于，对“现象”本身的朝向又恢复了话语的生命。可感知的“物”在这里被重新发现，但是它不是作为任何先验的或者功能的概念聚合体而出现的；在物之中，人一定看到了自己的形象，这个形象是有“气味”的。话语之外的物晦暗不明，即使我们离它再近，它也紧锁着自身而从不向我们敞开。但是，话语之中的物的呈现却并不是被概念点亮的。在类似《正大综艺》这样的节目中，嘉宾们被不断地问到：这是什么？那是什么？他们使出浑身解数，给出一些形式的或者功能的概念，好像那些晦暗不明的物原本就是如此敞开的。但事实上，他们都不过是在扩建一个已经敞开的话语世界，而关键却在于：这个话语世界最初是在“啊！”的命名声中诞生的，在那里什么概念都没有，一切都只“是”，却并不“是什么”。就像一个禅宗公案中说的：

僧问：“如何是解脱？”

师曰：“谁缚汝？”

问：“如何是净土？”

师曰：“谁垢汝？”

问："如何是涅槃？"

师曰："谁将生死与汝？"[1]

是谁把所有这些概念和规定给了我们？禅师要徒弟看到，话语的发生具有根本的历史性，即使是佛教本身的概念也会变成"我执"，而"直指心性"就一定要破除结构。"心性"是什么呢？它就不是"什么"，因为"什么"就是它者。"心性""是"，它流动着，话语依旧在发生，就像"香炉峰"、"长颈鹿"、"大熊猫"，但是我们首先是在根本的心物未分的"心性"中品尝着"味道"，这里没有概念，但是气象万千，所谓"如人饮水，冷暖自知"。在讲究"闲寂"的日本文化中，我们甚至就这样静静地看着："凝神细细看"，或者"拨帘看"，好像不动声色。可是要知道，虽然我们每天都睁着大眼看着这世界，然而真正的"看"是多么难得，又多么令人感动。

Tennyson的诗所展现的就是我们今天最普遍的一种"看"法。我们接近一个物——首先，我们希望在物理距离上靠得越近越好——然后我们睁着大眼问："这是什么？"请注意，"这是什么？"——也就是说，这个东西首先不"是"，它必须通过一个"什么"才能成就自身的"是"。在这里，话语发生的根本和话语中诞生的概念被完全颠倒了过来，现象成了一种表面的修辞，而本质则需要一个完全的它者来赐予。因此，我们睁着的大眼在根本上对我们毫无帮助，它们只在它者的控制下看它者要看的东西。同样是看，芭蕉看见了概念的死，于是他像孩子一样惊异于现象本身的活，而我们却看见了不死的概念，于是现象本身就死了。在芭蕉的诗中，花对诗人的状态是"存在（德sein；英be）"，是活着的，因为诗人本身是在"存在"中进行领悟。Fromm认为，这表现了一种"重生存"的生活方式；而在Tennyson的诗中，诗人"对花的兴趣所导致的后果是他扼杀了这朵花。虽然他的理性还在奢谈什么这朵花可能会帮助他理解上帝和人的本质。在这首诗中，诗人就像是西方的

[1] 普济编：《五灯会元》，中华书局1984年版，第256页。

科学家一样，为了寻找真理而不惜分解生命”[1]。

Tennyson诗中所反映出的生活态度Fromm称之为“重占有”，也就是说，人以概念化的方式倒过来占有人自身的生存。确实，英语中的“have（占有）”这个词本身就在词源上与Tennyson诗中的“hold”有关系，在古英语中，它们经常以押头韵的形式结对出现。问题是，这个“have”本来是可以换成“be”的。Benveniste[2]、Lehmann[3]等语言学家都曾指出，“have”类词很晚才在欧洲语言里出现，这类词的功能原来都是由“be”动词承担的，比如在拉丁语里，“mihi est liber（我$_{\text{与格}}$存在$_{\text{第三人称单数现在时}}$书$_{\text{单数主格}}$）”就比“habeo librum（有$_{\text{第一人称单数现在时}}$书$_{\text{单数宾格}}$）”更加自然。当然，这些语言学的描述都是发生在既定的概念话语中的，但是从“be”到“have”的变化的确暗示着一种已然发生的话语“味道”的变化。语言学家总会说：某某语言——比如说中期埃及语——虽然没有表示“占有”、“拥有”、“属于”的动词，但是同样的观念是如何如何表达的，因此“ỉw n·k ʿnh”就是用介词加与格结构表达的“你将拥有生命”，“wn ḥmt·f”就是用生格结构表达的“他有个妻子”[4]。可是，这种说法本身就已经是在带着“have”的味道说话了，就像Kuhn说的，它是用一种“范式”去重塑另一种“范式”。而且这里问题的关键还在于：“同样的观念”这种话语本身就反映了“have”发生中的一种倾向，即存在必须实体化。在另一种话语中，可能既不存在形式上的“have”，也不存在对任何实体化世界的诉求。

现在我们可以明白，为什么说Tennyson和松尾芭蕉的诗分别道出了前文中“现代汉语”教科书文本同与之相对的一段文学性的语音描写在话语“味道”上的基本取向的不同。在后者中，“观看”或者说“倾

---

［1］［美］弗罗姆著，关山译：《占有还是生存》，生活·读书·新知三联书店1989年版，第21页。

［2］［法］Benveniste著：Meek英译，*Problems in General Linguistics*，University of Miami Press1971年版，第169页。

［3］［美］Lehmann著：*Theoretical bases of Indo-European linguistics*，Routledge出版社1996年版，第90页。

［4］［美］Gardiner著：*Egyptian Grammar*，Oxford University Press1957年版，第88~89页。

听”是一个必须保证的姿态，因为话语根本的“气息”一定要从非概念的活的存在中生发出来。然而，在“现代汉语”教科书话语中，这种非概念的“活”性却正是要被抹去的。教科书话语里有个东西始终隐匿着，但是Tennyson把它说了出来，那就是在这里有一个“pluck（拔；前面引文里译做‘拿’）”的动作，这个动作的深刻含义在于：它首先是一个发生在认识当中的动作——一个“实体化”的过程，经过这个过程的物不再是一个被领悟到的自在之物，而是一个被拥有的概念聚合体，也就是说，它不再需要话语本身的“味道”就可以直接呈现——当然，这其实又是不可能的，可是问题就在这里：这种话语要隐匿话语的“味道”，要让自己变成透明的东西；它要让那个“be”变得不自足并最终消失，从而只剩下“什么”的问题。“什么”原本是从“be”来的，可是现在却成了最终“照亮”物的东西；物仍然不断地在被接近着，但是一旦被接近，它的“be”就不见了，只剩下了一个“being”，一个实体。这整个过程颇有些掩耳盗铃的味道，因为“be”其实一直就在那里，它只是被遮蔽了，然而，这种话语就是要让人遗忘“be”，遗忘自身的历史性。事实上，它当然也在存在中观看过、在历史中倾听过，否则它不可能发生，但是它的本性却要求它一定不能本真地呈现这一点，所以Heidegger认为“科学绝不是真理的原始发生”[1]。可以说，我们的三本“现代汉语”教科书都体现了这一点，它们的话语和其它话语在“味道”上的根本不同就在于：它们的“味道”实际上是“取消味道”，或者说“味道的死亡”。

“味道的死亡”还可能是一种“味道”吗？是的，就其“取消味道”而言，它和其他“味道”确实完全不同；然而，就其本质上基于一种存在中的领悟来说，我们仍然可以称之为一种“味道”，一种虽然在今天已非常普遍，但实际上却非常特殊的“味道”。可以说，它乃是“味道”的自我异化，也就是人的自我异化的结果。当“味道的死亡”

[1]［德］海德格尔著，孙周兴译：《林中路（修订本）》，上海译文出版社2004年版，第49页。

向我们全面展开时，大地就停止涌动了，一切仿佛都在一种比存在本身更高的原则的光芒普照下褪去了尘世的外衣，而飞身投向一个概念实体的王国。实际上，这个王国一度曾是个天国，那里是有神明的，但是在现代世界的入口处，这些神明已经在相同的思维模式中被工具理性完全取代。Barrett指出：

说中世纪到现代的过渡是理性观念取代宗教观念，那是很不正确的；正好相反，正如怀特海曾经非常中肯地论述过的，整个中世纪哲学，同现代思想相比，是一种“无边无际的理性主义”。……但是，中世纪哲学家的这种“无边无际的理性主义”与后来思想家们对人类理性的随随便便使用完全不同……中世纪哲学家的理性主义为人类理智所不能把握的信仰和教条的玄秘所遏制，但是，这些信仰和教条作为使人类心灵中理性和情感、理性和非理性之间至关重要的流通渠道保持畅通的种种象征物，对于人来说，却是非常真实而富有意义的。……在这里，再次表明，哲学家据以创造其哲学的条件，同诗人据以创造其诗歌的条件一样，是与他本人存在的那些更深的层次有关——比只不过具有或不具有某种理性观点的意识层更深的层次。[1]

今天的科学工作者可能很难想象，他们所从事的事业——无论在哪个国家——都与西方哲学和宗教的传统有着密切的联系。“黑暗的中世纪”并非像他们想象的那样非理性，而他们自己也绝非像他们自己想象的那样理性。事实上，科学就发源于西方思想对于存在的一种体验，它甚至与新教对于尘世的态度并行不悖。Heidegger对现代世界的五种基本现象之一的“弃神（德die Entgötterung）”[2]分析道：“弃神乃是一个双重的过程：一方面，世界图像被基督教化了，因为世界根据被设定为无限的、无条件的、绝对的东西；另一方面，基督教把它的教义重

[1]［美］巴雷特著，杨照明、艾平译：《非理性的人》，商务印书馆1995年版，第26页。

[2] 另外四种基本现象是：科学、机械技术、艺术进入美学的视界以及人类活动被当做文化来理解和贯彻。（［德］海德格尔著，孙周兴译：《林中路（修订本）》，上海译文出版社2004年版，第77页）

新解释为一种世界观（基督教的世界观），从而使之符合于现代。”[1]当然，基督教毕竟衰微了，这个超验世界在近代的衰微的一个直接结果便是：对理性的超验体验变成了一种无法与感性保持沟通的东西。其实，今天所有真正的科学主义者都对科学保有一种信仰的态度，这种态度的根基就扎在西方哲学三千年的历史之中。但是，科学实际上是拒绝被以情感的方式溯及的。因此，虽然科学的“味道”的孕育有着长久的历史，这段历史最终却走向了自身历史感的终结。它无法被真正地信仰，因为它要求的是一颗实质上和“心”无关的心。换言之，它与心必须绝对地分离。今天的科学家所继承的就是这样一种分离的状况。无论他在哪个国家，他所继续的其实都是西方文明中这样一段已经在根基上失去历史性的死亡的历史，而历史的死亡正是“味道的死亡”。

毫无疑问，“味道的死亡”并不意味着话语本身的消失。恰恰相反，“味道的死亡”和“话语的死亡”是正好对立的：因为“味道”死了，话语便给人一种不死的感觉，或者说，它就成了一种表面上“非生命”的东西。这种东西的运作其实当然还是不能离开人的，但是，这个人和欧洲中世纪理性主义中的人以及东方传统中的人又是完全不同的。在我们讨论过科学话语的“味道”之后，我们接下来一定要回答的一个问题就是：科学是怎样看待人性的？是什么样的人会在“味道的死亡”里运作？也就是说，这种话语对于Wittgenstein的人性问题究竟持一种怎样的基本态度？我们的“现代汉语”教科书又是如何在这种态度中对现代汉语的声音形象进行再现的？我们会发现，对这些问题的回答将进一步向我们表明，科学话语的“味道”是怎样在根本上决定着这种话语中的一切内容的展开。

今天的科学世界给人的印象是充满活力。科学家们富有聪明才智，探索着各种未解之谜，并给世界带来各种实利。科学甚至被塑造成一种代表着美好人性的文化，它的基调是“稳定的”、“健康的”、“异

[1]［德］海德格尔著，孙周兴译：《林中路（修订本）》，上海译文出版社2004年版，第78页。

性恋的”，而与之相反，艺术家则往往“怨天尤人”、“道德败坏”、“自我迷恋”。[1]然而，科学所代表的“美好人性”具体是一种怎样的形象呢？首先，科学中的人是一个研究者。作为一个以科学态度接近物的人，他的一个基本信念是：物的真理，即客观真理，是不依我的具体话语而改变的。因此，他尽可以提出各种理论假设，使用各种方法，但是这些都不会对物的客观真理产生影响。在对这种保证的信念之下，科学要求“在相同的目的、方法下，从相同的材料中得出相同的结论”[2]。也正因为如此，完全相同的研究，尽管研究者可能不同，都应尽量避免，而凡是“别人已经说过的”，都一定要“注明出处”，以纪念那些代我们所有人得出结论的人。

然而，如果是“在相同的目的、方法下，从相同的材料中得出相同的结论”，如果是“完全相同的研究都应尽量避免”，并且“别人已经说过的都要注明出处”，那么实际上任何科学话语都不是和某一个得出结论的人特殊相关的。当然，科学并不宣称某一种结论就是最终的真理，但是，任何科学话语的提出和运作都必须诉求于对一种“只有共性的人”的想象和模仿，这是“味道的死亡”的必然要求。在一个电解氯化钠溶液的物理化学实验中，阳极生成的是什么？你来闻是也氯气，我来闻也是氯气，因为话语的背景已经牢牢锁定了，区别只是谁先提供自己的身体去闻一下。可是如果有人说：“此乃暑湿之气”，那就不一样了。“暑湿”好像也是概念，但是它一定要在身体中停留。它不是站在概念的终点向我们召唤，因为它不是指向实体的“天堂”，而是指向存在的“大地”。“暑湿”不是概念化的东西，它不是某种“氧化还原反应”的产物，它一定要被非概念地感到：机器测得到氯气，但是却测不到“暑湿之气”，因为没有任何一种作为固定“实体”的气叫做“暑湿之气”；即使有好几个人都说“暑湿之气”，他们各人所提供的身体也都是唯一的。然而，“暑湿之气”却并不比任何一种物理的或者化学的

[1]［美］斯诺著，陈克艰、秦小虎译：《两种文化》，上海科学技术出版社2003年版。

[2] 朱晓农：“科学主义：中国语言学的必由之路”，《语文导报》，1987年第11期，第56~59页。

“气体”或者“物质”缺乏超越性，它一定在“延异”中向我们敞开着世界之为世界的真理。

朱晓农说：“探讨自然现象有用科学方法的，也有用形而上或直觉方法的，如阴阳五行学说，如果这也叫学说的话。两者优劣不说也罢。”[1]对于这种说法，我们也不想评价其优劣。可是值得思考的是：现代科学是不是真的和所谓“直觉方法”绝缘的？它是不是就不存在所谓“形而上”的态度了？“暑湿之气”是不是一定比“氯气”更玄，就好比说“非典”是不是一定比“热毒挟湿”更实在？就像前面朱晓农自己的话所表明的，任何科学话语都不是和某一个得出结论的人特殊相关的。面对“电解质溶液”里的气泡，虽然是你在闻，可实际上，这里并不是“你一个人——一个自由自在的个体——在闻”这么简单、这么真切的；相反，你此刻乃是代表着全人类身体的“共性”在闻！因为你要保证：不管是谁来闻，闻到的都是它，否则人家为什么不把你的研究重新做一遍？人家凭什么直接引用你的结论？你怎么为科学进步做贡献？因此，这时候你的鼻子不能再是你的鼻子，你的神经也不能再是你的神经，你就是一套概念的化身，你的身体就是所有人身体的抽象。世间那么多男男女女都无法来到这间实验室，但是你来了，你必须代替他们所有人让物穿过你透明的先验的或者统计学的身躯达到那概念的彼岸。试问：这难道就不玄吗？关键是你怎么保证你闻到的东西就是所有人闻到的东西？（这里的问题不是如何把误差控制在一定范围内，而是这整个断定气味的标准如何而来。如果你说你闻到了氯气，我说我闻到了氨气，那么只要有一个标准在，大家用标准一量就知道谁的误差已经超过了允许范围，而且科学也从来不会奢侈到让所有科学家把同一试验做一遍再在误差范围内取平均值。）“子非鱼，安知鱼之乐？”科学对这个主体间性问题的回答不是“子非我，安知我不知鱼之乐？”也不是“子曰‘汝安知鱼乐’云者，既已知吾知之而问我”。科学不叫我们向下看“大地”，它要我们飞身向上变成代表所有人的“理念”的人。这

[1] 同上文。

种人只有共性，也只看共性，不要被他说的“某某某的特性”所迷惑，他的所有的特性都是被一个事先给定的共性照亮的，而那个共性就是“第三对比项”。一个人如何能只感到共性？或者说他凭什么从自己的身体感中抽出一个他认为大家都感到的东西？这个东西如何证伪？当然，我们可以证伪关于氯气的某个理论，但是我们的证伪所凭借的那一整套话语又如何证伪呢？它莫非是从天上掉下来的？

归根结底，我们怎样对待物，我们就怎样对待自己，因为物是在我们带着自己“味道”的话语中敞开的。物的实体化就是我们自身的实体化，物的“味道”的死亡就是我们自身“味道”的死亡。我们闻到了“氯气”，这远不是一个我们所以为的明明白白、真真切切的事实；我们证伪了某种关于“氯气”的理论，这也远不能说明我们根本上是如何全面地、运动地、联系地看着问题。关键在于：那一团氤氲究竟怎样向我们展现？就算用再高倍的显微镜去放大，我们又能在哪里看到上帝刻着两个字——“氯气”？我们这样领悟着物，根本上是因为我们就是这样领悟着存在的，我们认为物之中有不为我们的话语所改变的客观真理，这本身就是我们自己制造的前提话语，是我们从根本上依赖的最大的“直觉”。而现在，如果这种领悟宣称自己从来就没有用过“直觉方法”，那么我们就不能认为在它的运作中我们的看、我们的闻、我们的听以及我们的根本的思还是一个在存在中活着的人的看、闻、听和思了。我们发现，在科学话语中，人必须透明化，物必须通过人的感知原封不动地达至概念的终点——也就是说，它只是从人的身体中经过一下，所以我们才说，科学要求“在相同的目的、方法下，从相同的材料中得出相同的结论”。在一套科学话语中，一种概念如果是物从任何一个研究者的身体里经过而被达到了的，那么它就应该被当做已经从作为透明的人的身体里经过而被达到了的东西，因为没有任何东西被“建构”或者说“发明”，只是一个“已经存在的事实”被“发现”了，它不用再从你我的身体里经过一遍而被再次达到（当然，绝不排除已经做过的研究是“错误”的，但如果是这样的话，就没有任何“事实”被发现，也就是说那个被经过的身体没有完全透明化，它一定在某处出了问题），因此才有“凡是别人已经说过的，都一定要注明出处”，以纪念那些代我们所有人提供了“透明的身体”的人。实际上，这个“透明的身体”已经不再是真正的身体了，而是一个曾经在身体中发生，可是却拒绝自身历史性的东西。这个东西没有生命，就像它的话语是“味道的死亡”一样，它不是身体，而是一具躯体。

二、从语音算术到语音代数

身体和躯体的区别最早是由Husserl提出的，在《笛卡尔式的沉思》“第五沉思”中，Husserl以其一贯的缜密文风写道：

在与客观意义一起显现出来的世界现象中，我们就分离出了作为本真“自然界”的一个最底层。例如，这个本真的自然界必须始终与单纯的自然界绝对地区分开来，因而必须与已成为了自然研究者的论题的那个自然界区分开来。后者虽然也是通过抽象产生出来的，也就是说，是从一切心理的东西中和由出自个人的对客观世界的述谓中抽象出来的。但是，在自然研究者的这种抽象中所获得的只是这样一个层次，即一个属于客观世界本身（在先验的态度中则属于“客观世界”的对象性意义）的层次，因而它本身就是客观的，这就像被抽象出来的东西就它自身而言也是客观的东西（客观的心理之物、客观的文化断定等等）一样。

但是，在我们的抽象中，这种属于作为交互主体地构造出来的东西，作为某种可为每个人经验到的东西等等的一切现世之物的“客观”意义，的确就完全地和彻底地消失了。所以，在我自己的本己性（作为从陌生的主体性的一切意义中纯化出来的本己性）中就包括了一种“单纯自然”的意义，而这种意义恰好也已经失去了那种“为每个人”的东西，因而，这种意义绝对不可被认为是世界本身或世界意义的一个抽象层次。这样一来，在这个自然的被本真地把握到的躯体（Körper）中，我就唯一突出地发现了我的身体（Leib），也就是说，作为唯一的身体，它并不是单纯的躯体，而恰好是一个身体，是在我的抽象的世界层次之内的一个唯一的客体，根据经验，我就把诸感觉域看做是这样一

个客体，尽管是以各种不同的隶属方式（如触觉的领域、冷暖的领域等）。“在”这个唯一的客体“中”，我可以直接地“处理和支配”，尤其是可以在它的“器官”（Organe）的每个身体中起支配作用。通过用手动觉地去触摸，同样地，通过用眼去看等等，我就感知到了，并且随时都能够进行这样的感知。在这里，这些器官的动觉也是以“我正在做”的方式递进着的，并且是隶属于我的“我能够”这样做的；此外，通过这些动觉的作用，我就能够震动起来、活动起来，如此等等，从而我就能够直接而又间接地通过身体来“采取行动”了。除此之外，通过感知活动，我就能动地经验到了（或者说，我就能够经验到）一切自然，其中也包括我自己的身体，因而在其中，身体已经向后回溯到了它自身。这之所以变得有可能，是因为我总是“能够借助于”这一双手来感知另一双手，借助于一双手来感知一双眼睛等。在这个过程中，起作用的器官必定会成为一个客体，而这个客体也必定会成为一个起作用的器官。因此，同样地，对于通过身体而对自然和身体本身所采取的普遍可能的原真行动来说，这个身体在实践上也是与它自身相关的。

对我的本真地还原了的身体的阐明，就意味着已经是对“作为这个人的我”这一客观现象的真正本质所作的阐明的一部分了。如果我对其他的人进行本真的还原，那么我就获得了一个特殊的躯体，如果我把自己还原为人，那么我就获得了“我的身体”和我的“心灵”。或者说，我就把我自己还原为了一个心理物理学的统一体，在这个统一体中，我的人格自我就在这个身体中并“借助于”它而在“外部世界”中发生作用，从而受到外部世界的影响了。因此，一般说来，借助于这样一些独一无二的自我相关性和生活相关性的持续不断的经验，它就在心理物理学方面与躯体的身体一起统一地构造出来了。如果对于外部世界、身体和心理物理学的整体所作的这种本真纯化已经实现出来，那么，我也就失去了我的自我的自然意义，因为与一个可能的宾格的我们（Uns）或主格的我们（Wir）相关的任何意义，以及所有自然意义上的我的现世性，还仍然是被排除在外的。但在我的精神本己性中，我还仍然是我的多样性的“纯粹”体验的同一的自我极，是我的被动的和主动的意向性的自我极，并且是一切由此所引起的和将要引起的习性的自我极。[1]

我们之所以长篇引用这段文字，是因为它表达了一个非常重要的思想：在对一切只是"属于一个客观世界本身的层次"[2]，即那些"可为每个人经验到的"、"为每个人"的、抽象的、共性的东西的悬置以及对"躯体"的还原中，我们一定要达到"身体"。"身体"具有一种"单纯自然"的意义，它是在我抽象出来的"世界层次（德Weltschicht）"中唯一的"客体"，是唯一不能再被还原的东西，是"心"与"物"的统一。而关键是：作为已被概念把握的东西，"躯体"实际上无法转而把握概念并把握自身，只有通过"身体"，我们才可能对"自然和身体本身"进行一般的、本真的支配。也就是说，只有作为首先在"身体"里的"心理—物理人"，我们才具有一种本真的"自我统觉（德Selbst-Apperzeption）"。

Husserl对于"身体"和"躯体"的区别其实正是从对前文主体间性问题的讨论中来的，这一点再次向我们表明：问题就是这样根本相关的。在对主体间性问题的讨论中，必然蕴含着我们对于人之认识本性以及话语发生学问题的理解。事实上，在对所有这些问题的回答中，Husserl关于"生活世界"的说法应该要比他的"身体"理论具有更加广泛的影响力。然而，"身体"的现象学路径却有着它自身的优势，在

---

［1］［德］胡塞尔著，张廷国译：《笛卡尔式的沉思》，中国城市出版社2002年版，第131~134页。

［2］Husserl 这里所谓"客观"，是指现象学对于先于判断的本质的直观的客观，即使是在对"先验的交互主体性"的探讨中，这种客观也绝非任何先验实体所带来的"客观"。在作为《笛卡尔式的沉思》之原型的"巴黎演讲"（即《先验现象学引论》）中，Husserl指出："笛卡尔一心想做到毫无偏见。然而，我们从最近的，特别是从吉尔逊和科耶尔先生出色和透彻的研究得知，在笛卡尔沉思里还隐藏着不少未为人所察的经院哲学和没加以澄清的偏见。还有，我们必须警惕那些一开始便已经从对数学的自然科学强调的倾向中产生出来的，我们几乎还没有注意到的偏见：讲自我我思似乎是为了得到一个逻辑确然的基本公理。……很不幸，由于这个不太显眼而后果严重的转变，笛卡尔使自我成为一种我思的实体，一种独立的人类灵魂，一个能从因果原则推演出最后结论的开始步骤。简言之，通过这个转变，笛卡尔却成了最荒谬的先验实在论的开山鼻祖。"（［德］胡塞尔著，倪梁康选编，倪梁康等译：《胡塞尔选集》，上海三联书店1997年版，第867页）

对微观的意识活动的现象学揭示中，“身体”其实是我们最终必须依靠的原发之境，和“生活世界”相比，它其实具有更加原本的Husserl式的现象学风格。

对“身体”和“躯体”的讨论对于本书的研究具有重要的启发性，因为对语音的科学分析就是从躯体的微观层面入手的。语言学教科书上当然没有直接写着Husserl的交互主体性问题或者Wittgenstein关于人性的问题（也就包括了主体间性问题），可是教科书就在回答着这些问题，而且就是这些和话语的“味道”紧密相关的问题左右着我们在具体领域中最终所得出的结论的根本面貌。由作为躯体的人所发出的“取消味道”的话语乃是现代科学的基本要求。如果说有哪一个科学的领域还没有达到这一要求，那么它作为科学就是不合格的。现在，我们只要把前面所有对气味的“闻”换成对声音的“听”，就可以大致明白，在“现代汉语”教科书中，我们对语音的再现是如何进行的。当然，这两者也有区别，它们最重大的区别在于：在我们对语音的“听”中，我们被概念把握的躯体实际上是在以自身为工具实施着自身的透明化，而这种对语音的透明化最终将把我们引向躯体的全面完成。

在将身体和躯体的区别与我们的“现代汉语”教科书话语联系起来的过程中，还有一位哲学家的思想值得我们特别重视，那就是Merleau-Ponty。可以说，Merleau-Ponty是Husserl“身体”思想的最为坚定的发扬者，而这种发扬正是沿着Husserl本人已经敞开却没有真正走下去的话语的发生现象学道路进行的。在这条道路上，Merleau-Ponty向我们展示了“身体”作为意义发生的原初领域在人之一切经验中的中心地位，而且这种中心地位是既反经验主义又反心灵主义的。身体必须是一种具有时空统一性的最初的意义空间，它先于一切机能、感觉和思维，即先于一切对象化。关于这一点，Merleau-Ponty不仅在其对现象学的重新解释中作了详细阐述，而且还列举了大量的例子予以说明[1]。这些例子大部分都和身体疾患有关，但是它们都从各自的角度向我们展

[1]［法］梅洛-庞蒂著，姜志辉译：《知觉现象学》，商务印书馆2001年版。

示了人类活动及世界本身作为一种身体而非躯体现象的本质，其中尤其值得我们仔细考察的就是一位在医学上被称做“精神性盲”的患者Schneider的例子。这些我们都将在后面的讨论中专门涉及。这里我们首先要指出的是：Merleau-Ponty在对身体的阐述中反复谈到了“作为表达和言语的身体”（主要是在《知觉现象学》中，另外还有关于“语言现象学”的演讲及未完成书稿《世界的散文》等），我们完全可以将他的这些论述和我们的三本“现代汉语”教科书对照起来阅读。我们将会发现，语言一定要在本真的身体的时空（并不是对象化的物理意义上的时空）场中发生，它是身体意识的最终实现，相反，一个躯体化的标准的“语言学的人”则必定要成为一个真正的失语症患者。

下面让我们首先来看一看我们的三本“现代汉语”教科书在“语音”部分的总体安排。十分明显的是，它们在基础理论和方法上其实都立足于两大块内容，这两大块也就是我们在上一节中已经初步讨论过的语音学和音系学。相比较而言，胡本中这两部分的区别最不明显，在初次介绍音位时，它甚至很不严谨地说：“平时我们分析一个语音系统所得的‘音素’，实际上大都是根据音位学理论进行归纳分析的结果，从这个意义上说，一个音素一般也就是一个音位。”[1]这种说法的一个作用是：在单独对一种语言的语音系统进行介绍时，语音学的一些内容可以和音系学重合，以便使教学不必一开始就过于艰深。但是，这种说法很容易让人对语音学和音系学的区别乃至整个语音研究的面貌产生误解，而且由于后面的很多论述其实都是在音系学的意义上展开的，因此胡本的做法就语言学知识的传授而言未必是明智的。其实，在胡本的《使用说明》中，编者也补充了一些和音系学相关的材料，并特别强调：

音位学原理是分析归纳现代汉语语音系统的理论依据。现代汉语语音课虽然不需要过多地讲述一般语音学中的音位理论，但是必须教会学生从音位学角度理解和分析现代汉语的语音系统。教材在一、二、三各节分别编入的“汉语拼音字母和音素、音位”，“零声母”，“一些韵母

[1] 胡裕树主编：《现代汉语（重订本）》，上海教育出版社1995年版，第39页。

的音值”等段落中加强了音位方面的分析。[1]

总体而言，胡本对语音学和音系学的知识是混讲的，它对于发音方法、发音部位、调性特征、音节等等的语音学分析另一方面又可以看做是对现代汉语普通话音系（音段音系及超音段音系）中区别性特征等的阐述，而它关于音变的内容则大部分和音位变体或者音系过程有关。因此，语音学和音系学实际上构成了胡本语音部分的基本框架。

和胡本相比，黄本中语音学和音系学的区分更加清楚。在“语音概说”部分，黄本就明确了音位和音素的不同，而在以和胡本大致相同的框架介绍完汉语的语音系统之后，黄本又专门辟出一节讲述音位，并将之前各节中实际上属于音系学的内容（主要是各音位和调位的变体）在音系学范畴内重新进行了阐释。这些都说明，黄本对现代汉语语音的再现也是在语音学和音系学两大基本框架内进行的，而且它对这两大框架的交待比胡本更加完整。但是，由于黄本比较强调“培养学生说普通话的能力”[2]，担负了较多的“语言教科书”而非“语言学教科书”的功能，因此它虽然篇幅较大，但是主要侧重语音描写，例子和练习较多，理论上还是以明了为主，并不比胡本更为艰深。

同胡本和黄本相比，钱本显然是我们的三本“现代汉语”教科书中对理论体系交待最为完备的。在第三节中，钱本不仅介绍了经典音系学音位理论和区别性特征的基本思想，而且还以普通话为例简单介绍了以SPE为代表的经典生成音系学的一些观点和表达方法。这样，钱本第四节“语音演变和方言对应”以及第五节“汉语的田野工作方法”（主要是归纳音位和调查语音变异）实际上就可以看做是对汉语音系的历时变化和共时变化的研究。这种处理方法比胡本和黄本将普通话和方言音系的对比放在语音学中讨论并有意无意地将方言发音作为“纠正”的对

[1] 胡裕树主编:《〈现代汉语〉使用说明（重订本）》，上海教育出版社1995年版，第7页。

[2] 黄伯荣、廖旭东主编:《〈现代汉语〉（增订三版）教学说明与自学参考》，高等教育出版社2002年版，第12页。

象[1]的做法更加符合科学话语的要求，同时也更加符合普通话和方言语音差别问题的性质。事实上，和钱本一样在上世纪90年代以后出现的“现代汉语”教材普遍都是采取这种做法。比如邢公畹 1994甚至将“语音学”和“现代汉语的音系分析”完全分开讨论，在“语音学”部分完全不涉及任何一种具体的音系，在普通话和方言语音差别的问题上则明确指出它们都是汉语音系历时发展的结果。应该说，这种做法在理论体系上是最清晰的。

从上面的分析中我们可以看出，“语音学+音系学”是“现代汉语”教科书对现代汉语语音进行再现的基本模式，而且越符合科学话语的特点，这种模式就越突出，这一点已经相当清楚。现在我们要问的是：这种模式是如何实现语音的躯体化的？要回答这个问题，我们首先要看到这种模式对于概念实体的诉求，也就是说，它的“味道的死亡”是以何种“being”来取代了语音的“to be”的？这个问题其实牵涉到“现代汉语”教科书话语的整个语言观。关于这一点，我们的三本教科书是这样表述的：

语言是一种符号系统。任何符号都包括能记（表现成分）和所记（被表现成分）两个方面。能记是能为人们以某种方式（如视觉、听觉）感知得到的外在形式，所记是符号形式所表示的意义或内容。能记和所记是互相依存、不可分割的统一体，正如纸的正面和反面一样。能记和所记既无相似之处，又无相关之点，它们联系在一起只不过是一种约定的关系。……

语言是人类最重要的交际工具。……[2]

……从结构上说，它是一种音义结合的符号系统。从功能上说，

[1] 在胡本和黄本中，所谓“方言区”的人总是作为“帮助”的对象而被要求“辩正”各种发音，各种方言的发音也总是被说成“分不清……”、“读不准……”、“区分……有困难”、“把……和……相混”、“把……读成了……”等等，而学习语音学就成了“改正”这些发音的途径。实际上，汉语方言音系，尤其是南方方言音系，往往比普通话音系要古老得多，并不存在把本应读成a的东西读成了b的问题。

[2] 胡裕树主编：《现代汉语（重订本）》，上海教育出版社1995年版，第1页。

它是人们最重要的交际工具和思维工具……[1]

语言是人类特有的一种音义结合的符号系统。当作用于人与人的关系时，语言是表达相互反应的中介；当作用于人与客观世界的关系时，语言是认知事物的工具；当作用于人自身时，语言是主要的思维活动的外壳；当作用于文化时，语言是文化信息的载体。

任何一种语言都是由有限的音位配列构成的一个音位系统和有限的语素配列构成的一个语法系统形成的信号系统。……

……语音和语义的结合具有任意性，但音义结合的任何语言单位一旦为社会成员共同约定之后，便具有稳定性和保守性，全民通用，代代相传。……

语言是用发音器官发出来的、成系统的人类行为方式。……[2]

可以看到，语音的对象化和实体化其实是语言对象化和实体化的一部分，这个实体在我们的教科书中是作为一种形式和功能的聚合体出现的。也就是说，它需要通过一个确定无疑的它者才能成为自身。我们的教科书向我们呈现的这个它者首先就是“符号”。当然，这并不是说语言学家对于语言的根本属性的认识是一致的；相反，现代语言学各流派对于这一问题的回答千差万别，这一点其实从胡本、黄本到钱本中对语言学语言观叙述内容的变化也可以看出。但是，“符号”一词仍然具有绝对的代表性，无论它是否仍在Saussure所提出的意义上得到承认，或者它是否已经在心智或者经验领域中得到了可以在本质上取代它的规范，它都是现代语言学对语言世界解密或者说“去魅”活动的真正开始。

所谓“现代”，并不是一个仅凭物理时间的所在就可以得到承认的性质。现代性首先要求的就是一个超历史的、与存在断绝沟通的基本框架，在这一点上它和科学是共谋的。古代国家边界模糊，但是现代国家一定要竖立界碑，这实际上就是一种现代性观念实体的外延。也就是

[1] 黄伯荣、廖旭东主编：《现代汉语（增订三版）》（上册），高等教育出版社2002年版，第1页。

[2] 钱乃荣主编：《现代汉语》，江苏教育出版社2001年版，第1~2页。

说，大地上的一切都被一种沉默的超越性所掌控着，而且关键是：它并不取决于大地或者我们的度量。当这种领悟方式被引入语言世界时，这里就亮起了一盏永远高出并且照亮历史的长明灯。19世纪的欧洲历史比较语言学是无法成为这种长明灯的，因为它虽然对语言有着无限的关注，却并没有为我们带来一套在根本上可以超越时空把捉语言的概念话语，正如Saussure所说，"它（历史比较语言学）从未探索过研究对象的本质"[1]。

Saussure所要求的"本质"可以从他对语言学任务的规定中得到理解，这些任务中最核心的一条是："寻找在所有的语言中以永恒、普遍的方式存在的力量，得出人们能够将所有历史的特别现象归结于此的一般规律。"[2]这也就是说，有一种关于语言的永恒的、普遍的东西，如果没有它，那么对语言的一切研究，包括历史比较研究，都不会有什么意义[3]。索绪尔将这种东西归于语言的符号本质，对于这一点现代语言学各流派无疑会有不同的看法，但是同样确定无疑的是，他们在根本上也是在追求一种关于语言的永恒的、普遍的东西，因为这乃是科学本身所要求的。Saussure曾做过一个著名的语言和下棋的类比来说明语言研究中本质性的意义保证是如何高于任何一种具体的语言研究的：

在一盘国际象棋中，任何一种已定棋势都具有从以前的棋势中超拔出来的都有特征；人们是通过一种还是通过另一种方式达到这种棋势的，那完全是无关紧要的；旁观整盘棋事的人一点也不比那些在关键时刻前来观战的好奇者有任何优势：要描写这种棋势，根本不用去回想十秒钟之前发生了什么。这一切同样适用于语言，而且更能指认历时态和共时态的根本区别。言语从来就只是在语言的一种状态之上进行运作的，而介入各状态之间的变化本身并没有任何立足之地。[4]

[1]［瑞士］索绪尔著，裴文译：《普通语言学教程》，江苏教育出版社2002年版，第4页。

[2] 同上书，第7页。

[3] Saussure认为历史比较语言学"首要的错误"就是"从不追问它所作的比较意味着什么，它所发现的关系具有什么意义"（同上书，第4页）。

[4] 同上书，第99页。

这一段论述通常被认为是在阐述语言研究中的共时描写对历时描写的优先地位，这大致是不错的，但是我们要理解的是：所谓的“共时”，并不是执着于某一个时间点，毋宁说，其本质乃是“超出时间”。如果我们要问：对任何一个共时状态的描写的意义从何而来？那么我们就必须依赖于一种本质上处于历史之外的恒定不变的东西。Saussure说：

系统永远只会是暂时的；它从一种状态变为另一种状态。的确，价值主要还是取决于不变的惯例，下棋的规则在对弈开始之前便存在了，而且在下完每一着棋之后仍然继续存在。在语言上也有一经认可便永远存在的规则；这就是符号学的恒定的原则。[1]

关于一个系统是如何可能被呈现的，Merleau-Ponty曾经举过一个例子：

在一部儿童作品中，人们讲述了一个男孩的失望。他戴上眼镜，手里拿着他的祖母的书，以为自己能发现祖母讲给他听的故事。寓言以两句韵文结尾：真扫兴！故事在哪里？/我只看到白纸黑字。[2]

可以说，所有语言学家——包括Saussure——的基本理论中都隐含着对这个寓言的一种解释，而且所有这些解释都必须拒斥一种根本的历史性。男孩如何才能读懂祖母的故事书？这就好比说：一盘棋的旁观者怎么才能看懂这盘棋呢？语言学家必须保证：语言的根本性质和Saussure的国际象棋规则一样一定是非历史地发生的，它如果要呈现自身的历史，这种历史就必须由一个更高的规则来保证，否则语言的“科学本质”就是空谈。至于具体的个人，他所要做的，如Saussure所说，乃是“认可”这种本质中的规则，也就是说，这种规则一定是在被任何人知道之前就已经确定无疑地在那里的，否则我们对棋局和对语言的领悟就一定要诉诸其本身的历史性，即棋曾经怎样被下（作为一切概念化之前的“下”），或者说语言曾经怎样在历史的境域中发生（作为一切

[1] 同上书，第98页。

[2] [法] 梅洛-庞蒂著，姜志辉译：《知觉现象学》，商务印书馆2001年版，第503页。

概念化之前的“发生”），如此则语言的本质就变成了要诉诸个人感性经验的东西，而这是科学话语根本拒绝的。

自然，表面上并不是所有语言学家都会赞同“对规则的‘认可’”这样一种轻飘飘的说法。从语言习得的角度来看，这种说法尤其值得怀疑。可是，一切语言习得研究其实最终还是指向一种“对规则的‘认可’”。可以说，它只是把一种规则放入了另一种规则的历史运作，这两种规则本质上必然是一种规则。Chomsky曾批评传统结构主义语言学家对规则的发现仅仅局限于表层结构现象，“因而无从揭示深藏在语言的创造性运用及语义内容的表达背后的机制”。但他同时又指出：“尽管如此，以下这点总还是有根本的重要性：他们企图解决的是语言研究中的基本问题，过去从来没有清楚明了地提出过这个问题。问题在于说明人的语言能力，即在感觉材料基础上起作用而产生语言知识的机制……”[1]因此，Chomsky其实也是在寻找一个超出时间的本质的东西，这个东西虽然不是“符号学的恒定的原则”，但是却同样是使系统得以超越其表象而存在的普遍的规则，是使语言的“棋局”得以绝对地跨域历史而成为自身并可能被认识的东西，而且即使把它说成是某种肉体的存在，它也是一种在话语对自身历史性的遮蔽中躯体化的产物。

语言的对象化和实体化对语言“去魅”所造成的一个直接后果便是：语言中一切可感知的部分都成了语言“本质”的“表象”。因此，尽管我们只听到过语言的声音（包括索绪尔所强调的“在心中听到”，而且已发出的声音也必须“在心中听到”以形成“音响形象”），但是感知中的声音恰恰被认为是最外在的东西，它一定要成为语言“本质”的表象才能被揭示。至于这种“本质”究竟是什么，这当然和话语的具体建构有关（我们的三本教科书在对语言学语言观的介绍中实际上就都暗示了形式主义和功能主义两大类观点）。但是，在某种意义上我们完全可以认为：所有这些语言学的话语建构（包括词汇学、语法学等等）都是一种对语音的再现，因为语音是唯一真正的表象。Hofstadter

[1] 引自徐烈炯：《生成语法理论》，上海外语教育出版社1988年版，第14页。

指出，任何消息都分三层：框架消息、外在消息、内在消息。框架消息是说："我是一条消息，你有本事就来解译我！"外在消息是"由消息中符号的模式及结构隐含地携带的信息，说明如何去解译内在消息"，而内在消息才是我们一般所说的消息。[1]显然，如果我们把语言理解为一种消息的话（这当然也是一种它者），那么语音实际上是所有三层消息的唯一现实的表现形式。我们教科书中的"语音"部分只是针对它的"框架消息"，即它为什么是可以解读的，而"词汇"、"形态"、"句法"部分和"语义"、"语用"部分才是针对它的"外在消息"和"内在消息"。

事实上，所谓"三层消息"本身就是一种对语音这一唯一可感知现象的再现。因此，我们甚至可以说，其实整个现代语言学——包括它的内容的建构模式——全部都是关于语音的[2]，而正因为如此，语音成为这个关于它自身的"本质"的建构中"本质"的"表象"即"外壳"乃是现代语言学对语言躯体化的必然要求。可以说，除去这个"外壳"，其他的一切其实都是关于"本质"话语的一部分。

作为非对象化的身体的语音（或者说以声音被感知的语言）在被对象化和实体化之后便与它自身的存在相分离而成为了其"本质"的躯壳，这一事实长期以来被遮蔽，因为关于它的"本质"话语实在相当庞大。人们从来就习惯于说"词"、"句"、"篇章"，而不是"这组音响形象"、"那组音响形象"，而像前者这样的"本质"话语越是牢固和精密，语音被抽空得便越厉害。到最后，语音学甚至成了要被一些语言学家驱逐出语言学之门的东西，Crystal著名的语言学词典被命名为"语言

[1]［美］侯世达著，郭维德等译：《哥德尔、艾舍尔、巴赫——集异璧之大成》，商务印书馆1997年版，第216~217页。

[2]按照Saussure的观点，语音本质上并不仅仅是已经由人发出的部分，感知，也就是说"音响形象"必须是第一位的（［瑞士］索绪尔著，裴文译：《普通语言学教程》，江苏教育出版社2002年版，第74页；［瑞士］索绪尔著，屠友祥译：《索绪尔第三次普通语言学教程》，上海人民出版社2002年版，第83~84页），这一点和语音同在场的共谋关系也是一致的，这些我们将在下一节中详细讨论。另外，关于文字学（它是否在严格意义上属于现代语言学也是一个问题），我们也将在下一节中详细讨论。

学和语音学词典”（A Dictionary of Linguistics and Phonetics）就是这种境况的一个写照。然而，正如我们在上一节中已经指出的，对语音的研究从语音学开始其实就与整个语言学紧密相连。现在我们更可以说，语音学和音系学实际上是和现代语言学的其他分支一起在参与着语音同时也就是语言的躯体化，而语音学和音系学既可以说是这种躯体化的开始（按照一种Bloomfield式的自下而上的模式），又可以说是它所朝向的本质话语的最终完成（按照一种Chomsky式的自上而下的模式）。

Bolinger认为：

语音学的研究范围是语音，它和语言学的关系就像钱币学和金融的关系一样：对一笔金融交易来说，硬币是用哪种合金制成的，没有什么关系；同样，对大脑来说，是什么材料触发语言的也没有什么关系……声音的选择是我们人类遗产的一部分……[1]

实际上是不是如此呢？在上一节中我们就已经指出：虽然语言学家声称“音位[2]是和意义有关的抽象，音素则是对实际发音的描写”（就好像说钱币学特征没有金融价值一样），我们只要问一问这里的“意义”是语义学中的意义还是语用学中的意义，这种区别马上就要失效。这样一种以“意义”为标准对语音学对象和音系学对象进行区分的失败反映了关于语音的科学话语中一个根本的矛盾，即：语音表象的“本质”虽然被认为是先行决定了语音之所以如此这般呈现的东西，但它又必须是在表象之中被领悟到的（也就是说，对表象的感知决定了它的话语建构），因此，无论这种东西是“意义”、“形式结构”还是别的什么，情况其实在根本上都一样。在语音学对语音的再现中，感知的抽象从来就不是凭借仪器本身进行的，即使像朱晓农所说，“都21世纪了，电脑时代了，‘咸与实验’了”[3]，然而任何不能在对说话者感知

[1]［美］鲍林杰著，方立、李谷城等译：《语言要略》，外语教学与研究出版社1993年版，第20页。

[2] 或其他具有区别性的抽象单位。

[3] 朱晓农：“实验语音学与汉语语音研究”，载刘丹青主编《语言学前沿与汉语研究》，上海教育出版社2005年版，第256页。

的抽象中得到呈现（无论是以功能的还是形式的方式）的实验数据都是没有意义的：它可能指向某种关于声音的物理学的“本质”话语，但是它首先就放弃了语音之所以作为语音的“框架消息”，因此它仅仅属于声学而非语音学。任何要将语音作为语音进行的研究，无论其目的是指向语音识别与合成还是语音理论，都必须诉求于作为整个语言学“本质”话语之表象的人类语音感知，这一点即使是对人工智能中的“统计识别法”也不例外[1]。

事实上，语音学是语言学对作为其唯一感知对象的语音进行躯体化的第一步，它对于躯体化的语音的“本质”话语的诉求是以一种对语音感知的算术化的抽象实现的，而这种算术化又通过音系学的代数化进一步朝向关于语言“本质”的语言学话语。对于作为纯粹现象的非概念化的语音而言，任何关于其中意义的或者结构的概念的再现都无法取代它所依托的涌动着的身体的存在。然而，在语音学中，这种“涌动着的身体的存在”首先被制作成了一个个凝固的存在的实体。的确，我们看到一组语音学的音素符号，比如说[pa]，就好像听到了一次实际的发音，可是[pa]作为一种再现毕竟还是同作为纯粹现象的发音不一样的。我们从来就不能凭[pa]而真正听到那个被某一个人在某一时刻以某种腔调发出来的声音。如果我告诉你在一部叫做《抢枕头》的动画片里，一个贪心的儿子管自己的爸爸叫[pa^{51}pa]，你能想象那种发音吗？也就是说，他既不像他孝顺的妹妹一样说[pA^{51}pA]，也不像他的另一个贪婪的兄弟一样说[pɑ^{51}pɑ]，你能想象他是怎样说话的吗？即使你能想象那种发音，如果不看这部动画片，你又真能听到他的那个发音吗？（比如

[1] 朱晓农说：“我记得上学时文学院里做实验语音学学位论文的只有我一个人，但在物理学院却有五六个。开始时有两三位隔三岔五来找我，问各种语音细节，了解语言发音的声学属性、生理基础等。但渐渐地来少了，一个学期后就不再理我那套知识识别法了，他们有了实用上更有效的统计识别法。”（同上文，第255~256页）然而，统计识别法作为一种模式识别法，在语音识别系统中最关键的部分就是底层声学模型，即为“每个发音”所建立的发音模板，这些模板是确定未知语音特征的比较原形，而它们所对应的所谓“每个发音”的确立则完全取决于说话者的语音感知，在这一点上它和语音学是完全一致的。换句话说，即使在纯试验的语音学中也不是什么语音特征都是有意义。根本上，只有传统语音学家也认为可以提取特征的语音感知在试验中才是与有意义的语音特征相关的。

说，五度标调法的相对中值对他而言到底是哪一个频率呢？根本上，他说起话来到底是个什么“味道”呢？）事实是：在[pa]之中，作为任何概念前的绝对的现象首先消失了，也就是说，语音学凭[pa]之类的东西而达到的所谓展现“实际的发音”不过是一种虚幻的假象。[pa]和“实际的发音”有着本质的不同，可以说，即使是用各种严式记音的附加符号把[pa]加工得再细致，作为语音学再现，它也一定是一种在共性的概念实体层面上的抽象。

语音学的抽象是在我们对语音的感知中发生的，这种抽象最终被归结为诉求于普遍性的作为生理—物理学概念实体的形式的再现。然而感知是不是唯一与此种形式相关呢？事实上，对于作为原本的非概念现象的语音来说，它的一切就在它作为现象的根本的“形式”中，然而，现在它的非概念的“形式”成了作为实体之表象的形式，这个躯体化过程一定有一个首先在感知中被领悟到的依据，而在其他一切依据之前，一个根本的依据就是：它竟是可以被领悟的。事实是：语音本身从来没有直接告诉过我们它是语音，就像声音也从来没有告诉过我们它是声音。Hofstadter说，“试图发送一些说明如何解译外在消息的指示，那注定是徒劳的。因为这些指示必然是内在消息的一部分，所以只有当发现了解码机制之后才能被理解。”[1]我们也可以将这一点推广到所谓“框架消息”和“外在消息”及“内在消息”的关系以及“框架消息”本身的可能性和“框架消息”的关系上。语音首先得到了再现，也就是说，它不再是一片浑沌，而是对我具有了敞开的可能，语音的生理—物理学分割也是基于这样一种可能。然而这种可能本身是说：我首先是被领悟的，也就是说，我是话语的，我是再现的，我是有意义的。

如果说再现本身是一种现象，那么它就是意义，一种不被概念所规定的意义，而且由于世界本身就是在再现中呈现的，因此世界本身就是作为这种意义而敞开的。在语音学对语音进行生理—物理学的分解

[1]［美］侯世达著，郭维德等译：《哥德尔、艾舍尔、巴赫——集异璧之大成》，商务印书馆1997年版，第217页。

的过程中，意义就在根本上起着作用，而这种分解背后的对象化诉求其实首先必须依靠的也是意义对自身的对象化。在语音学中，语言的意义并没有完全对象化，但是它已经踏上了对象化的道路，因为它已经离开了个体的层面。任何在共性的概念实体层面上的语音学抽象首先都是意义的这样一种抽象，而且它必然以一种潜在的方式指向音系学的抽象、“词”的发生、“语法”的规则乃至关于语音这种表象的整个语言“本质”。还是在上面的那部叫做《抢枕头》的动画片中，另一个不肖之子称自己的爸爸为[pɑ⁵¹pɑ]，我们将它记做[pɑ⁵¹pɑ]而非[pa⁵¹pa]或[pA⁵¹pA]，因为这里有一种原初的不同，一种我们在其中所领悟到的语音所敞开的意义的不同，后元音的发音就是那个不肖之子形象的一部分。汉语音系中虽然没有/ɑ/、/a/、/A/的区别，但是如果我们认为上面那部动画片的观众从来就不在乎那位不肖之子对爸爸的称呼和其他人有什么不同以至于不能领悟我们的配音演员的良苦用心，那么我们就未免太低估观众的感知能力了。在这里，我们在作为原初意义的再现中的感知使我们意识到，有一种腔调一定是可以区别出来的。实际上，后低不圆唇元音[ɑ]已经是一种超出个体层面的抽象，我们从来就不可能找到一个概念来抽象那个在被我们所领悟到的完全作为其个人的原初意义上存在的那位不肖之子（或者说他的配音演员）的腔调的全部的本真形式（同时也就是它的内容）。然而另一方面，[ɑ]却又并不对应于任何已经抽象为概念实体的意义，你不能说它的意义就是“不孝”或者“装憨”或者别的什么，它只是在为一种实体化做准备。事实上，很少出现语音学的抽象永远不会在意义的概念实体化层面上得到更进一步抽象的情况。但是，语音学对语音的抽象确实并没有完成意义的实体化，它只是在为这种实体化制造潜在的准实体，虽然在它里面躯体化已经发生了。的确，有很多人都指出过所谓语音的象征意义，比如Bloomfield就说：

在日耳曼诸语言中，词根的变化，不管有没有词缀似的规定成分，都出现在带有形象色彩的词里，例如flap（平打，拍击），flip（轻打，用指头弹），flop（重摇，重跌）。假设我们把flap作为这个词根的基础形式，我们就会把flip，flop当作派生词来描写，派生词是利用[i]

（较小，较灵巧）的代替和[ɔ]（较大，较笨拙）的代替所构成的。类似的情况有以[i]代替的……以[ij]代替的……以[ʌ]代替的……

……

就英语中形象性的词来说，词根的复杂形态结构更加明显。在这些词中，我们能够——以不同的清晰程度并在两可的边缘地带会遇到一些可疑的例子——分辨出含义模糊的由起首音和收尾音构成词根的词素（root-forming morphemes）所组成的体系。很明显，强烈的、形象性的含义是和这种结构有联系的。比方，我们可以找出反复出现的一些起首音：

[fl-]（闪动的光）……[fl-]（在空中的动作）……[gl-]（不动的光）……[sl-]（平滑潮湿的）……[kr-]（嘈杂的撞击）……[skr-]（令人烦躁的撞击或声音）……[sn-]（鼻出气声）……[sn-]（迅速的分开或动作）……[dʒ-]（上下的动作）……[b-]（沉闷的撞击）……

以同样的方式，我们可以区分一些收尾音……[1]

然而，Bloomfield所观察到的这些语音的意义其实是无法真正对应于他所给出的概念化实体的，因为它们根本无法摆脱个体感知而成为真正的具有普遍主义诉求的科学话语中“语义”的实例。比如说，如果我们从flip和flop中得出[i]的意义是“小巧”，[ɔ]的意义是“笨重”，那么big和small这两个词的意思怎么解释呢？[2]而如果说[fl-]既表示“闪动的光”又表示“在空中的动作”，那么很多以[fl-]开头的词（比如flat、flatter等等）到底和哪一种意义相关呢？事实上，Bloomfield给出的这些例子还是我们可以抛出一个“象征意义”的概念来稍微谈一谈的（因为它们其实已经是在音位的概念化层面上被区别出来的，这种区别根本上不是靠的“象征意义”，虽然用概念化的“象征意义”来谈论它们也是一种躯体化），至于我们在前面那个动画片中的“后低不圆唇元音”中

[1]［美］布龙菲尔德著，袁家骅、赵世开、甘世福译：《语言论》，商务印书馆1980年版，第304~308页。着重号依原文。

[2]［丹麦］Jespersen著：*Language, Its Nature, Development and Origin*，Allen & Unwin出版社1954年版，第396~397页。

领会到的意义，我们又该怎么谈呢？而至于我们从某一个人——比如自己母亲——的语音中领会到的那份它对于我们的存在的意义，或者我们在公交车上突然听到陌生人提及自己的名字时所感到的那份令人心中一颤却又无可名状的意义，我们又将如何将它等同于某种概念意义呢？要知道，它们甚至都没有在语音学的抽象层面上被提取出来。（我们怎样靠生理—物理学话语抽象母亲的声音或者一种声音本身的存在呢？）

这里问题的关键在于：意义首先是在来自我们的生存场的作为纯粹形式的语言中发生的。Merleau-Ponty说：

语言动作和所有其他动作一样，自己勾画出自己的意义。……尽管心理学家和语言学家以实证知识的名义一致拒绝这个观点。……如果我们仅考虑词语的概念意义和最后意义，那么词语形式——由词尾变化造成的例外——看来确实是随意的。如果我们考虑词语的情绪意义，我们在前面称之为词语的动作意义的东西，例如，它在诗歌中占有重要地位的东西，那么情况可能有所不同。人们也许认为词语、元音、音素是歌唱世界的各种方式，它们的用途是描绘物体，但不是像幼稚的象声词理论所认为的，根据客观的相似性来描绘，因为它们是在提取和在本义上表达物体的情绪本质。如果我们能够清除词汇中由语音学的力学规律、外来语的搀和、语法学家的合理化、语言的自身模仿所产生的东西，那么我们可以看到，每一种语言在开始时都是一种相当简单的表达系统，但不能随意地像人们把夜晚叫做夜晚那样，把光线叫做光线。一种语言里元音占主导地位，另一种语言里辅音占主导地位，结构和句法系统，都不代表为了表示同一种思想的各种随意约定，而是表示人类团体歌颂世界的方式，归根结底，体验世界的各种方式。[1]

对于这段话，Gutting的解释是：

总是存在情感的暗示和细微差别，这些东西包含在词语的声音或形象之中，这些声音和形象形成了它的意义的一个不可或缺的方面。在

[1]［法］梅洛-庞蒂著，姜志辉译：《知觉现象学》，商务印书馆2001年版，第242~244页。

这一层面上，法国人说“nuit”（夜晚）而不说“night”就不是任意的了。尽管它们之间有共同的概念核心，但是，在法语和英语以之使我们理解夜晚和度过夜晚的方式上存在着微妙的差异。[1]

事实上，这样的解释还是稍显笨拙。声音并不仅仅是“意义的一个不可或缺的方面”，声音在根本上就是一个意义身体，也就是说，它和意义不是本质上偶然地、任意地，然后经过约定俗成地碰在一起的两个东西。“物体的命名不是在认识之后，而是认识本身。”[2]语言最根本的意义乃是在话语发生的一切概念之前的体验中，而作为唯一现象的语言本身的纯粹形式（不是任何以形式作为概念实体之演绎结果的表象的形式主义的形式）就是这种意义本身。并不存在任何一个另外的、原本与之脱离的实体在同它结合之后颁布给它的意义。对于语言的这种根本的非任意性，我们用任何一种诉求于抽象概念实体的象似性话语其实都无法证明。以“语法化”为例，我们可以从隐喻的角度解释为什么“be going to”是“be going to”，然而至于“go”为什么是“go”，这种解释并不关心，而且也无法回答。可见，认知研究其实并不研究语言中最“认知”的部分，它所关心的只是这一部分如何投射到整个语言的体系之上。然而这一部分却正是Merleau-Ponty所说的语言中除去“由语音学的力学规律、外来语的搀和、语法学家的合理化、语言的自身模仿所产生的东西”而剩下的“一种相当简单的表达系统”。在这种系统中，“go”叫做“go”，或者“nuit”叫做“nuit”就不是随意的。一个很简单的事实是：一些声音放在一起能让我们感到这是同一种语言的声音（即使我们可能根本就不能在概念意义上听懂它），那么这些声音在根本上就不是任意的，它们一定经过选择，一定有某种共同的东西，但是这种“共同的东西”不是在任何实体化的“第三对比项”意义上的“共同的东西”，而是一种共同的“味道”，就好像说黑管有黑管的“味道”，唢呐有唢呐的“味道”，《命运》有《命运》的“味道”，

[1]［美］古廷著，辛岩译：《20世纪法国哲学》，江苏人民出版社2005年版，第238页。

[2]［法］梅洛-庞蒂著，姜志辉译：《知觉现象学》，商务印书馆2001年版，第232页。

《梁祝》有《梁祝》的“味道”。这种“味道”既不是心灵主义的概念实体的表象，也不是经验主义的概念实体的表象，也不是所谓经验现实主义的认知概念实体的表象，它就像中医所说的“暑湿”一样要诉求于根本的感知。如果我们为了反对Saussure所说的语言符号的“任意性（法l'arbitraire）”而想方设法要在根基上给这种感知加以“理据”，那么这种努力注定是徒劳的；相反，如果我们就在Saussure所说的“无理据的（法immotivé）”的意义上来理解语言，那么也可以认为，语言确实是具有这样一种超出概念运作的不可论证性，因为概念作为它的重子重孙根本无法跨越历史而把它生出来。当然，Saussure其实又不仅仅是从“无理据”的角度来考虑问题的。问题的关键是：如果我们认为理据就是唯一可能的根据（这样它根本上就是一个外在颁布的根据），那么语言形式就成了对它的意义而言具有根本的“任意性”的东西，而意义也就成了根本上与对作为唯一纯粹现象的语言形式的领悟毫无关系的东西。意义现在要由另一个源泉来给出，这个源泉就是一具纯粹的躯体。在语音学中，语音作为一般的声音已经躯体化了，但是作为语音，它却仍然跟意义的发生有着暧昧的联系，因为它们原本就是同一的。也就是说，作为意义的身体，它还没有完全躯体化，这个身体中的已经概念化而不再成为纯粹现象的形式和尚未概念化的意义的联系现在是在一些未被以外在源泉的意义赐予的形式来命名（但是可以情境性地得到如此命名）的马赛克中维持着。我们可以比较一下，在对音乐的研究中，这样一种状况也是存在的。也就是说，已经被作为物理学的声音而躯体化的乐音（通过乐谱上的音符再现，但是已经不是作为纯粹形式的声音了，比如）作为一片声音的马赛克仍然与非概念命名的意义保持着从原初的联系中继承下来的联系。也就是说，它仍然是意义的暧昧的身体（虽然这个身体在具体情境中很容易躯体化，比如在某种情况下，可能被认为表达了“忧伤”[在“象征意义”层面上的躯体化]，或者是表达了“忧伤”和“不忧伤”的区别[在外在赐予的“概念意义”层面上的躯体化]）。然而，语音学下一步的发展，是要将意义与其形式的这种暧昧的联系完全解除，而这一点音乐研究却是做不到的，因为音乐无法完全躯体化，由于它原本就不在根本上诉诸于理念，因此它永远要维持这样一种非外在赐予的联系。也就是说，一首乐曲不可能使自己透明化而使它向我们呈现出的意义通过另一首乐曲也完全可以呈现。音乐的意义就是它的纯形式，因此不存在非声音的音乐，也不存在关于音乐的音乐。Merleau-Ponty指出：

音乐也能被写下来，虽然在音乐中有某种如同传统的传授的某东西，虽然不通过古典音乐就不可能理解无调性的音乐——每一个艺术家都从头开始继续工作，他有一个需要传递的新世界，而在言语领域，每一个作家都意识到他指向的世界也是其他作家已经关注的世界，巴尔扎克的世界和司汤达的世界不是没有任何联系的两个行星，言语把作为其力量的推定范围的真理概念放在我们心中。言语没有被当做偶然的事实，言语建立在言语本身的基础上，我们已经看到，是这个事实把一种无言语思想的理想形式给了我们，而一种无声音的音乐的观念是荒谬的。即使问题仅在于一种概念—界限（idée-limite）和一种反意义，即使一句话的意义不能摆脱某句话的内在属性，在言语场合的表达活动也能无限地重复，人们能在言语上进行谈论，但不能在绘画上进行描绘，每一个哲学家都在考虑概括所有话的一句话，而画家或音乐家则不希望概括一幅可能的绘画或一支可能的乐曲。因此，有理性（Raison）的特权。但为了弄清这一点，应该先把思想放回表达现象中。[1]

没有声音的音乐是不能想象的（不排除作为感性的纯粹形式的沉默也可以成为一种音乐表达），这种说法好像和Saussure的符号理论也没什么不同，但是符号学的声音和声音的内容在本质上是无关的（虽然象征理论一直存在，但是本质的无关性从来就不会在这种层面上受到真正的威胁，除非我们认识到Merleau-Ponty所说的语言最初的“一种相当简单的表达系统”也是象征的，但是这一点恰恰不能靠象征理论

[1] 同上书，第247页。

的概念证明[1]），而Merleau-Ponty要我们看到的是：声音的内容就是它自身，这种内容在语言中的自我再现使得它似乎可以成为颁布给自身的“无言语思想的理想形式”。但是音乐（还有绘画）却让我们看到了这个“理想形式”的不可完成状态：如果它们是透明地贴在已经准备好的意义上的，那么它们的意义作为纯粹形式的躯体化的东西在与真正的作为纯粹形式本身的意义的碰撞中反而是最不真实的。因此Mendelssohn说：

语言，在我看来，是含混的，模糊的，容易误解的；而真正的音乐却能将千百种美好的事物灌注心田，胜过语言。那些我所喜爱的音乐向我表述的思想，不是因为太含糊而不能诉诸语言，相反，是因为太明确而不能化为语言。[2]

而在同样的意义上，我们也可以理解Merleau-Ponty所引用的Cezanne的话：

在我年轻的时候，我很想画这块雪白的桌布……我现在知道只能这样画：对称地摆放着的餐具，以及金黄色的小面包。如果我画盛有金黄色面包的餐具，我就感到别扭，您懂吗？如果我真正地要做到平衡，

[1] 事实上Humboldt早就认识到了这一点，他曾经指出语音和概念相联的三种指称概念的方式：1. 直接的模仿；2. 非直接的模仿（即前文所引Bloomfield指出的那种语音和概念的关系）；3. 通过所表达概念的类似性而形成的语音相似（即意义相近的词获得相近的语音，但前提是语音系统中已经存在着具有一定规模的词的整体，也就是说它需要一个演绎的源泉，而这个源泉本身不是靠它演绎来的）。（[德]洪堡特著，姚小平译：《论人类语言结构的差异及其对人类精神发展的影响》，商务印书馆1999年版，第90~92页）可以说，今天认知语言学对范畴化、隐喻、像似性和语法化等的研究不是和第一种模仿有关，就是和第三种模仿有关（如果我们把第三种模仿中的语音理解为语言的表现形式，即决定了语音如何组合的各种规律，因此也就包括构词法、语法等），而至于第二种模仿，Humboldt一方面认为：“它在原始的词语指称过程中无疑起过巨大的、甚至可能是唯一的主导作用。其必然的结果或许是，人类的所有语言都具有一定的名称上的相似性，因为事物引发的印象不论在何处都或多或少要与同一些语音发生同样的关系”（同上书，第91页），另一方面又指出对其进行概念化解释必然要引起的困境：“我们在这里发现的只是一种限制着历史联系的原则，或是一种提醒我们不可给予下结论的原则；倘若我们把它看作一种构造原则，以为能证明这一象征指称方式通用与所有的语言，那就很有可能会误入歧途。即使摈弃所有其他因素，我们也无法断定语言初创时期的语言和词义的面貌，而这恰恰是问题的关键”（同上书，第92页）。

[2] 引自韩锺恩：《音乐意义的形而上显现并及意向存在的可能性研究》，上海音乐学院出版社2004年版，第195页。

根据实物表现出餐具和小面包的细微差别，那么请您相信，圆面包，白雪以及诸如此类的东西就糟了。[1]

然而，语言毕竟不是音乐。Gutting非常正确地指出，当Merleau-Ponty说“在所有表达活动中，只有言语能沉淀下来和构成一种主体间获得的知识”[2]时，他“并不是指我们通过把语言写下来保存语言的能力；人们毕竟能通过把音符记下来保存音乐。他心中所想的是语言的自反的特性，即存在关于语言的言语的事实（与此相反，不存在关于音乐的音乐，等等）”[3]。而语音学之所以能够成为音系学的准备并最终以其凝固的存在的实体而朝向关于语言的语言学“本质”，其原因也正在于此。与其说语音学是抽象了语音的生理—物理学特性，不如说它是在根本上抽象了语音作为纯粹形式的意义的可能性。现在这些可能性的马赛克还没有被贴上概念化的标签，但是它们作为一种声音的实体——而且更重要的是，作为一种具有“自反的特性”的语言的声音实体——已经具备了将自身进一步抽象化的可能。

在前文中我们已经指出，从语音学的躯体化到音系学的躯体化的变化是一种由对语音感知的算术化抽象向代数化抽象的过渡。从我们刚才的分析中可以看出，这种过渡其实是必然的。而这种必然性和算术本身就已经蕴含着代数的要则这一点也是相吻合的。下面我们就从算术和代数的关系入手来讨论语音学和音系学的本质联系。

古代埃及人和巴比伦人很早就从测量中认识到，肯定有一个数，它的平方为2，也肯定有一个数，它的平方为3，但这是些什么样的数呢？即使我们像现代数学家一样将它们记为$\sqrt{2}$、$\sqrt{3}$，并且知道它们可以以1.41421356……、1.73205081……的表达被不断逼近，这仍不能帮助我们像接近1、2、3、1.5、2.6789等有理数一样地接近它们。作为

[1] 引自［法］梅洛-庞蒂著，姜志辉译：《知觉现象学》，商务印书馆2001年版，第256页。“这块雪白的桌布”指Balzac在《驴皮记》中描写的“白色的桌布如同刚下的一层雪，在桌布上，对称地摆放着盛有金黄色小面包的餐具”。

[2] 同上书，第247页。

[3] ［美］古廷著，辛岩译：《20世纪法国哲学》，江苏人民出版社2005年版，第238页。

无理数，它们代表了一种始终无法被我们在作为单纯数字表达的数量层面上完全抽象出来无底的深渊。当然，像$\sqrt{2}$和$\sqrt{3}$这样的无理数还是比较简单的，因为我们仍然可以在完全是有理数的环境中认识它们（即与它们相关的全部都是有理数，或者说它们都是代数数，即一定可以成为一个n次整系数方程的根[n=1，2，……]），而像e和π这样的超越数（即非任何n次整系数方程的根[n=1，2，……]）则更加复杂。Gardiner曾经打过一个惊人的比方来说明π的特性。他说，如果我们给世界上出版的所有文字作品中每个字母、数字、标点符号都配上一个不同的数（0用来隔开符号，两个0表示词之间的间隔，比如cat=301022），然后将每一部作品都表示为一个长长的符号串，那么所有已经出版的书都只是π的展开式的一段而已。不仅如此，所有将来可能出版的书也都已经包括在了π的展开式中。[1]这个令人惊讶的例子表明，对于容纳了一切可能性的π，作为单纯数字表达的数量层面上的抽象将永远处于未完成状态，也就是说，这种抽象其实永远不可能实现（我们无法认为一个仍然包括同一基数无穷的对无穷的抽象还是抽象）。而更加令人惊讶的是，数学家们早就证明，实数集中有理数的个数（虽然也是无限）相对于整个实数集而言几乎可以忽略不计，实数集中几乎全是无理数，而无理数中几乎全是超越数。这也就是说，几乎所有的实数都和π一样无法实现数字表达的数量抽象。

要使一切数能够作为各个不同的数出现，算术就必须同时依靠一种从数量感知中得出的关系的抽象，而这实际上就已经为其自身的代数化打下了基础。我们知道，代数首先是强调纯关系的，而算术运算本身就体现了关系。不仅如此，运算法则的抽象其实比数量本身的抽象更加成功（其实作为数字表达的数量抽象本身已经包括了法则的关系抽象，但是它所溯及的对世界之纯现象的原初的数量抽象是不依赖于作为已抽

[1]［美］加德纳著，李思一、白葆林译：《从惊讶到思考——数学悖论奇景》，科学技术文献出版社1986年版。

象出的单位之严格关系的关系的[1]）。也就是说，虽然我们可能对于一个数——比如说e、π（我们知道它们都是超越数）、e+π（这个数是不是超越数我们至今也不知道）——究竟是多少还不知道，但是它和其他的数不同，并且和它们处在一种关系中，这一点我们还是知道的。算术中绝大部分数的数字表达形象其实都是模糊的（刚才已经指出，实数几乎都是超越数，此外数学家还证实了不仅存在比实数集基数更大的集，而且不存在最大基数的集），或者应该说，数字表达所基于的作为原初数量抽象的数量形象本来就是模糊的（在我产生任何规则的再现之前，我只是对作为纯粹现象的*m*个……和*n*个……[因此其实也就不能被说成是*m*个……和*n*个……]感到不同，而它们的不同又是和我感到了相同的东西相关的，但是这个东西中并没有出现概念化的关系中的单位或者单位的关系），但是数已经被作为各个不同的数领悟到了，这一点

---

[1] Frege曾经在对单位和“一”所引起的矛盾的讨论中揭示出这一问题（虽然他对他这一问题的回答方法和现象学完全不同）：“杰芬斯解释说：‘一个单位是思维的任何一个对象，这个对象能够与在同一个问题中被看做是单位的其他每一个对象区别开。’这里单位通过自身被解释，‘能够与……其他每一个对象区别开’这个补充说明不含有任何进一步的规定，因为它是自明的。我们称这个对象为另一个对象，恰恰只是因为我们从一开始就能够区别它。杰芬斯继续说：‘当我写下5这个符号时，我实际是意谓1+1+1+1+1，而且完全清楚，这些单位各个相互不同。如果需要，我可以如下标志它们：1'+1''+1'''+1''''+1'''''。’如果它们是不同的，那么肯定需要以不同的方式表示它们；否则就会产生最严重的混淆。……但是如果人们想给予不同事物以不同的符号，那么就看不出人们为什么在这些符号中还留有一种共同的成分，人们为什么不愿意抛弃1'+1''+1'''+1''''+1'''''而写a+b+c+d+e。”（［德］弗雷格著，王路译：《算术基础》，商务印书馆1998年版，第54页）

这个问题如果不是从“单位”，而是从“关系”的角度来考察，也是一样的。它的关键是：作为已经表达为5的数，它可以说就是1+1+1+1+1，但是这种确定的结合关系却并不能作为使数得以各个不同地成立的根本原因（虽然它最终使5成为了5），因为关系的表达已经是在对这种不同的抽象上进行的，也就是说5中都是1，或者说数全都是数，而这就意味着有一种原初的数量抽象，它是没有单位的严格关系的意识的，从而也就没有严格的单位的意识。对此Frege是这样总结的：

“如果我们想通过不同对象的结合而形成数，我们就得到一种包含着这样一些对象的聚集，这些对象恰恰带有使它们相互区别的性质；而且这并不是数。另一方面，如果我们想通过把相同的东西结合在一起而建立数，那么这总是汇合成为一，我们绝达不到多。

“如果我们用1表示每个被计数对象，这就是错误的，因为不同的东西得到了相同的符号。如果我们为1加上区别的笔划，它对于算术就成为无法应用的。”（同上书，第57~58页）

却又是清楚的，对这种各个不同的领悟所带来的以加减乘除等法则确立的关系实际上已经蕴含了代数抽象的可能。可以说，$\sqrt{2}$ 根本上就只有作为一种最终指向代数抽象的关系抽象才能完成其算术抽象的全部实现（虽然它依然要依靠与直接的数量感知相关的数字表达），而这种关系抽象甚至已经包含在了像2这样的数中，因为它的数量抽象原本就表明了它和其他数的至少是“一致”的和“不同”的关系，而所有的关系都是首先在数量的“一致”和“不同”中领悟的。这也就是说，算术从一开始就已经隐含着代数的“关系”的基本要则。今天的数学家常常说，代数和算术的区别在于前者引进了未知数的概念——或者更准确地说是打掉了未知数的特殊地位，而实际上，这也就是说，代数在更高的抽象层面上对算术中与原初数量感知直接相关的数的数字表达形象进行了扬弃，虽然它所扬弃的这一部分是它从算术中提取的“纯关系”的最初发源地。

代数一旦独立，它反过来又会要求新的算术形式的出现，这也进一步体现了算术和代数的密切关系。历史上，数学家对于代数的态度在相当长的一段时期内都是充满怀疑甚至敌视的，其原因就在于它对于算术中对数量的直接感知诉求的取消所造成的强烈的不适应感。代数从算术中提取的“纯关系”原本是从数量感知中来的，但是将对直接的数量感知的表达抹消之后，情况就有了新的变化。诚然，要想象x是一个数，这并不难，但是如果要想象x作为最后的运算结果是一个负数甚至虚数，这对于16到18世纪的很多欧洲数学家来说就非常困难了（比如d’Alembert否定负数，Euler认为复数不可能，Newton不承认复数，Pascal坚决抵制负数等等）。代数的兴起使得原本几乎不被接受的负数和虚数观念在我们能够为之找到任何一种感性基础（比如“负债”和“平面向量”，但是高维超复数如$a+bi+cj+dk+el+fm$……仍然是难以在感性中想象的）之前就已经成为了数学运作中的必须，这使得许多数学家都站出来强烈反对代数（尤其是代数在几何中的应用，就连解析几何的创始人Descartes和Fermat也都不同意在几何中使用负数），Kline也将代数的兴起称做“一门逻辑学科不合逻辑的发展”[1]。然而，这丝毫也没有影响代数的实际使用。虽然使用代数的人可能觉得它实在很玄妙，但是所谓的玄妙，只是说它不是直接诉求于和我们对数量的原初感知保持着沟通的数字表达的数量抽象，它首先给出了一种纯关系，而我们已经看到，这种纯关系的抽象和算术抽象原本就是密切相关的。

语音学对作为纯粹语音形式的原初意义的抽象和上面所说的算术抽象非常相似。我们可以说，所有的语音学抽象都是有意义的，但它们作为对纯粹形式的意义可能性的再现在抽象层面上又都是未完成的，因为每一个这样的抽象都是一个本身不可穷尽的超越数。[pɑ^{51}pɑ]是有真实的意义的（虽然它已经不是纯粹形式，但它首先是和原初意义紧密相连的，这使它好比一种由midi模拟出的音乐），但是我们不能因为看了前面的那个动画片就说它的意义是“对爸爸的不孝的称呼”（就好像midi模拟出的音乐也不是和某种概念意义相对应的）。它的意义是一个深渊，我们不可以概念说之。在这一意义上，我们也可以理解为什么说用“象征意义”来解释语言最后必定要落空（虽然这种解释的对象还不像[pɑ^{51}pɑ]一样是属于语音学而非音系学层面的），因为“象征意义”如果要抓住Merleau-Ponty所说的语言最初的“一种相当简单的表达系统”（或者也可以说是Humboldt所说的“非直接的模仿”的部分）的话，它就一定要把这个系统同对象化、现成化的意义联系起来，而这样做的结果就会像我们在算术中以数字表达的数量抽象来抽象超越数一样永远没完没了。

我们不能在概念上抽象与原初意义相连的语音学抽象的意义，但是这并不影响语音学抽象以一种最终指向概念抽象的关系抽象实现自身的存在。和算术抽象不同的是，语音学对这种关系抽象的表达方式同它最终指向的概念抽象的表达方式是不同的，因为这种抽象在根本上只是指向概念抽象，但是并没有达到它，而在算术中，关系抽象本身就已经

[1]［美］克莱因著，李宏魁译：《数学：确定性的丧失》，湖南科学技术出版社2003年版。

是概念抽象了（也就是说，完全的躯体化在确切数字发生时就已经实现了），它进一步指向的是一种纯关系的抽象（也就是虚拟单位概念的抽象）。算术不考虑关系抽象作为概念抽象实现之前的以在场的声音形式向概念抽象的指向，而这正是语音学要考虑的。语音学表达自身抽象的手段是以一种生理学或者物理学话语，因为它虽然没有算术中条件抽象的概念手段，但是它却可以利用算术所跨过的声音感知。这样，一种最终指向概念抽象的对作为纯形式的原初意义的关系抽象就登场了，每一个语音抽象现在都可以像2或者$\sqrt{2}$一样实现自身。

语音学抽象的实现方式给我们一种假象，好像它和音系学所基于的概念抽象是无关的。然而从前文的分析中我们已经可以发现，[pa^{51}pa]、[pA^{51}pA]、[pɑ^{51}pɑ]等等和/pa^{51}pa/的区别，根本上乃是在于后者对前者的意义的“深渊”的蠲除。音系学以一种代数的方式消解了语音学中由于和纯形式的原初意义直接相连而像无法以数字表达进行数量抽象的超越数一般的意义马赛克，它从语音学抽象中提取的是可以现成化的概念单位和概念关系。也就是说，它不再需要后者与原初意义的相连性，因此在后者抽象层面上的表达与它所提取的概念就不再被认为有任何必然的联系。它是一个x，这个x在一定程度上（比如作为经典音系学中的条件变体或者作为生成音系学中音系过程的结果）可以从音系学的“方程”中求得，但音系学首先需要的还是“方程”本身的建立。

和真正的代数不同的是，音系学的代数化其实是一种程度有限的代数化，因为音系学根本上不能唯一依赖概念化的纯关系。在代数中，由于作为概念抽象的关系抽象已经在算术中完成了，代数所做的乃是进一步摆脱与原初数量感知的联系而抽象出纯关系，因此代数中的数可以是一种完全的关系存在。而在音系学中，对概念层面的关系进行抽象（其实就是一种语素抽象）是首要的任务，而这种抽象其实是不能脱离“单位—关系”的原初发生而进入纯关系的。Saussure认为，符号受指

（法signifié）、符号施指（法signifiant）[1]以及它们的联系都在一种纯关系中获得自身的价值，并给出了如下图示说明语言系统内符号价值的产生情况：

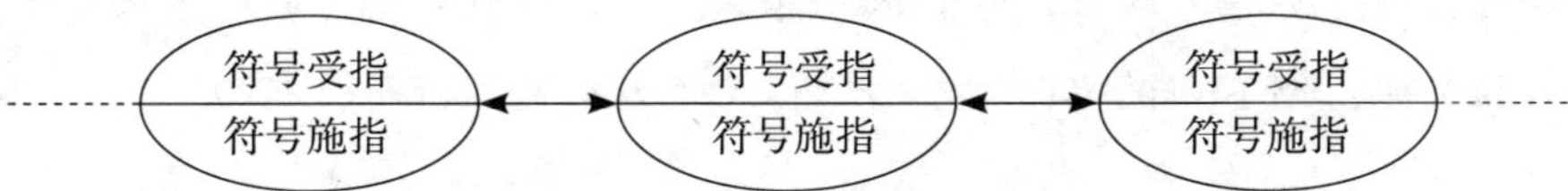

图12　Saussure结构主义语言观下语言系统内符号价值的产生[2]

这种说法的一个好处是：它解决了结构主义以语言符号的任意性取代象征性之后符号意义确定的可能性问题。然而，如果要达到符号价值和意义的最终确立，仅仅以一种概念层次的纯关系框架却是不可能完成的。这个框架等待着单位的输入，这一点和前文所言算术中对世界之纯现象的原初数量抽象不依赖于作为已抽象出的单位之严格关系的关系是相通的，然而对于这一点Saussure却始终语焉未详。现有的第一次和第三次普通语言学课堂笔记都表明，Saussure非常强调对"观念（idée）"（有时又被以"概念[concept]"代替[3]）、"意义（signification）"和"价值（valeur）"几个概念的区别，他说：

就思想本身而言，它像是模糊的一团，其中没有必然的界限。没有预先确定的观念，而在语言出现之前，一切都是不明晰的。

……

[1] 这两个术语一般译为"所指"和"能指"，这里采用的译法依据的是许国璋等的观点，即"受指"和"施指"恢复了Saussure这两个术语作为"一对儿鲜明的对立"的关联性，参见申小龙：《〈普通语言学教程〉精读》，复旦大学出版社2005年版，第222页。不过，由于"所指"和"能指"现在还是被普遍接受和采用的，因此本书所引用的其他著作中如果出现这样的译法，本书一般不作改动。

[2] [瑞士]索绪尔著，裴文译：《普通语言学教程》，江苏教育出版社2002年版，第127页。

[3] 例如在《普通语言学教程》中，Saussure有时说："不仅语言事实所联结的两个领域是模糊不清而又不成定形的，而且选择什么音段来表示什么观念也完全是任意的。……然而，事实上这些价值仍然完全是相对而言的，这就是为什么观念和声音的联系根本就是任意的"（同上书，第125~126页），这里他用的都是"观念"；而有时他又说："如此确定的价值观念表明，把一个简单的辞项看做是某种声音和某种概念的结合，那是一个很大的错觉"（同上书，第126页），这里他用的是"概念"。

当我们提起一个词语的价值，我们通常首先想到它所具有的表示观念的特性，而这实际上是语言价值的一个方面。但是，倘若果真如此，这个价值与所谓的**意义**又有什么不同呢？这两个词语会是同义词吗？我们并不这么认为，尽管很容易混淆，但这种混淆与其说是由于术语的类似，倒不如说是由于它们所标示的差别太细微而引起的。

……

仅仅指认词语可以与某种概念进行“交换”，即它具有某种意义，词语的价值还是不能得以确定的。……作为系统的一部分，词语不仅具有意义，而且，特别具有价值，而这完全是另外一回事了。

……

如果词语负载着表示预先具有的概念，那么，无论在哪一种语言中，每一个词语都会有在意义上与之完全的对应；然而，事实并非如此。

……

我们所碰到的是来自系统的**价值**，而不是预先确定的**观念**。当我们说价值与概念相当，意思就是价值纯粹就是区别性的，不是由它们的内容来积极地界定的，而是由它们与其他辞项的关系来消极地界定的。

……

这个概念[1]不是首创的，它仅仅只是由它与其他类似价值的关系决定的一种价值。如果没有其他类似价值，意义将不复存在。[2]

从Saussure的叙述中，我们可以逐渐清楚地看出：“观念”（“概念”）和“意义”是站在与“价值”形成对比的另一边的，而且它们的形成和确立最终要依靠语言系统中具有关系相对性的“价值”的发生。可是，在上面的论证过程中（具体为引文第三段开始之前），Saussure又提到了一种关于价值的“悖论”，他说：“一切价值似乎都受到悖论原

[1] 指法语“juger（判断）”的概念。

[2] [瑞士] 索绪尔著，裴文译：《普通语言学教程》，江苏教育出版社2002年版，第124~130页。着重号依原文。

理的支配”，[1]这是个什么悖论呢？事实上，这个悖论和前文中所引Frege所揭示的数的差异与单位相等的矛盾是相通的。Frege的问题是：在各个不同的数中必须有一种类似于Euclid在《几何原本》中所说的“单位（*μονάζ*）”（也就是“一”）的东西，即必须有一种相等，否则各个不同的关系就无法成立（比如在5中，如果没有1而只有关系的话，那么5就无法成为5，从而也就没有任何关系）；可是另一方面，相等又不是数本身的相等，相反，一定要在数的各各不同的关系中，相等的“一”才能成立（即“一”要求一种没有例外的规则使得它的相等可以出现，比如在5中，如果只有1而没有关系的话，那么5就只能是1，从而也就没有1）。[2] Saussure的问题则是：“人们看不出为什么A、B、C、D等等不同片断之间所确定的关系与同样片断正反面之间所存在的关系，如A/A′、B/B′等等，没有区别。”[3]也就是说，索绪尔认为A、B、C、D等等和A/A′、B/B′等等本质上是相同的。当然，这种说法并没有问题，因为这相当于说：悖论当中的矛盾双方是互推的，但是这种说法并没有解决悖论。Saussure对这个悖论的根本态度是：他一方面认为悖论真实地存在，另一方面又将悖论中一方的悖谬性不断抬高，直至最后认为只有从A、B、C、D等等不成立才能推出A/A′、B/B′等等不成立，反过来则不行（也就是说只有反过来才出现悖谬性）。这样一来，Saussure原来所说的悖论对整个局面的支配性实际上就被他消解为了悖论中一方对整个局面的唯一的支配性，如此一来悖论其实就已经没有了，或者说被遮蔽了，概念化的关系现在成了唯一根本的东西。

[1] 同上书，第128页。这个说法在《第三次普通语言学教程》的相关部分也出现了，见［瑞士］索绪尔著，屠友祥译：《索绪尔第三次普通语言学教程》，上海人民出版社2002年版，第155页：“在语言学范围之外，价值看来总是包含同样的悖论真实性。这是个微妙的领域。〈无论在哪个范畴，都很难说价值由何者构成。因而我们取小心翼翼的态度。〉”以及该书第156页：“只有经共存要素的会合，才能确定词语的价值，共存要素划定了词语价值的界限：〈或为了更加强调前已提及的悖论〉只有经围绕词语而存在之物的会合，才能确定词语之内的存在之物（词语之内的存在之物就是价值）——围绕词语的方式，或是以横组合关系，或是以联想关系。”

[2] ［德］弗雷格著，王路译：《算术基础》，商务印书馆1998年版，第47~58页。

[3] ［瑞士］索绪尔著，裴文译：《普通语言学教程》，江苏教育出版社2002年版，第127页。

当我们说在“黑/白”这个二元结构中“白”就是“非黑”而“黑”就是“非白”时，我们很可能会同意Saussure的观点。然而我们还应该看到，当“黑”和“白”被放在一起这样说时，它们首先就有一个“一”。结构之所以可能产生，一定要有一个化入每个成分的共同的“一”。“白”的“一”不是“非黑”，而是“我可以和黑在一起”，或者说“我在黑中看到了我自己”、“我就是黑”。在概念化层面上，说“相同”下面就要有“相异”，说“相异”下面就要有“相同”，现在Saussure说“相异”就是最根本的，这只是对问题的遮蔽，这种遮蔽在本质上和说“相同”是最根本的没有区别，因此概念化的结构主义在本质上只是原子主义的一种变相。

对以“相异”为根本的结构主义语言观的一个有力反驳就是Wittgenstein对私人语言之不可能性的论证。私人语言这个说法的提出是顺着结构主义和原子主义共同的概念化思路展开的：它是一种“纯关系”或者说“纯本质”语言。Wittgenstein说：

我们来想象下面的情况。我将为某种反复出现的特定感觉做一份日记。为此，我把它同符号E联系起来，凡是有这种感觉的日子我都在一本日历上写下这个符号。——我首先要注明，这个符号的定义是说不出来的。——但我总可以用指物定义的方式为自己给出个定义来啊！——怎么给法？我能指向这感觉吗？在通常意思上这不可能。但我说这个符号，或写这个符号，同时把注意力集中在这感觉上——于是仿佛内在地指向它。——但这番仪式为的是个什么？因为这看上去徒然是仪式！定义的作用却是确立符号的含义。——而这恰恰通过集中注意力发生了；因为我借此给自己印上了符号和感觉的联系。——“我把它给自己印上了”却只能是说：这个过程使我将来能正确回忆起这种联系。但在这个例子里我全然没有是否正确的标准。有人在这里也许愿说：只要我觉得似乎正确，就是正确。而这只是说：这里谈不上“正确”。[1]

Wittgenstein这段绝妙论证中的一个关键在于：我的感觉是一种全

[1]［英］维特根斯坦著，陈嘉映译：《哲学研究》，上海人民出版社2001年版，140~141页。

新的私人感觉，因此我的语言也是完全私人的，我的私人的“符号和感觉的联系”当然具有同结构中其他成员的相异性，但是它作为一种按照人们对语言的通常的理解而设想的语言却无法成为一个新的语言符号而真正运作起来。这里唯一的问题就在于：少了一个“一”。“一”一定要出现，语言才有可能成立，这意味着：我的感觉一定要能被别人感觉到，我对它的命名一定是能够被别人理解的，也就是说，我一定在他人中看到了我自己，即我一定是他人，我才是我自己。

音系学代数化中的“纯关系”假象使得作为“代数方程之解”的“概念意义”层面的抽象语音表现对一些音系学家而言已经不再是音系学研究的主要溯及，因为概念意义现在似乎也可以像代数对算术的抽象一样被完全抽象为一种对立相关性。虽然我们的三本“现代汉语”教科书并没有谈及这一点，但是这实际上只是对语音躯体化的抽象思路从语音学向经典音系学发展的延续，这一点也反过来进一步表明了语音研究以至整个语言学研究躯体化的一致性。Crystal对音系学的定义是：

语言学研究语言语音系统的分支。人类发音器官所能发出的、并由语音学研究的各种各样的音中，每种语言只区别性地利用其中很小一部分。这些音被组织成一个各种对立的系统，根据不同的理论用音位、区别特征或其他这类“音系单位”加以分析。音系学的目的是揭示一种语言中区别性语音的组织型式，并对世界上各种语言音系的性质作出尽量概括的说明。[1]

这个定义割裂了音系学抽象与语音学中联系着原本意义体验之抽象的相关性（就好像说语音学不是在其自身的抽象层面上“区别性地”对其意义体验进行诉说一样）。但是，它至少没有说音系学就是研究语音系统中的意义对立。实际上，Shockey曾经更加清楚地指出，存在着三种对音系学的不同理解：1. 音系学只研究语音单位（音段和超音段）和意义（词汇意义而非指称意义）的关系；2. 音系学研究与意义变化相

[1]［英］克里斯特尔编，沈家煊译：《现代语言学词典》，商务印书馆2000年版，第268页。

关的语音单位及其在不同语音环境中与意义无关的实现，且语音单位与其实现之间的关系无条件制约；3. 音系学研究与意义变化相关的语音单位及其在不同语音环境中与意义无关的实现，同时对语音单位与其实现之间的关系进行制约。她并进一步指出，第一种理解是一种逻辑上可能的理解，但是事实上并没有任何一个音系学派别持这种观点，音系学家都会将音系中语音单位的实现包括在自己的研究范围内。[1]不过，对于这种实现的态度又是有区别的。结合前面的分析，我们不难发现，对音系学的第二种理解和第三种理解之间的差别就在于：前者是完全站在代数化的纯关系角度考虑问题，因此语音单位的实现与语音单位之间是不需要条件制约的，作为结构主义真理发生地的代数关系本身就是一切的保障；后者则认为，仅凭代数关系来保障音系的成立是一种虚妄，音系学的纯关系代数表达必须能够回到作为“代数方程之解”的“概念意义”层面的抽象语音表现并最终回到语音学的算术抽象层面，而它在这些层面上的实现只有受到一些制约才可能不至于使它的“代数方程”无解或者得出一个无法回到原初感知的“虚数解”。可以说，生成音系学的抽象化发展代表了Shockey所说的对音系学的第二种理解（现在我们应该明白，这种理解其实并不仅仅是所谓“极简[parsimony]”原则作用的结果），而另一方面，后SPE时代的各种非线性音系学其实都试图以某种方法对音系学的纯关系代数抽象进行补充和控制。不过总体而言，音系学代数化的基本立场是不变的。区别性特征的提出和Chomsky & Halle对音系规则和音系过程的建构[2]虽然使音位在音系学中原有的地位被大大弱化甚至取消，但是它们都继承了音位的代数化原则，并且都可以被认为是这种原则进一步作用的结果（音位对差异的描写还没有达到能够确立关系规则并建立方程的程度，只有到了区别性特征，代数关系的普遍确立才成为可能，而音系规则和音系过程的建立则进一步体现

[1]［英］Shockey著：*Sound Patterns of Spoken English*，Blackwell出版社2003年版，第4~6页。

[2]［美］Chomsky & Halle著：*The Sound Pattern of English*，Harper & Row出版社1968年版。

了代数以方程为中心的特点）。后SPE时代的各种音系学普遍关注音系学方程的解，这体现了我们在前文中指出的音系学代数化程度的有限性以及它与语音学算术抽象的根本联系。但是，音系学毕竟是以关系抽象为核心的代数化为诉求的，这一点在后SPE时代的各种音系学中没有任何变化，它们只是重新从对方程的解的范围的设定来考虑方程的建立。

音系学对纯关系的抽象之所以是一种有限的代数化并最终要受到关系中单位实现的制约，最根本的原因还在于：音系学和语音学的本质联系使得前者不可能像真正的代数一样可以只考虑虚拟单位的运作而使后者如算术抽象一般变换出新的种类以满足它的要求，而只要语音学抽象不能满足诉求于关系抽象的音系学的运作要求，结构主义的差异的本体论就无法再掩盖其根本的“一”和“多”、“同”和“异”的悖论，而这个悖论在概念化层面其实不可能解决。应该说，Saussure关于这个悖论的支配性的说法是正确的，但是这种支配性最终所要求的乃是突破概念层面而走向话语的根本发生。可以说，在概念化层面寻求原始真理的做法，无论是原子主义的还是结构主义的，都是本质主义的，而这种本质主义作为传统知识论哲学的产物与现象学对纯粹本质的追求是正好背道而驰的：现象学的本质是直观的本质，它恰恰是本质主义最不信任的表象。本质主义的根本矛盾在于：作为概念再现的本质如果是一切的基础，那么基础之下就还有基础，因此概念基础其实就是一个“无”。因此，无论是直接从概念前出发的诠释学现象学家，还是从概念基础引出一个“无”、从活生生的在场引出死亡的解构主义者，他们都抓住了本质主义的根本矛盾。而就Saussure的结构主义而言，如果说基础之下还有基础，单位之下还有单位，那么差异之下就还有差异，而这种产生差异的差异则正是Derrida所说的“延异”。如果说结构主义的相异的对立是在“延异”的层面发生的，那么可以说它就是解构主义，然而如此一来也就不再有中心化的结构，因此结构必然要走向解构。解构最终将使语音本身的中心性也被取消而让位于文字，这一点我们还将在下一节中详细讨论。

Foucault在谈论现代人类学主体主义认识型对语言的对象化时说：

从19世纪开始，语言开始自身反省，获得了自身的深度，展开了只属于自己的一种历史、种种法则和一种客观性。语言变成了一个认识对象，就像其他认识对象一样：语言在生物旁边，在财富和价值旁边，在事件和人类的历史旁边存在着。语言也许从属于一些专门的概念，但针对语言的种种分析却植根于与关涉到经验认识的所有分析相同的层面上。这种曾使得普通语法能同时成为逻辑学并与逻辑学相交织的增高，从现在起被压平了。去认识语言，这不再是尽可能靠近认识本身，而仅仅是把一般的知识方式应用于一个特殊的客观性领域。[1]

综合前面的讨论，我们可以看到，语言学对语言的研究，包括语音学和音系学对语音的研究，都属于现代认识型在发现“人”之后所展现的世界图像的一部分。然而，人在现代认识型中的出现并不意味着人的解放，相反，人类学主体主义中的人不再保持着非对象化时身体的身心未分状态，而是成为了作为客体化知识之实现的躯体的人。语音学和音系学都参与着语言的躯体化，并且它们共同指向一种躯体化的整体谋略。我们甚至可以认为，语音学和音系学其实就隐含了这种整体谋略，因为无论是以它们作为开始而进一步构建上层的关系抽象，还是以终极的关系抽象作为开始而以它们收尾，语音学和音系学都必然在自身的关系存在中就已经包含了整体谋略的全部秘密。

对于这个整体谋略的存在，语言学家可能会以很多种理由拒绝。比如我们已经指出的，一些语言学家认为语音学根本上是一种在生理—物理学领域的研究，而更为明显的一个事实是：语言学中存在着相当多的流派，而且各个流派观点分歧，有一些给人感觉是针锋相对的。对于第一种理由，我们已经通过前面的论述表明，语音学的算术抽象和音系学的代数抽象是统一的，并且它一定要过渡到代数抽象并同时指向而又制约着抽象整体。事实上，语言学家也曾经提到过音系研究的代数抽象性[2]，但却没有仔细考察过这种抽象性和语音学的关系（首先，人们普遍忽视了语音学中抽象的存在，比如认为语音学展现的就是实际

---

[1]［法］福柯著，莫伟民译：《词与物——人文科学考古学》，上海三联书店2001年版，386~387页。

[2] 如：［英］Kelly & Local著：*Doing Phonology*，Manchester University Press1989年版；马秋武："陈述音系学概要"，《外语与外语教学》，2002年第5期，第40~43页。

发音；其次，人们忽视了语音学抽象的性质，比如认为它就是一种生理—物理学研究）。因此，就出现了前文所说的和语言现象中唯一不可还原之声音直接相关的语音学却要被一些语言学家驱逐出语言学之门的现象。

对于第二个拒绝躯体化整体谋略的理由，我们可以先举一个简单的例子来对其进行反思。我们以“笑”为例，来看看现代人类学主体主义是如何来再现“笑”的。首先，“笑”被以对象化和客体化的方式来朝向（请回想前文中对Tennyson诗中“摘下[pluck]”的讨论），即它以一种知识本质和表象的形式进入了再现者的视野。之后，再现者可能有两种基本的思路引导其通向“笑”的知识本质，即：第一，“笑”是肌肉的运动；第二，“笑”是功用的实现。第一种思路继承了欧洲哲学传统中的唯理论观点，并将最终引导我们走向对“笑”的先验主义的形式抽象，第二种思路则继承了欧洲哲学传统中的经验论观点，并将最终引导我们走向对“笑”的经验主义的功能抽象。到这一步，对“笑”的本质采取不同思路的再现者可能会发生激烈的争论，就像历史上唯实论和唯名论的争论一样，然而，这种争论中的双方其实有着根本上完全相同的认识背景。一方面，认为“笑”可以从“肌肉的运动”入手进行揭示的人必须首先把作为“笑”的肌肉运动同其他肌肉运动区别开来，而这种区别就让人不得不（如果我们始终停留在对象化的概念层面上的话）首先考虑对“笑”的第二种理解；另一方面，认为“笑”可以从“功用的实现”入手进行揭示的人则必须将通过“笑”的功用的实现和通过其他方式的功用的实现区分开来，而这种区分也让人不得不（同样，如果我们始终停留在对象化的概念层面上的话）首先考虑对“笑”的第一种理解。归根结底，我们对“笑”的两种思路都是对“笑”的对象化、客体化或者说躯体化的思路，因此无论是哪一种思路，最后都是以作为概念再现的本质来规定“笑”的，故而也都无法摆脱概念化层面的“名”与“实”的矛盾。

“笑”究竟是什么呢？按照现象学的理解，“笑”首先就不“是什么”，“笑”首先“是”，然后才有我们关于它“是什么”的再现。问题

其实很简单："笑"的本质如果就是肌肉的运动的话，那么我们就不会有"皮笑肉不笑"的说法了；而"笑"的本质如果就是功用的实现的话，那么一个人在根本不想笑时装笑才是最本质的"笑"。事实是真正的笑不是脸部肌肉的抽动，真正的笑也不是满载功用的手段，真正的笑一定是富有神韵而又情不自禁的，它没有概念化的心和物，它就像我们早晨从睡梦中醒来一样原初、自然，与概念化的本质无关。总而言之，真正的笑一定是身体的而非躯体的，借用Heidegger那句我们已经十分熟悉的话来说：在"笑"之本质中，"笑"虽然被把捉了，但却是通过某个它者而被把捉为"笑"本身的。

所谓躯体化的整体谋略，就是一种以纯粹概念化的它者来僭越纯粹现象的异化。语言学关于语言的它者现在也是通过两种基本的思路被建构的，即对语言形式的抽象和对语言功能的抽象，这两种抽象归根到底都是以作为纯粹形式的声音为对象的，而且都是在Saussure所奠定的对语言的它者本质的追求上展开的。形式抽象的最后结果是要达到一种纯粹的先验概念形式，比如说普遍语法，这一点不仅对语言是如此，对人类学主体主义中人的形象的任何方面都是如此。比如，我们可以通过对各种"笑"的肌肉相对位置的抽象归纳出"笑"的普遍语法，而各种"笑"就是对它进行参数设置后的具体的规则实现；同样，我们也可以设想在一个三维坐标系内测出各种武术套路中手和脚的位置的变化，通过对这种变化的抽象建立各种武术中身体坐标的函数，并最终得出形式化的所有武术的普遍语法。按照这种思路，一切人类活动（只要是可能被一般人做到的），比如哭、唱歌、舞蹈、绘画、书法、弹钢琴……其实都可以有普遍语法，而如果我们再考虑小孩子学这些往往都比成人要学得快、学得好、不易忘，并从而接受一种生物学意义上的先验存在的观点，我们恐怕要说，人天生就有笑的基因、哭的基因、武术的基因、唱歌的基因、舞蹈的基因、绘画的基因、书法的基因、弹钢琴的基因……而这无数的基因都等待着我们手忙脚乱的造物主的先天创造。

对语言的功能抽象也要达到一种外部概念对语言本质的颁布。比如在语用学看来，人说话总是有一种概念化的原因的。Green曾说："语用学最宽泛的定义乃是对有意图的人类行为的理解的研究。"[1] Yule则对此问道："语用学是研究所有行为呢，还是只研究一部分行为呢？"[2] 这也就是说：是不是所有人类行为都是有意图的呢？对此大部分语用学家都是默认的。Ellis则更加明确地指出："所有语言都是语用的和策略的……我认为交际是语言的唯一功能。"[3] 而即使不持这样绝对观点的Yule也认为，意图化的交际的实现是语言"最普通、最直接"的用途[4]。按照这些说法，我们可以设想：当原本一句话也不想说的你面对你的老板却不得不说"早上好"的时候，你所说的就是最本质的语言（因为它是纯粹语用的），而当你一个人不小心切到手指而大声诅咒，或者当你一个人面对浩渺的时空忍不住发出一声"念天地之悠悠，独怆然而涕下"的诗意的感叹时（试比较：情不自禁的笑，即在任何概念意图发生之前的笑，它和语用学所说的任何仪式性的"表达"的功能都是不同的，如果一定要说它是功能的，只能说它比较接近Jakobson所说的"以自身为目的"的"诗意的功能"[5]，然而这种说法其实就是对功能的扬弃[6]），你是不是还在说语言就很值得怀疑。

其实，任何人类活动都可以在概念化层面以形式的或者功能的方法来表达，比如一个教授武术的师傅很可能会对自己的学生说"做这个动作时手应该这样放"（形式概念），或者"这个动作是为了把对方绊

[1]［美］Green著：*Pragmatics and Natural Language Understanding*，Lawrence Erlbaum Associates出版社1989年版，第3页。

[2]［英］Yule著：*Pragmatics*，上海外语教育出版社2000年版，第91页。

[3]［美］Ellis著：*From Language to Communication*，Lawrence Erlbaum Associates出版社1992年版，第x~xi页。

[4]［英］Yule著：*Pragmatics*，上海外语教育出版社2000年版，第3页。

[5]［美］Jakobson著：Closing Statement: Linguistics and Poetics，载Sebeok主编*Style in Language*，MIT Press出版社1960年版，第354页。

[6]［美］Aviram对Jakobson的"以自身为目的"的"诗意的功能"的评价是："Jakobson所说的'以自身为目的的'信息使情况被进一步混淆：如果一句话是'以自身为目的的'，即不以传达意义为目的的，那么它就不是一条真正的信息，尽管它在形式上可能模仿后者，而这一点Jakobson并没有注意到。"（Aviram著：Poetry Plays, Dances, Sings; Poetry Does Not Communicate，http://www.amittai. com/prose/ptryplys.php，2004年5月6日）

倒”（功能概念），但是中华武术的根本原理却一定是诉求于原初感知而非概念本质的阴阳五行学说，真正的大师一定是诠释的或者解构的。身体是一切话语（包括躯体话语）的发生场，在这一点上Merleau-Ponty和我们的武术大师如出一辙。在《知觉现象学》中，他一开始就表明了自己既反对形式派的理智主义（或者说心灵主义）又反对功能派的经验主义的立场，因为它们不过是旧哲学的两只脚而已（而且在概念化层面上的所谓形式和功能的结合也只不过是把这两只脚绑在一起而已）：

应当让人看到理智主义的反命题和经验主义如出一辙。两者都把从时间和意义上看不是第一的客观世界当做分析的对象，两者都不能表达出知觉意识构成其对象的特殊方式。两者都与知觉保持距离，而不是参与知觉。

……

理智主义和经验主义之间的共同之处比人们认为的要更加隐蔽和更加深刻。这种共同之处不仅仅在于两者都使用感觉的人类学定义，而且也在于两者都持有自然的或独断论的态度，感觉在理智主义中继续存在只不过是这种独断论的一个标志。……也许，理智主义通常以一种科学学说，而不是以一种知觉学说的面貌出现，它已为它的分析建立在数学真理的检验基础上，而不是建立在世界的自然明证基础上：habemus ideam veram（我们有真理的观念）。但事实上，如果我不能通过记忆把当前的明证和已逝时刻的明证联系在一起，不能通过话语的对照把我的明证和他人的明证联系在一起，那么我就不可能知道我拥有一种真理的观念。[1]

经验主义的科学和理智主义的科学都试图将一种已经完成的躯体保证赐予它本身的身体发生，其结果必然是话语发生的原初性的异化。那么一个接近躯体的人到底会是什么样子的呢？Merleau-Ponty举了很多病例来从反面说明身体场的破坏对于话语发生障碍的根本性。在这些病例中，有一位在医学上被定义为“精神性盲”的病人是他反复讨论的，

[1]［法］梅洛-庞蒂著，姜志辉译：《知觉现象学》，商务印书馆2001年版，第51~67页。

这个病人的名字叫做Schneider，在这个病人的身上，我们也可以部分看到身体场严重弱化的情况下语言躯体化的表现。

Schneider的病以纯粹医学概念来解释就是在战场上脑部受了伤，"弹片损伤了他的枕叶区；视觉的机能不全是大范围的"[1]，但是Merleau-Ponty想要说的是：疾病其实根本上是一种身体场的破坏，而不是作为身体之躯体再现的实体化器官的问题（这种观点实际上和中医的观点比较接近）。Schneider的病最明显的表现就是：他的身体虽然（除部分视觉功能之外）机能健全，但是他却无法将概念和生活世界相联系。比如说，"被蚊子叮咬的病人不用寻找，就能一下子找到被叮咬点，因为对他来说问题不在于根据客观空间中的坐标轴来确定被叮咬点的位置，而是在于用他的现象手连接到他的现象身体的某个疼痛部位，因为在作为瘙痒能力的手和作为需要瘙痒的点的被叮咬点之间，一种体验到的关系出现在身体本身的自然系统中"[2]。也就是说，当活动作为一种概念前的、不涉及对象化的行为时，Schneider和正常人没有什么不同。可是问题就在于，当我们对病人说："请你用右手拍一下你左手的胳膊（就像刚才打蚊子一样）"时，他能听懂，可是他的手就是抬不起来。他现在首先遭遇到的是一系列概念，但是为了做出这些概念规定的动作，他需要寻找他的手和胳膊，这个过程非常艰难：他摇动整个身体，做出一些探索性的动作，最后可能会在多次努力之后或者在外界的帮助下终于找到右手并用右手拍到左胳膊。又比如说，当你把手放在Schneider的身上并问他"这是你身体的哪个部位"时，他必须"首先运动他的整个身体，他以这种方式进行大致的定位，然后，他再运动有关的肢体来进行精确的定位，最后，他抖动被触摸点附近的皮肤以完成定位"[3]。再比如，Schneider没有办法进行想象，因为他的话语无法自我发生，因此他无法进行模仿的运动，他不会玩游戏，他也不能区别谜语和问题，他能单独地知道一个事件，但是却听不懂故事。另外，研

[1] 同上书，第69页。

[2] 同上书，第144~145页。

[3] 同上书，第146页。

究者还发现Schneider无法进行正常的性行为，在导致一般人产生性冲动的情景下，他不会产生性欲，“性反应完全是局部的，如果没有肉体接触，性反应就不能开始……他说，在身体方面，女人都是相同的。紧密的身体接触仅产生一种‘模糊的感觉’，‘某种不确定东西的认识’，它不足以‘发动’性行为，不足以产生能唤起一种确定的解决方式的情境[1]”。也就是说，身体要不就没有意义，要不就是作为完全对象化的躯体，而这种情况下所有人的身体都是相同的。

其实，Schneider的例子可以说是现代文明中人的身体场弱化的一种极端严重的形式，因为现代人当中也常常出现生活世界和概念相断裂的情况。我们可以发现，从纯粹身体的生活世界中，有些人已经难以产生话语的自我发生，而另一方面，如果没有概念化的躯体，他们有时甚至会感到无法生活。比如说，今天天气究竟是冷还是热？很多人对这一问题的第一反应是：去看天气预报。他们已经不再完全相信他们的身体场，而宁愿使它从属于一种躯体化的再现，因为他们的身体场实际上已经弱化了。现代人没有指示牌就分不清东西南北，没有手表就搞不清具体时刻，可是方向和时刻对于森林里的猎人和田里的老农来说是用身体场就可以轻而易举地以原初的方式感知的东西[2]。随着身体场的弱化，现代人会不会有一天全都要变成Schneider的样子，连自己的手在哪里也要用尺规去找了呢？这可以说是Schneider的例子给我们的一个警示。

在对语言学躯体化的反思方面，Schneider的例子也为我们提供了很多材料，在某些方面我们甚至可以认为，Schneider就是一个很标准的“语言学的人”。Schneider的话意思都是固定的，是语义学的标准样本，而另一方面，他说话的方式又是标准的语用学的，也就是说，只要没有目的，他总是能不说话就不说话，他没有非概念的说话的冲动，就好像他没有性冲动。不仅如此，Schneider根本就是完全遵从语用学办事

[1] 同上书，第205~206页。

[2] 张祥龙：《朝向事情本身——现象学导论七讲》，团结出版社2003年版，第293页。

的，比如他从来都不会去漫无目的地“散步”，他要不就不出门，要出门就是为了一个明确的目的——比如说去买某样东西，因此当他路过某个熟人的寓所时竟不能认出来，“因为他出门不是为了去那里”[1]。另一方面，虽然Schneider能够说话，但是当他看到一个物体时，他却无法对其命名（并不是Wernicke氏失语症或者传导性失语症），也就是说，生活世界一般来说并不向他自由敞开，但是他却拥有一个作为敞开之结果的死的概念世界。他的语言是不正常的，他得的是一种和失语症本身的躯体化共谋的躯体化的失语症。

对我们具有特别重大的启发意义的还有：概念化的“第三对比项”[2]在Schneider的认识中起着决定性的作用，也就是说，他必须依赖一种已经给定的概念话语（靠自己苦思冥想或者别人提醒）才能看出我们平时在任何概念发生之前就能够直观的两个东西的相关性。Merleau-Ponty说：

施奈德的思维受到影响，不是因为他不能把具体材料理解为唯一本质（eidos）的各种样本，不能把具体材料归入一个范畴，而是因为他只有通过一种明确的归类才能把具体材料联系起来。例如，人们发现，病人不能理解如此简单的类比：“皮毛之于猫如同羽毛之于鸟”，或“光线之于灯如同热之于火炉”，或“眼睛之于光线和颜色如同耳朵之于声音”。……对正常被试来说，理解类比要比分析类比来的容易，相反，病人只有通过概念分析弄清了类比后，才能理解类比。“他寻找（……）一个共有的具体特征，以便能从中得出结论，就像从一个中项得出两种关系的同一性。”例如，他思考眼睛和耳朵的类比，显然，只有当他说出“眼睛和耳朵都是感觉器官，所以它们一定能产生某种相同的东西”时，才能理解类比。如果我们把类比描述为在能协调它们的一个概念之下的两个已知项的统觉，那么我们可能认为仅仅是病理的过程，表明病人为代替正常的类比理解而采用的迂回办法的过程是正常

[1] Hochheimer语，引自［法］梅洛-庞蒂著，姜志辉译：《知觉现象学》，商务印书馆2001年版，第179页。

[2] 上书译做“（比较）中项”。

的。“病人在一个比较中项的选择中的这种自由与正常人的形象直觉决定刚好相反：正常人能理解概念结构中的特殊同一性，在正常人看来，有活力的思维方法是对称的、成对的。正常以这种方式‘抓住’类比的要点，人们始终问：一个被试是否仍不能理解，尽管这种理解不是由他所提出的构想和解释恰当地表达出来的。”因此，有活力的思维不在于归入一个范畴。范畴把外在于词语的一种意义强加给通过它结合在一起的词语。正是通过吸取已经构成的语言及其所包含的意义关系，施奈德才能把作为“感觉器官”的眼睛和耳朵联系在一起。在正常的思维中，眼睛和耳朵是根据它们的功能类比一下子被把握的，它们的关系之所以能被固定在一个“共有特征”中，被载入语言，只是因为它们的关系是在视觉和听觉的特殊性中以初始状态被意识到的。[1]

这里问题的关键在于：“如果我们把类比描述为在能协调它们的一个概念之下的两个已知项的统觉”，那么我们可能认为病人是基本正常的，只是比一般人慢一些。然而事实是不是这样呢？从病人的整体情况来看，他所出现对概念化的“第三对比项”的依赖并不是偶然的，病人的这种不正常和他整个身体场的躯体化趋势密切相关。也就是说，病人以“第三对比项”的演绎再现僭越原初感知的现象同病人身体的躯体化是共谋的，比较的原初统觉绝不是“第三对比项”的概念表象，“第三对比项”作为一种关于现象的仅仅是可能的再现绝不是话语真理性的根本保证。

从躯体化和“第三对比项”相结合的整体情况来看，我们可以说，Schneider正是汉语语言学话语中语言——包括现代汉语——形象的一个隐喻。不过，Schneider的身体场虽然很弱，但是仍然微弱地存在着（可以通过试探性的“预热”而被部分呈现），而现代汉语的身体又在哪里呢？我们曾经提到，语音的躯体化其实意味着躯体化的全面完成。现在我们应该能够认识到，之所以如此，正是因为语音的躯体化是以自身为对象的对语言纯现象之它者的建构，它对自身的透明化实际上是以

[1] 同上书，第171~172页。

声音在场的概念对世界进行外在颁布的全面实现。Foucault说，“语言拉平之后获得的最后一项、最重要的并且也是最意想不到的弥补，就是文学的出现”[1]，这或许是不错的。因为正如Foucault所说，在西方世界的文明传统中虽然一直存在着文学的形式，但是“文学”作为一种概念的诞生却是新近的。我们可以认为，“文学”的提出乃是现代认识型在发现“人”之后对“人”的人类学主体主义态度的弥补，“文学把语言从语法带向赤裸裸的言谈力量，并且正是在那里，文学才遭遇到了词之野蛮的和专横的存在。……在那里，词所要讲述的只是自身，词所要做的只是在自己的存在中闪烁”[2]，这就好像后SPE时代对音系学代数方程的解的回归又将我们从纯粹关系抽象带回到一种与原初意义的部分联系之中一样（当然，这个比方只在“弥补”的意义上成立）。可是，语音本身呢？又是谁在守护着它真正的身体呢？

第三节　符号之符号

Kafka在《城堡》中讲述了一个表面上极其荒诞的故事：主人公K经过长途跋涉来到一座城堡脚下的村庄，村里人起先因为他没有城堡伯爵的居留证明而不许他在村中过夜，K于是谎称自己是伯爵请来的土地测量员，没想到竟得到城堡当局的电话确认。第二天，K准备申请进入城堡，可是他发现，不仅城堡当局难觅踪影，而且村里人对于自己进入城堡的请求充满敌意。K徒劳地努力着，他始终无法走进近在咫尺的城堡，在这一过程中他还目睹了村中的种种怪事。对于村里人而言，城堡既是一种绝对的权威，又是一种绝对的禁忌，K只能服从它，却不能进入它。Kafka没有把故事写完，但是据其好友兼遗作整理人Brod回忆，他打算让K一直斗争到精疲力竭而死去。在他临死之前，城堡下达了准

[1]［法］福柯著，莫伟民译：《词与物——人文科学考古学》，上海三联书店2001年版，第391页。

[2] 同上书，第392~393页。

许他在村中生活和工作的命令。[1]

Kafka的这个故事和本书有什么关系呢？首先我们发现：城堡脚下的村民实际上是一种精神上的Schneider，对于他们而言，一个人是不能凭其自身而被认识和接纳的，一定要有一个概念被事先说出来——比如“土地测量员”（K惊奇地发现，在他到来的第二天，整个村子的人就都已经知道他是“土地测量员”了）。换言之，村里人对于人本身的品质极端麻木，但是他们对于“身份”这块名牌却异常敏感。然而我们同时又发现，村里人所在乎的这块“身份”的名牌乃至颁布它的权威其实都不过是一种虚妄。K只是佯称自己是土地测量员，结果城堡当局竟通过电话“证实”了他的身份，还给他派来了两名助手；城堡耸立在村民生活的上空颁布着一切的身份和规定，然而它却永远也无法被进入。这是一座掌控着一切，但是又必须隐瞒自身的城堡，它显露着虚幻的外表，但是它的秘密是不能被看到的。

城堡的一个哲学寓意在于：它就是一个以外在赐予的形式出现的终极符号再现体系，它隐瞒着自身的历史，却颁布着生活世界的真理。由于它的历史性本质是不能被看到的，因此它永远都是可望而不可即的。我们的K，作为现代人的代表，就是在一个世界命运的夜晚来到了这座话语的城堡，Barrett说他“只是一个零，是个名字的首字母；当然，这个零具有发现其独特地位和责任的强烈愿望，这些他并没有先验地得到，而至死也终于没有找到”[2]。颁布着绝对概念话语的城堡不让K走进自己，因为一旦如此城堡就将在自身历史性的暴露中死去，而在这一点上所有在城堡话语的虚幻保障中生活的村民都是与城堡共谋的。K如果不死，他唯一的选择便是加入他们对城堡的膜拜，而城堡内部的秘密则永远也不能被触及。

“城堡”的故事对于本书的寓意现在已经非常清楚。我们的现代汉语现在就是这个故事的真实的主人公，它在自身的命运中来到了现代语言科学的城堡。在这个由隐瞒自身历史性的概念化体系所掌控的世界

---

[1]［奥地利］卡夫卡著，高年生译：《城堡》，外国文学出版社1998年版。

[2]［美］巴雷特著，杨照明、艾平译：《非理性的人》，商务印书馆1995年版，第61页。

中，它首先要有一个名分，这个名分——也就是所谓“第三对比项”给它的名分——其实不过是一块本身并没有什么确定性的名牌（正如Kuhn所说，科学之中也有流行），它的价值存在的关键在于科学当局对它的认可。现代汉语在这里就是以这样一个名分而被最终认识的，这就好像Kafka故事中的村里人仅凭“土地测量员”就仿佛了解了K的一切（也就是说，K的其他方面都是从属于他的“土地测量员”的本质的，它们如果不能从这个本质中演绎出来，就一定是无关紧要而不需要被关心的），也好比Schneider只有通过概念的提醒才能最终命名一样东西。或者还可以这样说，我们在科学城堡的掌控下认识现代汉语，就好像现在有些人交朋友——对他们而言，朋友不是可以作为任何身份话语之前的活生生的人被认识到的，而是一种形式主义的头衔、家族、收入、性格、相貌（性格和相貌的再现也是一种虚妄的名牌，真正的朋友是不受其限制的）等概念或者功能主义的对“我”的有用性概念的化身。在这种情况下，朋友其实和“在一起共同抗拒虚无”的本真的友谊无关，就好像在躯体化的现代汉语中，现代汉语的真正的自我早已逃逸。现代汉语就这样被揭示了，我们假设（这其实并非假设，而是真实地发生着）它并不满足于此，作为一个有着自身关怀诉求的活生生的存在者，它要去探个究竟，它要进入城堡。然而这时候它却发现，城堡根本是无法进入的：一方面，村里没有一个人有权让它进入城堡，因为他们已经完全成为了城堡所颁布的话语再现的同谋，而话语无论如何都无法跳出自身；另一方面，城堡当局也是不会允许它进入的，因为这座话语城堡一定要对其自我发生的根本的历史性进行遮蔽。

“城堡”的故事是荒诞的，但是荒诞的外表下却有着深刻的真实性。我们曾经指出，现代汉语的形象其实就是说着现代汉语的现代中国人的形象，而现代汉语的困境也就是现代中国人的真实困境。现代性的话语世界是中国人的命运的城堡，作为现代汉语的现代语言学语言事实中唯一具有本真的生活世界之不可还原性的语音的躯壳化其实就是现代人将自身放逐的无家可归境况在语言学中的一个缩影。现在的问题只是，我们还不能确定中国人将可能在多大程度上成为一个彻彻底底的现

代人，正如我们还不知道关于现代汉语的这个“城堡”故事的结局。

对于这些问题，我们将在下一章中展开讨论，在这里我们首先要关注的仍然是现代汉语的声音再现本身。汉语是带着它的声音走进城堡的，或者我们可以说，汉语本身就是它的声音，至于现在各种对声音的大大小小的切分的再现和对切分的概念意义以及组合规律的再现所产生的词汇、语义、语法等等都不过是对声音的一种可能的领悟。城堡现在却试图将这种领悟作为外在的权威规定颁布给声音，这本身又是一种以声音自身为对象的自我躯体化，因为城堡本身就是通过概念的声音在场来命名声音的。然而，正因为如此，城堡的秘密在这里却露出了一丝端倪：我们可以说，当声音本身被声音再现时，也就是说，当城堡要给自己对身份的颁布颁布一个身份时，城堡便开始出现了危机。

城堡的危机其实和我们在本书开头所讨论的一种话语的自指所产生的悖谬性有关，只是这里还伴随着一些新的情况。声音的在场性最终必须依靠一种不在场性，下面我们将逐步对此进行说明。

首先，我们的三本“现代汉语”教科书都采用了Saussure的符号学观点，即认为语言是一种音义结合的符号系统[1]。这个观点Saussure曾用一个我们已经十分熟悉的图示来说明：

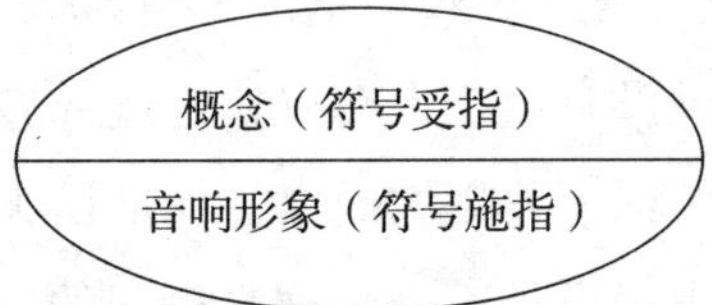

图13　作为“双面心理实体”的语言符号[2]

[1] 胡本：“语言是一种符号系统。任何符号都包括能记（表现成分）和所记（被表现成分）两个方面。……语言符号的能记是声音，所记是意义……”（胡裕树主编：《现代汉语（重订本）》，上海教育出版社1995年版，第1页）黄本：“它（语言）是一种音义结合的符号系统。”（黄伯荣、廖旭东主编：《现代汉语（增订三版）》（上册），高等教育出版社2002年版，第1页）钱本：“语言是人类特有的一种音义结合的符号系统。”（钱乃荣主编：《现代汉语》，江苏教育出版社2001年版，第1页）

[2] ［瑞士］索绪尔著，裴文译：《普通语言学教程》，江苏教育出版社2002年版，第75页。稍有改动。

然而，这个图示的实际运作其实并不十分令人满意的，让我们来看一看下面这个Saussure所给出的符号的实例：

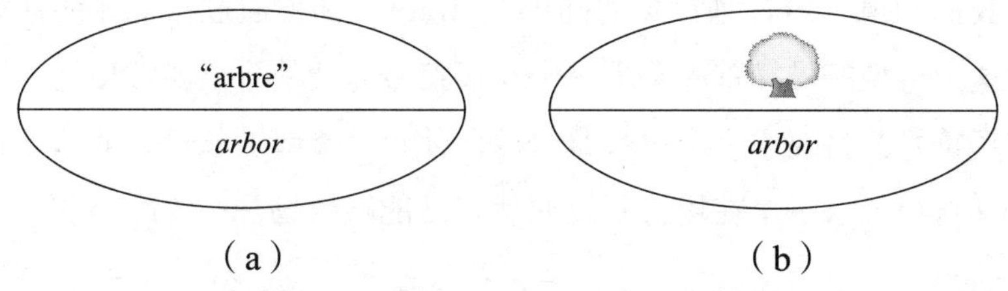

图14　Saussure语言符号模型的一个实例[1]

我们发现，虽然这个例子在理念上对应于前面的符号模型，但是它实际依靠的其实全部都是声音的再现。图14b中的那棵树并不是哪一棵具体的树，它就是"arbre"（法语"树"）所代表的一种概念，而这种概念，诚如Saussure所说，只能通过声音出场，可是声音在这里出场了吗？它果真能通过"arbor"（在这里代表拉丁语"树"的符号施指，由于拉丁语的发音是规则的，因此它可以直接作为声音形象的代表）就即时在场吗？我们发现，所谓"符号施指"在这里却是一个本身另有所指的符号。Saussure说："它（语言的符号施指）实质上绝对不是声音的，它是无实体的，它不是由物质构成的，而仅仅只是由使其音响形象有别于其他任何音响形象的差别所构成的。"[2]实际上，不管我们是否认为符号施指是声音的、实体的或者物质的，只要我们将它作为一种对声音的再现，那么声音就绝不能靠它在场。换句话说，只要我们说我们听到了"声音"，那么声音就不能出场，可是"声音"本身难道不是通过声音出场的吗？

语言符号的二元悖论在于：当我们感觉到作为声音的"arbor"的时候，我们以为意义可以乘着在场的声音直接出场了，可是对声音之为"arbor"的感觉本身就是对声音的再现。也就是说，意义的在场符号

[1]［瑞士］Saussure著：*Cours de linguistique générale*，Payot出版社1916/1972年版，第99页。稍有改动。

[2]［瑞士］索绪尔著，裴文译：《普通语言学教程》，江苏教育出版社2002年版，第131~132页。

首先要求一个声音的再现符号，然而，声音之作为“arbor”的再现也就意味着再现对象不能在场，而只有再现才能在场，可是再现怎么在场呢？我们知道，声音是在场的同谋，“arbor”必须通过声音才能在场，因此这个再现符号又首先要求一个在场符号以便使自己能够出场，而这个在场符号又将要求一个再现符号以便使自己能够被领悟，而这个再现符号又将再要求一个在场符号以便使自己能够出场……（图15）

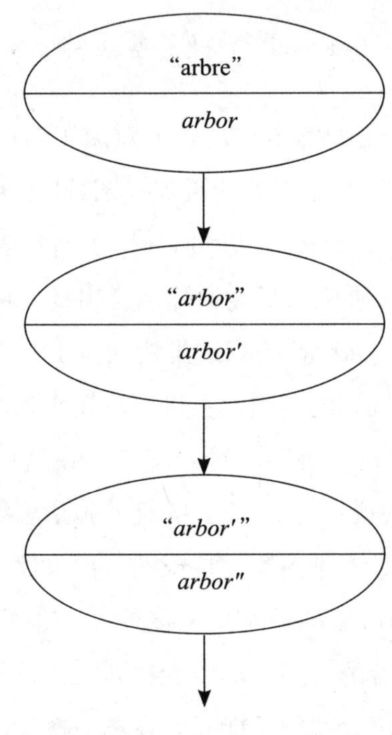

图15　Saussure语言符号“在场”与“不在场”的二元悖论

在本书开头我们曾谈到话语对自身的不可超越性。现在我们可以看到，声音对自身的不可超越性其实是话语对自身不可超越性的一种终极形式，因为如果超越话语的话语仍然要靠声音在场，那么这对声音本身来说就是一种绝对的危机，这个危机要求声音本身也要边缘化。它对自身的不断叠加的要求使我们意识到，声音与意义的二元关系乃是一种虚妄，声音并不是装载意义的一具透明的躯体，它本身就是意义，然而正因为如此，它在本质上就不是纯粹在场的声音。换句话说，一旦纯粹在场，意义就要消失，因为这只能意味着声音对自身的抹消。声音要能够被领悟，它的结构性差异就必须首先在结构的生成中“延异”。这个“延异”“并不涉及被构造出来的差别，而是涉及在完全确定内容之前产生差别的纯粹运动”[1]。这也就是说：声音的敞开首先是一种有“死”的“生”，它的纯粹时间性的假象必须回归自身的历史性，而要达到这一点，根本上就要求时间性本身要达到自身的历史性，因此空间一定要进来。“空间是‘在’时间‘中’的，它是时间脱离自我的纯粹出口，它是作为时间对自我关系的‘自我的外在’。”[2]如此我们也就可以理解，为什么说“一种没有延异的声音，一种无书写的声音绝对是活生生的，而同时又是绝对死亡的”[3]。

Derrida所强调的书写并不等同于实际的文字，毋宁说，它是声音之“延异”的书写，或者说是声音的“印迹”（一种“根源的补充”）——Derrida称之为“原初文字（法archi-écriture）”。这个“原初文字”是比声音本身更本质的声音，因为它乃是时间本身的历史性。这个历史性意味着时间一定要脱离自身，因此声音一定要达到书写。在Saussure的符号理论中，概念是通过在场的声音直接在场的。Derrida说：“这无疑是一个不幸的概念：我们不妨说，他将所指这一名称留给了意义的理想性。”[4]这是因为，声音在提供这种在场性的同时其实并不可能在场，声音的纯粹时间性再现对这种在场的支持只不过是一种虚幻，而这种遮蔽自身根本历史性的虚幻就是Derrida所谓的“逻各斯中心主义（法logocentrisme）”（概念的直接在场）和“语音中心主义（法phonocentrisme）”（声音先于书写）。需要说明的是，“语音中心主义”并不是真正关心语音本身的，就好像反“语音中心主义”并不是简单地反语音的，相反，“语音中心主义”中的语音是透明的和自我抹消的，

[1]［法］德里达著，汪堂家译：《论文字学》，上海译文出版社1999年版，第89页。
[2]［法］德里达著，杜小真译：《声音与现象》，商务印书馆1999年版，第109页。
[3]同上书，第131页。引文中的“延异”原译做“分延”，现为统一改之。
[4]［法］德里达著，汪堂家译：《论文字学》，上海译文出版社1999年版，第89页。

而反“语音中心主义”则引导我们走向语音作为再现之发生，即语言的“延异”本身。在Saussure的差异的结构主义中，其实已经隐含了一种朝向对“语音中心主义”解构的可能，但是“符号施指”和“符号受指”的二元对立的存在还在表面上维持着一种“概念—声音”的在场关系。高宣扬指出：

在所有的二元对立中，最根本的还是符号本身的“能指/所指”关系。“能指/所指”的对立关系有许多本体论和认知论的理论功能，也有许多玩弄和掩饰策略的实践功能，但是，最根本的功能，在德里达看来，是玩弄“在/不在”的辩证法。……“能指/所指”的关系在实质上就是以“在”、“在场”和“出席”代替“不在”、“不在场”和“缺席”。[1]

这段论述可以看做是对Derrida《论文字学》中对Saussure、Rousseau等人的“语音中心主义”进行批判的基本立场的一个总结。这个基本立场也就是：二元对立作为一种结构的基本原则以自身的中心性遮蔽了其发生的边缘性，在“语言/思想”、“语音/意义”、“文字/语音”的对立中，作为“外壳”的前者和作为“内核”的后者实际上却一定要滑入对方，这种对立最终一定要解体为非中心的“延异”，而且在中心化的结构中被置入边缘的“外壳”实际上乃是一种对原初的作为“根源的补充”的“延异”着的“印迹”的一种抽空。在结构的解体中，这种抽空将被重新填满而成为一种唯一的非中心的根源。其实，对Saussure、Rousseau等思想家本人的作品分析就可以表明，他们的二元对立观中已经隐含着反二元对立的因素。比如我们在前文中对Saussure符号模型的分析中就可以看到，概念的出场和语音的出场实际上是不断拉锯式地展开的，这种展开最后要靠一种不在场的“延异”来完成，在这里语音并不是透明的，它的不透明性，即它从纯粹时间性向空间性的抽身，最终决定着结构之发生的整个面貌，而这种决定性则必然指向

[1] 高宣扬：《当代法国哲学导论》，同济大学出版社2004年版。

空间性的书写。[1] 在这一意义上我们可以认为：语音研究乃至语言学本身就是一种对声音的书写——一种可能的书写，它对书写以及对声音本身的边缘化实际上乃是一种在场形而上学式的文字体现。因此，Derrida一方面认为，音位学（根据前文的分析，它和语音学中已经发生的关系抽象是一致的）是整个语言学科学性的基础；另一方面又指出，“语言学—音位学”只是一种关于根源性的再现或曰“印迹”的形态的“普通文字学”的“一个附属的专门领域”[2]。

在结构主义关于语言符号的“壳”与“仁”的二元关系已经深入人心的时候，对于一种“外壳”之“外壳”的强调可能会令人有些难以接受。然而，这种强调与其说是一种关系的倒转，不如说是一种关系的解体，在这种解体中，“壳”获得了它边缘性地滋养着一切的根源地位，而所谓的“仁”，不过是一种在“壳”之无穷“延异”中生长着的洋葱头。爱讲故事的Kierkegaard曾经讲过一个关于“仁与壳”的故事：

假如两个人一起吃坚果，其中一人只喜欢吃壳，另一个人却只喜欢吃仁，有人会说他们真是天作之合。世人所拒斥、抛弃和鄙视的，也就是那位被牺牲的人，那个壳，恰恰是上帝最为珍视的，其珍爱的程度超过世人为爱其所爱而投入的最强烈的激情。[3]

坚果的仁和壳当然是分得清清楚楚的，但是如果说这里“仁”象征着世人的追求的话，那么“壳”——“那位被牺牲的人”，即救世主耶稣——作为世人的被救赎的实现却实在是一颗最为根本的“仁”。或者可以说，“壳”乃是对“有原罪”的“仁”的永远的救赎；“仁”是

---

[1] 这里需要指出的，有很多语言（典型的如维吾尔语等）都曾经有过多种文字记录，但是这并不能用来反驳声音与书写的关联。首先，对声音的书写在根本上乃是声音本身的“延异”所必然要求的一种“原初文字”的发生，也就是说，文字的发生根本上乃是对于使声音得以可能的“印迹”的书写；其次，书写的变化一定联系着声音的“印迹”本身的变化，而且这种变化无论在外表上（这其实是从另一种给定的声音再现来看）如何微妙，却一定涉及一种根本性的声音体验，也就是声音的自我再现。比如汉字和阿拉伯文书写的“小儿锦”对声音的体验（实际上就是一种意义体验）就是不同的，不同的字体也是如此。

[2] [法]德里达著，汪堂家译：《论文字学》，上海译文出版社1999年版，第40页。

[3] [丹麦]克尔恺郭尔著，杨玉功编译：《克尔恺郭尔哲学寓言集》，商务印书馆2000年版，第112页。

美味可口的、有功用的，然而上帝对其爱子无限的爱却是"仁"的发生学的最终秘密。

当我们带着对声音的不在场性的根本的文字学关注再来阅读我们的三本"现代汉语"教科书时，我们发现，这里实际上汇聚了几种不同的对现代汉语的声音的再现，而这几种不同的再现都是在各自不同的领悟中对现代汉语声音的书写——或曰"文字学"。表面上，我们的三本"现代汉语"教科书都声称，语音是语言的物质外壳，而文字则是记录语言的补充，是辅助性的交际工具。因此语言有两个"壳"，它们分别在"语音"和"文字"两部分中得到讨论，而其他部分讨论的当然就是语言的"仁"。然而，这种说法有两个问题。第一，我们在上一节和本节的讨论中已经指出，整个语言学其实都是一种对语言声音的再现（或者更准确地说是对声音之自我再现的再现），语音被作为"外壳"，实际上是这种再现对再现对象的躯体化抽空的结果，这种抽空的指向是要将语音本身异化为它自身的透明的工具，而对它的本质主义领悟则被概念化为外在颁布给它的内容。当声音在如此建立起来的二元结构中被当做一种自身再现的直接在场的身体时，语音作为"外壳"的矛盾其实就已经暴露。语音如果从一开始就是纯粹的、透明的、在场的外壳，那么它将永远是闭锁的，我们根本不可能听到它，也不可能知道它是语音，更不可能对它进行算术化和代数化的抽象，因为意义根本无法发生。我们的三本教科书的"语音"部分的实际内容向我们表明，语音作为"外壳"，实际上是躯体化中将语言的身体"打死"并"制成标本"的第一步，它所提供的解剖学平台和整个躯体化的所有步骤都是根本相关的。

文字作为一种补充性的"外壳"的出现带来了第二个问题，同时也是一个更为严重的问题。那就是，它实际上无法真正进入一种与语言学已有的声音再现的"壳/仁"二元对立关系，因为文字本身就是一种声音的再现式表达，而试图通过声音将它和语言学直接连接起来也是不可能的，因为这两种再现实际上就是两种话语，将其中的任何一种"翻译"为另一种其结果都只能是后者对前者的再现和全面改造。因此，文字这个"外壳"在语言学中不太受欢迎，这种不受欢迎被语言学客气地表达为“声音先于文字”、“书写滞后于发音”等等。然而这其中最根本的问题在于：文字以它固执的、自我发生和自我运作的再现“冒犯”了语言学的再现。语言学对文字保持着警惕，因为它在文字中看到了自己；当文字出现在它面前时，它和文字的对照很可能会暴露自身的历史性，因此文字必须被归化：它是“表音”的——这句话的根本意思是说：它表的是“我”所再现的音。

从语言学的一般态度来看，我们的三本“现代汉语”教材对待文字的做法多少就有点古怪。最突出的一点是：它们对于文字好像有一种特别的、显然超出一般语言学教材所予比例的兴趣[1]。这种兴趣和语言学家对于语音学的兴趣完全不同，因为它不是指向任何一种和语言学躯体化相一致的关系抽象的，它不贡献于这种躯体化，而最多只是从后者得到一种归化。当然，这种对文字的兴趣完全可以用汉字在世界文字中的特殊性来解释，而且对文字的归化也体现了语言学话语对更大范围内的统一性的追求和在功用性方面的努力。但是，这种追求和努力本身就已经表明：汉字和现代汉语之间有一种不可忽视的密切联系。王德春说，文字学是一门“应用语言学分科”[2]，这也就是说文字学在语言学中并没有本体地位。可是这样一种没有本体地位的东西为什么能在“现代汉语”教科书中和语言学的躯体化核心同席而列呢？这仅仅是因

[1] 胡本第二章“文字”，占全书篇幅的九分之一，为第一章“语音”的一半，和第三章“词汇”相当；黄本第三章“文字”，占全书篇幅的八分之一强，为第二章“语音”的一半，和第四章“词汇”相当；钱本第七章“汉字和汉字文化”，占全书篇幅的八分之一，为第二章“语音”的一半，和第四章“语义”相当。与之形成对比的是，大部分语言学教材都不谈论文字。Saussure谈到了文字，但是他所做的主要是和文字划清界限，因为“文字本身与内部系统并无关涉”，但是文字在语言的研究史上一直“侵占了主要的角色”，现在要对此进行清算。语言学的对象仅仅是“口说的词语”，而文字在这一方面的唯一价值在于：由于它的“专横”，使得它对语言产生了影响，比如导致了“语音上的畸变”，语言学应该研究它们，但是“应该把它们放在专门的分隔间里进行观察：这些都是畸形学的病例”。（［瑞士］索绪尔著，裴文译：《普通语言学教程》，江苏教育出版社2002年版，第26~35页）现有的语言学教材中论及文字者，文字所占篇幅皆微乎甚微，如鲍林杰《语言要略》中“文字和阅读”一章只占全书篇幅的二十分之一。在Crystal的语言学词典中，关于文字的词条只占全书篇幅的四百分之一，而且都是仿照语音学和音系学创立的。

[2] 王德春：《语言学概论》，上海外语教育出版社1997年版，第273页。

为汉字在各种文字中比较特殊吗？或者是因为汉字长期以来凌驾于口语之上的传统使得语言学不得不充分考虑它的影响？

汉字给现代语言学所出的一个根本难题在于：它在骨子里就不是语音中心主义的。对汉字的语言学讨论和对纯表音文字的语言学讨论完全是两种面貌。当然，我们的三本“现代汉语”教科书都努力向我们表明：只要合理地利用一些概念化手段，对汉字的归化是完全可以做到的。然而，教科书却始终难以回答这样一个问题，即：汉字的空间性究竟是如何受制于一种纯粹在场性的？与这个问题直接相关的是：汉字究竟在何种意义上具有自身的本体价值？由于对这些问题无法做出回答，我们的教科书对于汉字的态度实际上非常模糊，它们可以给出很多功能的甚至还有文化的理由来解释汉字的存在，但是对于汉字究竟应不应该以及能不能被替代，它们却无法回答。当然，过去的一些教科书都坚持认为汉字最终要被拼音文字替代，但是这种替代并不是说拼音文字就具有本体价值，而是希望实现一种语音中心主义话语的全面统一。因此，汉字仍然是一种不得不说却又说不本真的东西。关于汉字的一章在我们的三本“现代汉语”教科书中都显得有些莫名的孤立，因为汉字如果果真是现代汉语语言学的一个研究对象的话，那么它和这门学科的其他所有对象都不相同。对它的研究不是以一种话语对对象的直接命名，而更像是一种话语间的翻译，这种翻译如果不是将对方完全归化为自身，就必须多少承认并展现一种话语的不同，而这种不同乃是超出目的话语本身的规定的。

语言学和汉字的这种关系并不能仅仅理解为是汉字所造成的，相反，如果汉字和语言学之间有一种“话语并列”的关系的话，那么这只是印证了我们在前面所表达的一个观点，即：语言学和文字都是在某种对声音的领悟中的书写，它们对声音的领悟乃是和作为声音本身的“延异”的“印迹”的“原初文字”相关的，因此它们本质上都是一种“文字学”。Derrida认为，“我们可以用《普通语言学教程》中的文字学代替符号学”，从而以该书中同样的文句作出如下论断：

我们把它称为（文字学）……由于这门科学尚不存在，我们无

> 法说出它是什么样子，但是它有权存在，它的地位早已确定。语言学只是这门一般科学的一部分，（文字学）所发现的规律将应用于语言学。[1]

Saussure曾经强调语言学是符号学的一部分，并认为“语言学可以转变为整个符号学的一般模式”[2]。现在我们则在对语言符号的解构中走向了关于符号本身之“延异”的作为“起源之替补”的文字学，而这种文字学的意思是说：语言的声音在作为“声音”以及“语言的声音”本身的再现中就已经逸出自身而必须在其“原初文字”中“延异”，这种“原初文字”也是在文字和语言学中“延异”着的“文字”，它们指向的是声音的既无任何纯粹的“在场”亦无任何纯粹的“不在场”的自我发生，而这种自我发生——即一种声音之可能性——正是文字本身的“文字”。因此，Derrida在向Kristeva解释文字学的可能性及其对于传统符号学的断裂时说：

> ……文字就成了符号学（也就是文字学）最一般的概念，它不仅包括狭义的经典文字领域，也涉及语言学的领域。这一概念的优点（只要它处于某种解释性语境包围之中，因为它和其他概念要素一样，并不只表示它自己，也不只以自身为满足）就是，在原则上中和“符号”的语音主义倾向，而事实上通过从整个“文字实体”的科学领域（超出西方界限之外的文字的历史和体系，它的重要性不是微不足道的，而且我们至今还没有注意到它，或者瞧不起它）中解放出来**抵消**它。[3]

从这个角度来看，我们的三本“现代汉语”教科书对于汉字的兴趣本身是完全正当的，但是汉字和现代汉语语言学的交错在更深的层面呈现出复杂的文字学——即对声音之领悟——的局面。这种局面正反映了现代汉语以及现代汉语语言学的一种真实的处境。我们可以通过下面

[1]［法］德里达著，汪堂家译：《论文字学》，上海译文出版社1999年版，第70页。

[2]［瑞士］索绪尔著，裴文译：《普通语言学教程》，江苏教育出版社2002年版，第77页。

[3]［法］德里达著，佘碧平译：《多重立场》，生活·读书·新知三联书店2004年版，第31页。着重号依原文。

这个图示对其做一个大致的描绘：

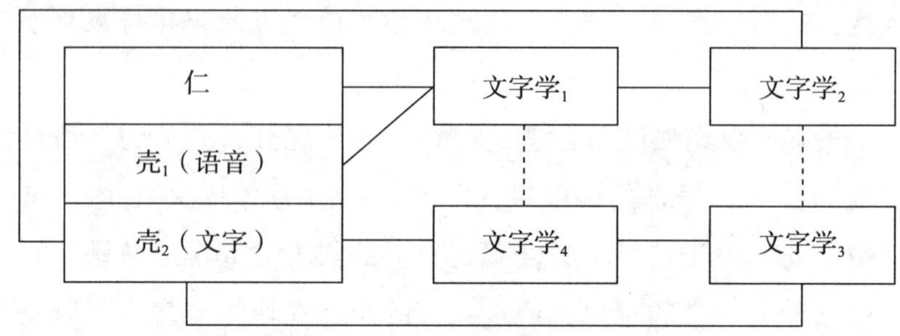

图16　对“现代汉语”教科书结构的两种解读

正如我们已经指出的，表面上看来，我们的三本“现代汉语”教科书向我们介绍了现代汉语的“仁”以及两个“壳”——即语音和文字，而且文字这个“壳”完全是非本质性的，它只是辅助记录语言。然而，文字的出现却使语言学意外地面临着一种其自身所要求的对象化的危险，因为语言学本质上就是一种对声音（我们甚至不能说“语音”，更严格地说，甚至也不能说“声音”）的再现。现代语言学虽然声称声音先于文字，然而它本身就是声音在纯粹时间性中向空间性自动逸出的一种可能的自我领悟，即一种空间书写。在这一点上完全可以说，语言学就是一种关于声音之自我发生的“原初文字”的文字学，即一种真实文字之可能性的发生。

在我们的“现代汉语”教科书中，除去“文字”部分以外的内容就构成了这样一种和文字本身并列的文字学，我们称它为“文字学$_1$”。这个文字学就是现代语言学对现代汉语声音的再现。“语音”作为“外壳”在这里被置于“壳/仁”二元对立的结构关系完全是一种假象，这一点我们已经反复指出。文字学$_1$的这种再现实际上并不是无缘无故地发生的，它就是一种文字，也就是一种声音之可能性的发生，并且它一定要求回到这种可能性，也就是这种文字的实际出现。在我们的“现代汉语”教科书中，它一方面以对文字的极力的“在场声音”式的归化——这种归化以文字标准化、文字改革直至对汉字拼音化的讨论收场——的形式出现，另一方面又以汉语拼音方案的胜利与之遥相呼应。

可以说，这是教科书“文字”部分在现代语言学背景下的一个主导的指向，我们称之为“文字学$_2$”。“文字学$_2$”是一种表音文字，或者说它是声音自我再现的一种方式，这种再现方式的出现与“文字学$_1$”是直接相关的。Derrida说，语言有一种“思外病（法le mal du dehors）”，也就是说，“来自外面而又依恋外面，同样可以说，或反过来说，这就是思乡病”[1]。毫无疑问，“文字学$_2$”显然也是一种“外面”，它不可能就是一种透明的声音内在的直接在场，因为它无论如何都是空间的，都“延异”着声音的“印迹”，只是它同时掩盖着自身的历史。因此，即使我们讨论的不是汉字而是一种纯表音文字，它的存在仍然是对语言学即“文字学$_1$”的一种“面对”，因为即便是语音中心主义的书写也必定要在空间中发生，而这种发生则一定会导致它的再现与其自身的相持。因此，Derrida说：

如果卢梭可以说，“写下来的是言语而不是声音”，那是因为言语恰恰是根据使文字得以可能的东西即辅音和音节才能与声音区分开来。后者仅仅取代自身。代替语调的音节乃是语音的源泉。受到文字的败坏乃是原始的外在性。它是语言的源泉。卢梭对此进行了描述，但没有公开宣布。他暗示了这一点。[2]

在这种意义上我们可以认为，汉语的拼音文字一定要依靠一种空间化的声音书写的再现，这种书写就是“文字学$_1$”，它的再现的必要性在“现代汉语普通话”的推广中表现得尤其明显。推广普通话一定要推行汉语拼音方案，因为普通话本质上乃是书写出来的。

“文字学$_1$”和“文字学$_2$”的互相揭示和遮蔽实际上是现代语言学或者说与其共谋的逻各斯中心主义和语音中心主义在场形而上学文字本身的一种“延异”，一本通常的语言学教科书本身就包含了这样一种“延异”。然而，汉字——我们称之为“文字学$_3$”——的出现使得我们的三本“现代汉语”教科书中的情况更加复杂了，因为汉字并不是一种

[1]［法］德里达著，汪堂家译：《论文字学》，上海译文出版社1999年版，第454~455页。
[2] 同上书，第457页。

语音中心主义的文字。它是一种和“文字学$_1$”、“文字学$_2$”都截然不同的文字学，虽然它仍然是与声音之自我再现的“原初文字”相关的。

要理解这一点，我们首先要区别文字学的汉字观和一种“令概念纯粹在场”的汉字观。Leibniz认为，汉字是一种纯粹非表音的、似乎是“聋子创造的”文字，这种文字“是由数、秩序和关系决定的”。他并进一步认为，以具有这种特点的汉字为蓝本可以创造出一种比汉字更加优越的科学的普遍文字，它“根据事物的秩序与联系将笔划完美地联系起来”，“每个人都可以用自己的语言理解它”，而且“不出几个星期就可以掌握它”[1]。然而，这种汉字观其实是一种和语音中心主义毫无二致的幻觉，因为概念的纯粹在场就是语音本身的透明化。只不过在这里，语音的透明化达到了一种绝对的自我异化，因此Derrida说，“如果卢梭怀疑拼音文字而没有完全谴责它，那是因为还有更为糟糕的文字。……这种普遍文字，这种通过割断与言语的一切联系而成为纯粹约定俗成的东西的文字，乃是绝对的不幸”[2]。事实上，当汉字被理解成这种普遍文字的蓝本的时候，它就成了一种语音绝对躯体化的代数符号的前身，而如果是这样，汉字就几乎可以被视为比拼音文字更加理想的语音中心主义文字。然而，如果说汉字对于中国人的意义就好像$(x+y)^2=x^2+2xy+y^2$对于所有人的意义，那么这种文字的空间存在本身却成了它的宿命，因为它和声音的纯粹在场竟不能一致，而如果它要彻底抛弃以声音纯粹在场的概念在场，那么概念在场的发生就成了一个

[1] 引自上书，第115~117页。Saussure也有类似观点，见［瑞士］索绪尔著，裴文译：《普通语言学教程》，江苏教育出版社2002年版，第28~29页：“在这个系统（指表意文字系统）中，用独立的符号来表示词语，它与它所包含的声音无关。这个符号与整个词语有关，因此也就间接地与它所表达的概念有关。这个系统的经典例证是汉字。……对中国人来说，表意的文字和口说的词语同样都是概念的符号；在他看来，文字是第二语言，而在谈话中，当两个口说的词语发音相同时，他有时就会借助书写的词来解释他的思想。而其实这种替代可以是完美的，它不会有像我们文字那样令人遗憾的结果。表示同一概念的不同方言的汉语词完全归并为相同的书写符号。”在这里，由于声音的躯体化，“词语”似乎已经变成了与声音无关的东西，然而它的出现本身就是对声音的一种再现。从下面的分析中我们可以看到，Saussure的这种令概念完美出场的汉字观并不像有些人所称赞的那样是反语音中心主义的，对声音的抛弃最终将无法实现概念的纯粹出场，它只是声音完全躯体化的幻象。

[2]［法］德里达著，汪堂家译：《论文字学》，上海译文出版社1999年版，第439~440页。

谜，因为——不知道Leibniz是否考虑过这一点——没有任何一个民族是先有了文字（并不是我们所说的“文字学”中作为声音向空间逸出之“印迹”的“原初文字”）才有声音的。

汉字对声音的“延异”的书写既非语音中心主义的，那么它就无法在“文字学$_1$”和“文字学$_2$”中得到根本的揭示。然而，汉字却又是在汉语的声音的“原初文字”中本真地发生的，这一点使得它比“文字学$_1$”和“文字学$_2$”实际上更加接近汉语的声音。只是在这里，汉语声音的再现方式是绝对不同的，这种不同一方面造成了上面所说的Leibniz式的误读，另一方面也让我们必须重新考虑声音话语之发生的根本的历史性。直面这种历史性需要一种真正的现象学态度，即对声音概念的悬置和判断的全面中止，我们如何能达到这一点呢？让我们首先来看一看孟华给出的一种他认为可以将Derrida的文字学纳入其中的关于“两级符号”以及“第二级符号的间距性悖论”的理论。他说：

一级符号越是不真实，它在二级符号中就越是真实。黑白电视虽然清晰度低，但它使人们与现实保持了一种距离感，这种距离感（二级所指间距性的扩大）让我们保持对符号与现实关系的清醒认识，不至于被符号的真实所迷惑。所以，在一级符号中不忠实于汉语的汉字，在二级符号中反而比拉丁字母更真实，人们在用汉字书写或阅读时保持了对语音乃至汉语的疏离感，这种疏离感方便人们分辨出写和说。这就是二级符号的真实。但在一级符号中忠实于语音的拼音字母，由于“字符与语音千缠百结，以至于通过反映、转换和倒置的效果，言语似乎成了‘最终篡夺主导地位’的文字的反射镜。指代与被指代的东西混合在一起，以致人们说话时就像在写字，人们思维时，被指代者仿佛不过是指代者的影子或反映”。拼音文字的“最终篡夺了语言的主导地位”，将文字的事实掩饰为语言的事实，就是二级所指间距性的扩大。[1]

这段分析显示了一种摆脱现有的对汉字话语再现格局的努力，

[1] 孟华：《汉字：汉语和华夏文明的内在形式》，中国社会科学出版社2004年版，第87~88页。该段引文中的引文出自［法］德里达著，汪堂家译：《论文字学》，上海译文出版社1999年版，第40~50页。

但是它仍然继承了这种格局中的一些基本结构对立，比如所谓“一级符号”中的“真实/不真实”或者说“忠实（于语音）/不忠实（于语音）”，这也就意味着关于语音的判断并没有得到中止。汉字作为“一级符号”仍然是“不忠实”的，然而孟华又说，“一级符号越是不真实，它在二级符号中就越是真实”，这就产生了一个根本的问题：是不是一级符号完全脱离所谓的“真实”，它在二级符号中就能达到最真实呢？也就是说，按照这种理论，是不是一台根本显示不出图像的黑白电视机才显示出了最真实的图像呢？

事实上，Derrida的文字学并不能纳入这种“两级符号”的理论当中，因为文字学已经根本取消了二元对立，Derrida并不是在揭示出Saussure“符号施指/符号受指”所造成的“在场/不在场”的无限递推之后继续保持着这种悖论式的递推，因此他并不是像孟华所说的“重点思考二级符号性的真实与否的问题”。在文字学中，声音的“原初文字”或者说“印迹”“延异”着，这是一种朝向真正历史性或自由的态度。正如Derrida所说的，“痕迹事实上是一般意义的绝对起源。这无异于说，不存在一般意义的绝对起源。痕迹乃是分延，这种分延展开了显象和意指活动。当痕迹将有生命的东西与一般无生命的东西，与所有重复的起源、理想性的起源结合起来时，痕迹既非理想的东西也非现实的东西，既非可理解的东西，也非可感知的东西，既非透明的意义，也非不传导的能量，没有一种形而上学概念能够描述它”[1]。

对“文字学$_3$”的历史性的朝向意味着汉字本身的“延异”着的诉说，它对声音的体验只在这里而不在别处，因为它联结着一种使语音本身成为语音的东西。这个东西是语音的作为真正的历史（而非形而上学历史）的历史性，即语音的“命运”，它是被倾听到的。正是在这种意义上，我们说汉语的声音就在汉字里，也正是在这种意义上，汉字的存在与变化才默默地牵动着一种隐秘的存在感，而“文字学$_3$”同“文字

[1]［法］德里达著，汪堂家译：《论文字学》，上海译文出版社1999年版，第40~50页。着重号依原文。“痕迹”即本书中的“印迹”，“分延”即本书中的“延异”。

学$_2$”和“文字学$_1$”才形成一种真正的对峙。汉字对声音的书写并不在于它能否告诉我们哪一个字在另一种声音再现（比如语言学再现）中的声音，因为它并不靠另一种再现而成就自身，这种对声音的自我发生的领会是在根本上展开的。李葆嘉、孟华等都认为，文字是看待语言的方式，是同语言使用者对语言的感受相一致的[1]。这是不错的，但现在我们可以进一步看到的是：这些“方式”或者“感受”并不依靠所谓“方式”、“感受”的再现而成立，在“文字学$_3$”中，文字并不是别的什么，它就是它自身。

对汉字本身的声音体验的“方式”或者“感受”等的书写实际上构成了我们所说的“文字学$_4$”。可以看到，在我们的三本“现代汉语”教科书关于文字的论述中，“文字学$_4$”实际上占据了相当大的篇幅。然而很明显的一点是：“文字学$_4$”占的篇幅越大，关于汉字的论述离现代语言学的距离就越远，因为“文字学$_4$”在很大程度上乃是对“文字学$_3$”的彰显，它同后者一道与“文字学$_1$”和“文字学$_2$”争夺着关于现代汉语声音之“延异”的话语权。不过，另一方面，“文字学$_4$”和“文字学$_3$”又是相当不同的，它的内容大部分来自传统小学中的文字学，同时还涉及书法理论（当然，在这里都是很不全面并且被改造过的，正如现代汉字本身也是被改造过的），而这些内容都在另一种意义上“延异”着“文字学$_3$”的声音书写，即：这种书写本身的空间性又在逸出自身，声音通过这样一种书写最终通向一种“道”。在上一节中我们曾经讲到一种真正的“看”，而在这里，“道”则关乎一种真正的“听”，世界作为有声音的世界以及语言作为有声音的语言，其敞开的根本都在这种“真正的‘听’”中。因此，甚至聋人也在原初的意义上听着：话语在其自我发生中具有“原初文字”，或者说那里必定“延异”着声音的“印迹”。

本书并不试图建构关于现代汉语语音的某种新话语，但是上面的

---

[1] 李葆嘉：《理论语言学：人文与科学的双重精神》，江苏古籍出版社2001年版；孟华：《汉字：汉语和华夏文明的内在形式》，中国社会科学出版社2004年版。

分析自然会令我们想到这样一个问题，即：如果说“文字学$_1$”和“文字学$_2$”在我们的“现代汉语”教科书中代表了一种主流话语的话，那么作为与其对面相持、但在根本上同样展现着一种对现代汉语声音之领悟的“文字学$_3$”和“文字学$_4$”是否可能反过来影响甚至压倒“文字学$_1$”和“文字学$_2$”并产生一种新的“现代汉语”教科书呢？当然，这个问题和我们现在所分析的三本“现代汉语”教科书本身的话语结构并没有直接的关系。但是可以说，如果能出现以“文字学$_3$”和“文字学$_4$”为主导的新的教科书，那么这其实也是对现有教科书的一种解构式的再现。实际上，我们已经可以看到一些学者从“文字学$_3$”和“文字学$_4$”来反观“文字学$_1$”并力图发展一种“字本位”的汉语研究模式的努力[1]。这种“字本位”的汉语研究和其他汉语研究的根本区别就在于：它所引入的乃是一种和现代语言学（即文字学$_1$）具有完全不同的对声音的领悟和书写方式的话语（因此也可以说是另外一种“语言学”）。这种话语和现代语言学话语在其作为声音的再现这一根本属性上是对面相持的，前者在后者中原本没有本体地位（因为它不可能在一个与之并列的它者中得到本体地位），而是一个被“翻译”的而不是直接“命名”的对象，但是现在，它却在“字本位”理论中获得了一种本体地位。然而，我们马上要问的就是：“字本位”理论到底是否还朝向现代语言学话语呢？这个问题实际上反映了“字本位”理论所面临的一种根本困境，即：如果它不能彻底地以它所选择的话语来再现现代语言学中原有的话语，那么它在根本上就是无法成立的——我们无法想象一种语言同时又是两种截然不同的语言。因此，它到底能否实现话语的转换（或者说一种新话语的生成）就成了问题的关键。如果说“字”在这里并不能将自身作为一种本质上与“文字学$_1$”不同的声音书写而带入话语的建构，如果说它只不过是为“文字学$_1$”的“翻译”制造了一种新的格局，那么它就并没有获得一种真正的本体地位，作为有声音的现代汉语并没有

---

[1] 如：徐通锵：《语言论——语义型语言的结构原理和研究方法》，东北师范大学出版社1997年版；潘文国：《汉英语对比纲要》，北京语言文化大学出版社1997年版；潘文国：《字本位与汉语研究》，华东师范大学出版社2002年版。

倾听到它自身的声音，它仍然面临着和《城堡》中的K一样在城堡外精疲力竭地死去的结局。俗话说，一山不容二虎。这其实又何止是“字本位”的困境呢？话语的困境根本上就是当代中国人的困境。

《中庸》曰：“人莫不饮食也，鲜能知味也。”可见“知味”之难矣。“知味”难，“知音”亦难：“音”中有“味”，无“味”者不成“音”。

在中央电视台2006年的一期名为《留住原生态》的新闻节目中，一位78岁的“土家歌王”谭明锐被请到演播室介绍自己唱歌的经验。下面是他和主持人之间的一段对话：

主持人：您觉得像您这样的原汁原味的民间的这些歌厉害，还是像他们职业演员受过训练以后的唱出来的厉害？

谭明锐：四川啊、什么湖南啊这些子有些省的剧团，他们都到我们电影院里去演出，去演出呢，像他们唱的歌呢，我也不爱听，我也不爱看。

主持人：那您说这个能成为歌王，唱歌的最关键的是什么呢？有感情？

谭明锐：最关键的是这样的，一个歌的话呢，你唱出来也还要有点味道。

主持人：啊，有味道……

“味道”为什么如此关键？“味道”又是如何可能丧失的呢？或者我们首先应当问，“味道”在这里该作何理解呢？它是指某种歌唱的概念通则支配下的一个“个性化”特例吗？答案恰恰相反。“味道”是指，话语乃是在其自我发生的根本的历史性中被照亮的，它对于自身领悟的倾诉乃是我们得以对其展开一切理解之可能性的基础。一种声音丧失了“味道”，这里当然不是指它消失了，而是说这种声音的历史性被它自身所敞开的话语程式所僭越。在这种情况下，它仍然是被听到的，但是它竭力不让自身作为自身被听到，或者说，它将自身异化成了一种

外在的它者的实现。如果我们现在专门来考察这种声音的“味道”——鉴于它仍然是被敞开地听到的，我们仍然称之为“味道”——我们不如说它的“味道”就是“味道的死亡”。职业歌手面临着“味道的死亡”的危险，因为他们在现代教育体制中被一种非历史的再现所教化，他们被教会多少要诉求于这样一种概念的再现，因此歌声也就成了一种它者的实现。它歌唱，它带着一种“味道”扑面而来，但是这种“味道”乃是歌唱着自身的死亡，而那个自我发生的“味道”早已脱身而去了。

“现代汉语”教科书的存在本身就蕴含着对现代汉语话语再现之根本历史性的反动，而这种教科书作为一种科学教科书则更加封闭了自身历史性敞开的可能。在这里，现代汉语语言学和现代汉语自身的历史性并没有任何必然的联系，它并不需要倾听这种历史性自身的歌唱，因为它已经是一首歌唱着“绝对精神”的大合唱。现代汉语作为一种声音的现象只有将自身躯体化之后才能进入到这种非历史的合唱中来。它现在成了一种“解剖学—生理学—病理学”的联合的对象，而作为“解剖学”的第一步就是要将这种声音现象形而上学为语音学的“算术化”以至音系学的“代数化”的非历史性的实体标本。这种标本的制作是和下一步关于语言系统及其运作的“生理学”以及关于这种“生理学”之应用的“病理学”（比如文字学）密切相关的，因为所有这一切都首先取决于现代汉语的声音首先把自己“打死”并再现为一系列躯体化抽象层面的运作。它被再现为这样一种结构体系（无论这种体系是经验主义的、先验主义的还是在概念化层面上将两者相结合的），并且被认为就是、仅仅是、不可能不是这样一种结构体系。

“人皆为器”，这是现代汉语语言学对于Wittgenstein关于语言与人性问题的最终回答。这种回答实际上乃是根植于现代人类学主体主义对于人之本质问题的基本态度。不错，这种态度也说人是如何如何重要、如何具有心智能力、具有创造力并且值得关照等等，但是这一切根本上都是由一种再现的“城堡”颁布给人的。比如Chomsky的生成语法，它借用Humboldt所说的语言的无穷“创造性”而认为句法的无限生成性就是这种创造性的体现。然而，句法的生成性在本质上从来不创造，它就是一种已经现成化的东西对自身的反复实现，这就好像一种形而上学的历史观即使再怎样声明自己所颁布的历史过程具有无限变异的可能性，它在本质上也不过是一种绝对非历史的东西对自身的实现，而这种东西根本就是在时间之外给定的，它在本质上是完全反历史的。在这一点上我们也可以理解语用学（作为现代语言科学分支的语用学）对Wittgenstein关于“一个词的含义是它在语言中的用法”[1]的观点的改造。Wittgenstein的“用法”乃是一种“语法”，这种“语法”并不是由任何概念所给定的语法，而是“生活形式”本身，它是“在历史意义上的给定，而不是在超验的意义上给定”[2]，可是这种“用法”到了语用学中却变成了首先被一套概念化体系所统摄的言语使用的自我实现。归根结底，人类学主体主义中的人并没有任何真正的主体性，典型的人类学就是针对那些缺乏自我意识的（或者说被认为缺乏自我意识的）群体展开的，而人类学主体主义的现代认识型则是现代人对自身异化的集中体现。

现代汉语的声音的异化使得声音变成了它自身的躯壳，而关于声音的各种概念化再现则占据了所谓语言结构的中心。这种“中心/边缘”的结构是有根本矛盾的，这种矛盾并不因其对自身历史性的遮蔽而可以被完全抹去。在本章中，我们不断地看到像“语音学/音系学”、“（作为外壳的）语音/语言”、“文字/语音”这样一些二元结构是如何在本质上不可避免地无穷颠倒以致最终解体的，而这种二元结构关系的打破正是解构主义将我们引向“延异”的开始。声音的发生在关于“延异”的讨论中具有一种不同寻常的根本性，因为概念话语的发生与声音有着密不可分的关系。概念如果是通过绝对在场的声音而绝对在场的，那么声音本身的发生就必须绝对禁止声音的绝对在场。因此，声音的“延异”必然要求一种空间书写，这种“原初文字”作为一种“印迹”所表明的是：声音绝非透明的“外壳”，它根本上就是对自身的领悟，

[1]［英］维特根斯坦著，陈嘉映译：《哲学研究》，上海人民出版社2001年版，第33页。

[2]徐友渔、周国平、陈嘉映、尚杰：《语言与哲学——当代英美与德法传统比较研究》，生活·读书·新知三联书店1996年版，第291页。

因而也就成为其自身的不断的再现。使有声音的语言得以可能的这种领悟就是其声音的书写，本质的声音在书写中不断“延异”着，符号因此得以诞生，而在对声音的书写这一根本问题上，语音中心主义和逻各斯中心主义同文字乃是对面相持的，正因为如此，现代语言学同关于“延异”的文字学、现代汉语语言学同汉字在根本上也是相对峙的。这种对峙的具体状况以及对峙的最终解决——或者说解决的可能性——实际上决定了现代汉语终将如何被听到，而这个问题的根本还在于：当代中国人将为自己选择怎样的“道”。

Aristotle《解释篇》开篇云：

口语是心灵的经验的符号，而文字则是口语的符号。正如所有的人的书法并不是相同的，同样地，所有的人也并不是有相同的说话的声音；但这些声音所直接标志的心灵的经验，则对于一切人都是一样的，正如我们的经验所反映的那些东西对于一切人也是一样的。[1]

这段话一直以来都被人们解释为一种最合理的符号观念的代表，即：声音表达思想，文字记录声音，前者始终是后者的外壳。如果这种理解是成立的，那么可以说，它就是Derrida所批评的“语音中心主义”和“逻各斯中心主义”的典型代表[2]。然而，Heidegger对于这段话却并不是这样理解的，在一次题为“走向语言之途”的演讲中，他对Aristotle的这番话进行了重新翻译：

有声的表达是一种对心灵的体验的显示，而文字则是一种对声音的显示。而且，正如文字在所有的人那里并不相同，说话的声音对所有的人也是不同的。但它们（声音和文字）首先是一种显示，由此显示的是对所有人都相同的心灵的体验，而且，与这些体验相应的表现的内容，对一切人来说也是相同的。[3]

---

[1]［古希腊］亚里士多德著，方书春译：《范畴篇·解释篇》，商务印书馆1959年版，第55页。

[2] 事实上Derrida正是这样批评Aristotle的，见［法］德里达著，汪堂家译：《论文字学》，上海译文出版社1999年版，第14~15页。

[3]［德］海德格尔著，孙周兴译：《在通向语言的途中》，商务印书馆1997年版，第207页。

在这里，希腊文的σύμβολα不再是“符号”，而是“显示”[1]，这种译法是有意图的。Heidegger说：

显示构成结构的支柱，支撑着结构。显示以多样的方式——或掩蔽着或揭蔽着——使某物得以闪现，让显现者获得审听、觉知，让被审听者得到审察（处置）。显示与它所显示的东西的关联，从未纯粹地从其本身及其来源方面得到阐明；这种关系嗣后转变为约定俗成的符号与它所描述的东西之间的关系。在希腊文化的鼎盛时期，符号（Zeichen）是从显示（Zeigen）方面来经验的，是通过显示并为显示而被创造出来的。而自泛希腊化（斯多亚）时代以降，通过某种固定而形成了作为描述工具的符号；由此，对某个对象的表象便被调准和指向另一个对象了。描述（Bezeichnen）就不再是让显现意义上的显示。符号从显示者到描述者的变化乃植根于真理之本质的转变。[2]

这一段话道出了声音和文字作为原初的倾听和显示的发生学性质，同时它也指出了这种显示被固定化和现成化之后所造成的对语言和文字的认识的改变。当然，Heidegger并没有特别区分声音和文字，在他关于语言的讨论中对于声音的强调是主要的，Derrida甚至批评他仍然是语音中心主义或者说在场形而上学[3]。然而，Heidegger所说的作为显示的声音和文字却并不是语音中心主义中躯体化的纯粹在场的透明外壳，声音和文字本身就是作为原初体验的自我显示被经验着的，它们不是被抹消掉，而是成为了意义本身。我们曾经问到：是谁在守护着语音的身体呢？也许我们可以说，语音本身的自我发生的历史性，就在声音本身的“掩蔽”和“揭蔽”中维护着声音作为身体，也就是我们自己作为身体的可能性。对声音的领悟——也就是声音自身的敞开——存在不同却又存在相同，因为声音必须不是声音才可能是声音。所以说，“语音学—声学—生理学对发声过程的解释并没有经验到它的出于寂静

[1] 其实Heidegger对此还是不够满意，因为它还没有回到更原初的“相互保持者”的意义上而与原文中的σημεῖα（显示者）和ὁμοίωατα（相应者）相区别，见上书第207~208页。

[2] 同上书，第207页。

[3] [法]德里达著，汪堂家译：《论文字学》，上海译文出版社1999年版，第24~32页。

之音（德Geläut der Stille）的渊源，更没有获致由此而得的对声音的规定”[1]。然而，也正如Heidegger所说的，真理之本质在时代中发生着转变，现代语言学话语的发生并不是无缘无故的，现代汉语语言学当然也是如此。现代汉语对自身的倾听发生了变化，而这变化终究与现代汉语作为倾听本身的变化有着同样的命运。

---

［1］［德］海德格尔著，孙周兴译：《在通向语言的途中》，商务印书馆1997年版，第214页。

第四章　文本的历史考察

第一节　汉字、音韵学与现代语音形象的发生

在上一章中，我们通过对三本“现代汉语”教科书及其相关文本的结构考察对现代语言学话语中现代汉语的声音再现进行了解构。可以说，这种解构最终是要回到话语的一种根本的历史性，但是这种历史性与任何在场形而上学的历史的所谓“历史性”都是截然不同的。在本章中，我们将继续在文本的历史生成和话语效力中以前一种历史性来考察后一种“历史性”，因为这实际上是对文本的解构所必然要求的。现代语言学话语既是在其根本的历史性中自我发生的，那么关于它的真实的历史——这部历史事实上也就是它自身的存在——就必然在它的历史性中抗拒着自身的现成化。在第一和第二章中我们曾经指出，我们并不认为某种社会—历史—心理状况是决定现代汉语语言学话语发生的根本力量，这里所说的“社会—历史—心理状况”就是一种现成化的历史的发生。Barrett说：

他（海德格尔）已经彻底改造了我们对西方历史的整个看法，将来的历史课本可能会按他的历史真实性的思想撰写，就好像过去几代人中，历史课本是按黑格尔的思想撰写的一样。[1]

历史如果终能作为历史本身而获得一种自由，那么作为有声音的现代汉语也一定能在这种自由中获得再次的倾听。然而，我们在这里并不打算撰写一部新的现代汉语语音研究史——一部不是按照Hegel的法

[1]［美］巴雷特著，杨照明、艾平译:《非理性的人》，商务印书馆1995年版，第234页。

则，而是按照Heidegger的思想撰写的学科史，那将远远超出我们的能力所及，并且也不是本书的理论诉求。但是，我们仍然相信，诠释与解构在一种根本精神上的相通性将使得我们有可能通过对现有话语的反思达到对现代语言学关于有声音的现代汉语之再现的根本历史性的朝向，而这种朝向终将引领我们回到对现代汉语本身也就是对我们自身境遇的本真性的沉思。

一部历史总是有它的开端的，然而这个开端往往晦暗不明。按说，现代语言学对于现代汉语语音之再现应该只可能是在“现代”开始之后才发生的事情，然而，这种再现却必然地首先是一种过往的沉淀，因为语言的再现本身就是一种过往的沉淀。现代语言学对现代汉语之声音的再现必然是对这种声音中所沉淀着的整个汉语历史的再现，而这部历史又牵动着过往一切的声音之书写。

在上一章中关于Kuhn“科学教科书”话语特征的讨论里我们曾经提到，一种科学研究“范式”——尤其是其教科书话语——的建立，意味着对以往一切研究的朝向自身的线性化改造，而这种改造的根本就在于科学话语对其自身历史性的遮蔽。对于有关现代汉语之声音的语言学再现而言，这种改造和遮蔽不仅是必然的，而且它其实就是一种话语发生的开端，因为它的对象本身就蕴含着其话语再现的共谋，而其中的一个重要部分——作为现代汉语“标准语”的现代汉语普通话——更是它自身书写的结果[1]。桂灿昆说：“现代英语语言学著作中一句常见的引

[1] 这一观点我们在上一章中已经提到，它和孟华的下述观点有一定的相似之处：“我们反思一下被称做‘现代汉语普通话’的概念就会发现，它不过是汉字‘书写’的结果。因为汉字、汉字书写的汉语教科书乃至与之相关的文本化的东西如大众传媒、艺术舞台等等，是普通话存在的基本条件，汉语普通话其实是一种高度文本化、文字化的语言，绝大多数中国人真正的生活语言只不过是自己的方言土语。‘血’这个词在口语中可读‘xuè’和‘xiě’，但汉字告诉你读‘xiě’是不规范的，于是整个普通话社会就将后者抛弃了。普通话是在按照汉字的规范塑造着自己的形象，它常常是汉字的影子，而人们却虔诚的认为自己是在‘说’，而不是‘写’。人们在说普通话是远不如按照课文读普通话规范、准确，因为后者让汉字亲自出场，书面的‘写’直接参与了对口语的‘说’的规范，这就是文本位性。”（孟华：《汉字：汉语和华夏文明的内在形式》，中国社会科学出版社2004年版，第20页）但是，孟华的这段论述有一些问题：第一，关于“血”的读音的这个例子是不正确的，普通话从来没有规定“血”读“xiě”不规范并把后者抛弃，《普通话异读词审音表》中的规定是不要把“血”读成“xuě”；第二，说普通话是汉字书写的结果其实并不符合作者在这里想要说明的Derrida的所谓“文本位性”的立场，因为如果说文字有“本位性”，那并不是因为它可以通过声音而“亲自出场”并规定声音的形态，而是因为空间书写乃是声音本身的“延异”的要求，从这一点上来说，即使是没有文字的语言也是依赖于一种本质的书写的。因此，说现代汉语普通话是汉字书写的结果是不正确的，毋宁说，它乃是以现代语言学为典型代表的一种现代性语言观对汉语声音之书写的结果。

语是：'一个没有受过语音学训练的口语教师，也就像一个没有受过解剖学训练的医生一样地无用。'"[1]这个说法所反映的当然不仅仅是英语语言学家的观点。它意味着：一方面，在现代性科学话语中，庖丁只有像张斌所说的懂得"牛的解剖学"才能解牛——无论他是"自觉地"懂得还是"不自觉地"懂得[2]；而另一方面，牛只有作为解剖学再现中的牛才能被解，也就是说，解剖学性实际上必须成为牛的基本属性。在关于现代汉语之声音的语言学教科书文本中，声音实际上既是牛又构成着牛的解剖学，因为现代汉语之声音话语的发生实际上是对再现着自身的声音本身的改造，从这一点我们也可以看到，它其实不可避免地与普通话以及我们下一节中所要谈论的声音话语的权势化密切相关。

那么，关于现代汉语之声音的现代语言学话语之于现代汉语的声音是否就可以对应于现代西医之于中国人的身体呢？按照上面的分析，我们却必须说：并非完全如此。的确，在现代语言学关于现代汉语语音的再现中，存在着明显的对于汉语语音的一种传统研究即音韵学的朝向自身的归化，这一点我们从我们的三本"现代汉语"教材中也可以非常清楚地看到，它和西医对于传统中医的重塑和改造是非常类似的，对此我们将在后文中详细讨论。然而，这里的另一个重要问题是：声音的再现乃是话语的再现——包括身体话语的再现——的一种终极形式。正如我们在上一章中已经指出的，如果超越话语的话语仍然要靠声音在场，那么这对声音本身来说就是一种绝对的危机。因此，音韵学话语并不自动达到对现代汉语语音的再现，这并不仅仅因为声音本身的跨越时间的变化，而是根本上由声音对于它本身的书写的依赖所决定的（当然，身体的再现也有这种依赖性，但却是通过声音的），而这也就意味着，现代汉语语音的现代语言学再现是参与着现代汉语语音的建构的，它在这种建构中所改造的作为传统小学之组成部分的音韵学乃是作为一种声音（也就是再现对象本身）被带入的。所以，现代汉语的语音形象中一定

[1] 桂灿昆：《美国英语应用语音学》，上海外语教育出版社1985年版，第21页。

[2] 见本书第三章第一节相关讨论。

包含着音韵学的声音形象，而这种声音形象也一定包含着音韵学对汉字之改造的声音形象。现在我们首先要问的就是：音韵学声音形象的发生是作为怎样的一种历史沉淀进入现代汉语声音形象之中的呢？

也许有人会说：我们的这个问题是个假问题，因为像Ricci的《西字奇迹》、Trigault的《西儒耳目资》（*Vocabularium Sinarum*）、Varo的《华语官话语法》（*Arte de la lengua mandarina*）、Wade的《语言自迩集》（*Teach Yourself Chinese*）等书中对当时汉语语音的再现都没有借鉴传统音韵学的内容（虽然有一些涉及），可是它们的再现与现代汉语语音的现代语言学形象却有着千丝万缕的联系；而另一方面，唯一借鉴了音韵学成果（实际上是现代语言学对传统音韵学改造的成果）并据《广韵》字音编成的“辣体汉字（法romanisation interdialectique）”[1]却几乎没有产生过任何影响。我们对此的回答是：现代汉语语音之语言学形象的发生在根本上要落到语音自身书写的演变，这一点我们在前面已经说过了；说到底，这还是因为语音本身不是透明的。因此，如果说对汉语语音的话语再现完全是一件以非汉语为母语者的事，而且它从来也不为以汉语为母语者所知，那么我们确实可以认为，音韵学在这种假设中就是一种孤立地发生的东西，它和汉语之间其实谈不上任何真正的联系，就像现代汉语语音的现代语言学形象也必然不会同汉语有任何真正的联系一样（因为它的话语并不是汉语的，反之亦然）。然而，这其实是根本不可能的。对于已经成为话语的声音而言，话语必须要成为它自身的对象，而这个对象必须要在它自身的再现中“延异”。所以，音韵学实际上早就进入了那些从17世纪到20世纪初的各种对于汉语语音的拼音化呈现之中，它就在这种呈现的深处发出一种历史性的光晕，或者我们应该说，它的声音本身也就是对声音之可能性领悟所敞开的意义世界的一部分。

要理解音韵学作为一种历史沉淀的声音形象，我们也许还应首先看到汉字作为更加原发的对于令声音根本可能的“印迹”之书写的性

[1] 一种以中古音为基础设计的拼音文字，其历史原则和超方言性类似于现代藏文。

质。这种性质——我们姑且称它为一种性质——实际上却是反对任何作为在场实体的声音性质的。它将时间性无限地空间化，但是这种空间化并不是一种朝向作为物理实体之发生的空间的空间化，而是一种朝向隐匿的空间化。换言之，它对于纯粹在场性是绝对不在行的，对它而言，空间也不能在视觉上纯粹在场，它必须和语音一样是不透明的、生产的、无限“延异”的，而在这种意义上我们可以说，书法其实就是中国人最为纯粹的符号学（Derrida意义上的“符号学”，即“文字学”）。在西方人的书写法（以及绘画法）中，空间的痕迹是被直接把捉为在场本身的，也就是说，点、线、面等作为实体而直接现形，因此痕迹在这里是无保留地呈现或者说是可以在场地追寻的，在这种对呈现或者追寻的保证中，痕迹实际上已经失去了自身的痕迹。当然，它“延异”了纯粹的时间性，但是这种“延异”是处在与声音或者观念的直接在场的揭蔽和掩蔽之中的，它作为空间形式对于自身而言则倾向于不生产。与之相反的是，汉字——真正被书写的汉字——作为空间形式一定是生产的，这种生产性在很大程度上就来自于它的不透明性，因为空间在这里达到了真正的“延异”。古人论书曰：“字虽有质，迹本无为，禀阴阳而动静，体万象而成形，达性通变，其常不主。故知书道玄妙，必资神遇，不可以力求也。技巧必须心悟，不可以目取也。”[1]这意味着：要想从完全在场的结构去真正把握书写的汉字是做不到的，书法一定隐匿着自身的痕迹。从实际的汉字书写中我们也可以发现，对汉字空间架构的实体性把握总是要被它自身的无法回溯性所否定，即便是对于楷书这种端端正正的写法而言，也是“以描头画角为唐人矩矱者，亦可息影销声矣”[2]。因此，虽然汉字的书写极其讲究结构和章法，但是这种结构和章法却在汉字书写的呈现中表现出一种绝对的不在场性和不可回溯性，或者说，它从来不可能无保留地呈现自身的痕迹，它的痕迹总是隐匿着的，因此它总是有无尽的痕迹并从而成为真正的痕迹。在这一点上

[1] 虞世南语，引自刘小晴：《中国书学技法评注》，上海书画出版社2002年版，第242页。

[2] 张照语，引自上书，第209页。

它和Derrida的一些作品非常相似，虽然后者往往是有意地制造一些令诉求于概念实体的话语不断迷失的所谓“游戏”。一些英美分析哲学家对Derrida的作品极为恼火，就是因为它像汉字书法一样一定要对自身书写的痕迹进行遮掩。Derrida说：“存在着历史与游戏的紧张，也存在着在场与游戏的紧张，因为游戏乃是在场的断裂。……游戏总是不在场与在场间的游戏，不过，如果想要对游戏作极端的思考的话，就必须将它放到有在场和不在场的选择之前去思考……”[1]这也就是说：如果没有一种根本性的回旋，那么在场和不在场都将是不可能的，它们的矛盾也是不可能的，汉字将不可能被书写出来，就像任何作品也将不可能得到理解，因为声音的根据本身就无法发生。任何一个教过西方人书法的中国人都会发现，西方人往往在学会了一个字的“字形”之后便觉得自己已经可以写得和老师一样好了，因为按照一种典型的在场哲学的理解，结构是毫无保留地直接在场地呈现的，这就好像把武术的动作理解为躯体各部分的纯粹的物理运动一样，那种所谓“虚领顶颈”、“含胸拔背”、“意贯指尖”、“气沉丹田”的非在场式的隐匿在这种理解中是完全不可接受的。然而，对于这种完全在场的理解而言，在场的理解本身就成了一个谜：它是事先给定的，但是它的发生其实从来没有被在场地经验过。因此，就像武术作为一种在空间中的身体“写作”一定在对自身痕迹的隐匿中“延异”着无限的空间性一样，汉字也在其真正的书写中成为对时间性的“延异”的真正表达。这种表达和它与字音的对应完全不是一回事，它是一种根本的依据。实际上，这一点对于西方文字而言本质上也是一样的，因为西方文字的书写无论再怎样被在场地理解，它也不可能是绝对透明、绝对不生产的；相反，它一定要生产着才可能呈现。毫无疑问，声音和文字的物性存在在今天可以被几乎完美地复制，但是对这种复制品的领悟仍然要求我们一定要达到一种“延异”的空间。录音机可以录音，但是它自己却是根本听不到声音的——虽然

[1]［法］德里达著，张宁译：《书写与差异》，生活·读书·新知三联书店2001年版，第523页。

有些录音机甚至还能随时显示音量的大小，因为声音对它从来不再现，而只是在场地出现，因此实际上就没有出现“声音”的可能。举个例子而言，我们可以认为，如果我们能够绝对在场地把捉声音和文字的话，那么就不会出现“赝品”这种东西。只有当“延异”涉及一种关于创作者的事实性所带来的意义时，“赝品”的再现才可能发生。翟振明说：“赝品的本质规定就要通过现实运作的过程达到对自身本质的绝对否定。……完美赝品与真品的唯一差别就是为他之在与自为之在的差别，而作为自在之物却无任何差别。……这样的深潜于赝品内部的吊诡，只有在悬搁了自然主义态度之后才能被揭示。以自然主义的眼光，我们完全不能在原则上厘定赝品与真品的差别，因为这里根本就不存在自然主义的差别。”[1]可以说，自然主义在这里就是语音中心主义的一个化身，因为赝品是纯粹历史性再现的，对历史性的遮蔽，也就是对“印迹”的遮掩的遮掩，必然导致赝品的取消。如果说科学方法可以帮助我们识别赝品，那只是基于非完美的赝品被暴露的可能性，而根本上，科学之所以能够做到这一点，乃是因为科学自身就是对完美的赝品的追求。

作为一种话语之自我再现的纯粹现象，声音原本是最不容易被赝品化的，然而，在对概念的纯粹在场的理解中，声音却必然成为赝品化的首要对象。作为一种表面上纯时间性的、因而似乎纯粹在场的东西，“完美的”声音赝品在声音的纯粹在场中实际上已经取消了其赝品性，因此它成了几乎透明的东西，而它的空间书写也几乎可以不生产了。在汉字中，声音的根本的“延异”原本是隐匿地发生着的，因此声音是完全不透明的，它绝对不是某种概念的即时在场。汉字显然也在一定程度上蕴含着对声音的即时在场的把捉，但是这种把捉在其原本的书写的“延异”中实际上融入了生产性的一部分（比如意义化的声音单位），也就是声音的自我再现。完美的声音赝品在这里是不可能出现的。然

[1] 翟振明：“哲学分析示例：语言的与现象学的”，《哲学研究》，2003年第3期，第70页。

而，音韵学的发生却打破了这一局面。这是一个非常重要的转变，因为声音开始作为不生产的声音而出场了，或者说开始出现了声音的透明化。我们今天的教科书对于音韵学及其发生都作了朝向自身的再现，比如，钱乃荣说：

我国古代的语言学家还不会用现代语音学知识去分析语音，但是他们提出的“反切”、“开合口”、“摄”等概念，以及近代确立的四呼概念和注音字母，都很确切地反映了汉语音系的特点，体现了说汉语者的语感。[1]

又如，杨剑桥说：

早先，我国并没有语音学这一门科学，古人在描写语音时就往往处于有口难言、言之不详的窘境。……这种情形一直延续到近代。……正是由于这一原因，过去的汉语音韵学著作中经常有含糊迷眩的说解，使得这门学问极为难懂，简直近于天书。五四运动以后，西方先进的语音学著作被翻译、介绍到我国，古老的汉语音韵学上的神秘外衣被揭开了……[2]

无论是赞赏还是批评，在这里，传统音韵学都被再现为一种朝向现代语言学语音研究的过渡，这一点我们在后面还会谈到。可是，传统音韵学如果真是朝向现代语言学话语发生的，那么它的发生又能否在这种话语中得到根本的揭示呢？在这里，我们首先要区别三种“音韵学”：第一种是作为音韵学之原初发生的传统音韵学，它是和我们关于音韵学的声音书写问题直接相关的；第二种是现代教科书上所谓的“研究我国古代汉语语音的一门学科”[3]，即“属于历史语音学范畴”[4]的音韵学；第三种则是现代语言学对于第一种音韵学的朝向自身的再现。这三者的区别就好像说：我是研究古代天文学的。但是这其中有三种意思：第一，我是古人，我研究我的话语（比如占星术、星相学或者

[1] 钱乃荣主编：《现代汉语》，江苏教育出版社2001年版，第114页。

[2] 杨剑桥：《汉语音韵学讲义》，复旦大学出版社2005年版，第15页。

[3] 同上书，第1页。

[4] 唐作藩：《音韵学教程》，北京大学出版社2002年版，第1页。

早期的科学范式）所再现的“天文现象”；第二，我是现代人，我研究古代的“天文现象”；第三，我是现代人，我研究古代人怎样研究我所以为的“天文现象”。现在假设我要做第二种研究，那么我很可能就要首先仔细地进行第三种研究，而这也就意味着，我的科学研究必须先成为一种历史研究。当然，这种历史研究很可能就是对第一种研究的一种完全朝向自身的再现，但是这种再现的发生在这里却有着举足轻重的地位。归根结底，第一种研究在这里并不只是简单地提供材料，实际上，如果后两种研究都要依靠对它的再现，那么它本身才是古代天文学的真正重要的内容。而当我说“古代天文学的发生”时，我可能更多地就是指作为历史话语的“古代天文学”的发生，这种话语在根本上并不是依靠在它之后的关于这种历史话语之再现的“古代天文学”来保障的。同样的道理，尽管方言调查和汉外对音能提供很大的帮助，音韵学的大部分核心内容实际上还是靠重构历史的研究而形成的。而这也就意味着，一方面现代音韵学必须囊括现代语音研究的所有相关内容来再现历史的研究（那实际上就成了一种关于传统音韵学的“音韵学学”，因此就不仅包括“历史语音学”，而且必须包括普通语音学等各方面的内容，这一点我们从当前的任何一本音韵学教材中都可以看到）；而另一方面，音韵学本身作为原初发生的音韵学其实跟这种再现并不必然相关（比如《切韵》或者《中原音韵》的编者肯定不是在研究“历史语音学”，他们甚至也不是在研究“普通语音学”）。我们在这里首先关心的就是，音韵学的原初发生究竟是基于怎样的一种声音书写的转变呢？

从汉字的声音书写来看，音韵学中发生的一个重大变化就是，某些汉字开始成系统地脱离完全生产的状态而成为半生产的，而这也就意味着，声音的自我再现开始出现了透明化。这是一个与汉字的原本声音书写完全相左的变化，因为它对声音的再现不再是立足于声音从时间性向空间性逸出的“印迹”，而是转而诉求于声音的时间性本身所表现的纯粹在场。也就是说，声音的真品和赝品的界限开始在它的书写中变得模糊，而这种书写最终是要实现对在场的声音的“完美”赝品的制造和对真品的取消。当然，这个过程相当漫长，它经历了从零星的反切到系统的反切，再到字母的创制、韵图的发明等多个阶段，而且实际上并没有在对汉字书写的改造中实现一种真正的对纯粹在场的声音书写，但是很明确的是：从起点开始，这个过程就不断地指向声音的在场以及一种标准化的声音体系，而这个关键的起点就在于反切的创制和推行。

关于反切的发生，本书并不致力于做任何历史考证。现在大家公认的说法是：第一，反切的创始人并非颜之推、陆德明等人所说的孙炎；第二，反切是受东汉时广泛传入的印度佛经梵文拼音的启发而创制并逐渐流行的。关于反切究竟由谁创制，李葆嘉还有一种比较具体的推测。他说：

> 梵僧至中原以后，即研习汉语，……联系到后世佛教徒用藏文字母、和田文字母拼写汉语，汉末由天竺与西域来的僧人在研习汉语中也可能用印度字母拼写汉字，切分汉字音节。早期反切叫“反”，也叫“翻”……二字在魏晋南北朝通用。……极有可能，起初梵僧用“翻”，汉儒在袭用的同时，有些人简写成“反”……就汉语音韵研究的宏观立场而论，字母的创制、韵图的发明以至于用音素方式拼写汉字，用构拟法重建古音皆由胡僧与西洋学者始肇其法，中土学者从之。汉人不具备“超越直觉”的语音分析能力，……因此，我认为，反切方法的最早发明者与使用者是汉末来华译经的梵僧胡人。[1]

由“翻”而“反”的推测中的一个具体问题是：梵僧以拼音字母切分汉字是有可能的。比如今天穆斯林的“小儿锦”依然如此。可是这种切分是如何变成以汉字切分汉字的呢？这里的交待仍然模糊。不过，认为梵僧胡人以自身的语音感知而始创反切确实是有道理的，因为对语音的书写根本上乃是对声音之自我再现的意义的领悟，反切对意义的领悟的改变意味着汉字的原初声音书写的整体格局的缺席，它和之前的合音现象、“读若”法、直音法等是有根本区别的。在反切中，汉字实际上已经不再是原本的汉字了，它不再以自身的连接着一种完整的意义场的方式实现对声音向空间的无穷“延异”的书写，而是表现出一种非生

[1] 李葆嘉：《当代中国音韵学》，广东教育出版社1998年版，第35页。

产性。其实，音韵学形成和发展过程中的几次关键性的变化，如字母的创制、韵图的发明等都是直接受梵文声音书写的指导的，甚至连字母的排列也是如此。李葆嘉说：

罗常培说："类聚《切韵》反切，上字而参对梵藏体文，于梵藏有而华音无者固皆删汰，于华音有而梵藏无者亦付阙如。"……

罗常培说"参对梵藏体文"，则一语中的。三十字母的创制者和尚们既不会采用切字类聚归纳，也不会采用方言调查方式相比，而是走了一条最自然不过的捷径——以现成的梵藏体文字母表为蓝本，根据自己的语感与审音知识删汰增益，再加以调整，于是汉语的声母表出来了。[1]

可以说，音韵学从一开始便是一种与汉字完全不同的声音书写。因此，音韵学中的汉字在对这种书写的适应过程中很明显地是从生产逐渐变为半生产以至几乎不生产的（也就是在场地表音的），而且这种变化中的每一个关键步骤都是在"梵藏体文"本身的推动下完成的。在汉字参与这种书写的初始阶段，汉字的不适应性典型地表现在反切用字的极不统一，而且这个表现后来一直都存在。处于这种典型表现中的汉字以一种保留的方式拖延着声音之完美赝品的发生和真品的取消。如果不是外来声音书写自身的推动，汉字的这种半生产状态或者说声音在书写中的这种半透明状态完全可能保持原地不动。所以说唐人三十字母（即宋人三十六字母的前身）的创制者不是像迟至19世纪才由陈澧在《切韵考》中提出的系联法所要求的那样求出韵书的声类和韵类，而是"走了一条捷径"，即再一次直接以外来声音书写的现成模式来推动汉字对这种书写的适应。外来声音书写的推动不仅如刚才所说的促成了三十字母的发明（在此之前从繁杂的切韵用字本身中从来没有归纳出字母来），而且还以悉檀进一步促成了韵图的出现。到这时，汉字在音韵学中其实就已经大抵完成了声音书写的转变，至于具体的各个声纽字和韵母字究竟代表何音，这其实和用不用拉丁字母并没有必然的联系。这个问题的

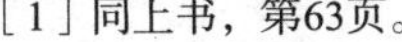

［1］同上书，第63页。

关键在于：汉语并不是从来就用这套声纽字和韵母代表字来严格记音的[1]，也就是说，除了在音韵学中之外，汉字在实际使用中并没有发生向在场的声音书写的实质性转变，它的原本的声音书写始终是占绝对优势的，因此它在音韵学中也就不可能单独完成自身的全面透明化，而传统音韵学也就不可避免地包含着声音之在场书写的朝向同汉字之原初声音书写的非在场性之间的矛盾——在这种矛盾的张力中，声音仍然抗拒着最后的“去魅”。

当然，一种声音书写的转变已经在音韵学中发生了，这一点是毫无疑问的。汉字在这种在场的声音书写中的流变实际上正是一种作为声音之根据的“延异”的“印迹”的改变。因此，汉字的原初书写与这种改变的龃龉其实也是汉语自身的声音再现的一部分，汉语的现代语音形象在这里已经露出了端倪。这种语音形象不仅是作为现代语言学再现的现代汉语的语音形象，而且它就是从“印迹”的改变到现代汉语的发生这整个过程中汉语的声音之自我再现的形象的一部分或者说一种朝向。为什么这么说呢？一方面，对声音的在场的书写当然是同现代语言学话语本身共谋的，而现代语言学的完全基于拼音文字的在场书写其实就基本终结了传统音韵学中由于采用在根本的非在场书写中发生的汉字所必然造成的对文字的生产性（或者说声音的不透明性）的保留（但是这种生产性或者不透明性的遗留在现代之前的汉语声音的再现中已经是不可克服的了）。我们可以认为它是继“梵藏体文”直接推动字母和韵图的创制之后汉语声音的在场书写所得到的一次彻底的推动。这次推动不是和以前一样令汉字做出进一步的适应，而是以拼音文字的书写将汉字完全取代（当然，这种取代只发生在这种书写的话语内部）。因此，现代语言学可以轻松地举出下面这些传统音韵学家的话作为传统音韵学朝向

[1] 当然，切下字内部结构的不明晰性始终是它在纯粹在场的表音方面逊色于拉丁字母的地方，韵图的分开合、分等、分内外转等皆与此有关，但是另一方面，这也可以说是反映了汉语发音“由声介韵调结成一块，紧密直呼”（钱乃荣主编：《现代汉语》，江苏教育出版社2001年版，第124页）的特点，这个特点和汉语的声音本身的自我再现的痕迹的隐匿有关，详见下文。

自身的证明：

古韵支、脂、之三部《三百篇》分用，段懋堂考之甚明，而不能读为三种音，晚年以书问江晋三云："足下能确知其所以分为三乎？仆老耄，倘得闻而死，岂非大幸？"[1]

余阅未终卷，顿悟切字有一定之理，因可为一定之法。[2]

在上一章中我们曾经提到，虽然不少语言学家承认20世纪的汉语语言学研究在对西方语言理论的模仿中出现了很多问题，但是对于语音研究，尤其是普通语音学和历史语言学等对于传统音韵学的改造，大家都认为相当成功甚至成就斐然，因为语音的"物理—声学"属性使得它似乎"与民族思维方式关系不大"。而现在我们则可以看到，传统音韵学之所以能够成功地过渡到现代音韵学，根本上还在于传统音韵学本身的话语发生中的一种朝向。从传统音韵研究产生时起，汉语的声音在汉字中的原发的自我再现就已经在这种研究中发生了转变，现代语言学对于传统音韵学的改造在很大程度上乃是对于这种转变中至为关键的声音在场书写的一种全面的实现。因此，从传统音韵学向现代音韵学的过渡对于前者而言就是非常自然的了。至于这种过渡的发生的具体标志，有人认为是Bernhard Karlgren（高本汉）的《中国音韵学研究》的发表[3]，有人认为是汪荣宝《歌戈鱼虞模古读考》的发表[4]，其实两者时间近乎相同（只是前者的发表有一个时间跨度，并且在中国学者中产生广泛影响要稍晚些），而且在研究方法上都极力贯彻一种科学的历史语言学方法，这种方法不仅实现了对传统音韵学的朝向自身的改造，而且引入了历史对音材料、方言语音材料等全新的研究材料以及历史比较和内部测拟等全新的研究框架，这都是我们今天非常熟悉的。汪荣宝的论文当年曾引起很大的争论，然而如今我们已经能够清楚地看到这篇论

[1] 陈澧：《切韵考》，中国书店1984年版，第6卷第13~14页。

[2] 杨选杞语，出《同然集纪事》，引自杨剑桥：《汉语现代音韵学》，复旦大学出版社1996年版，第6页。"阅未终卷"中的"卷"指的是Trigault的《西儒耳目资》。

[3] 如李葆嘉：《当代中国音韵学》，广东教育出版社1998年版，第183页。

[4] 如杨剑桥：《汉语现代音韵学》，复旦大学出版社1996年版，第3页。

文对于传统音韵学向新方法转型的预见性。正如与汪氏同属“现代派”的林语堂在争论的当时就已经指出的：

我们也希望从此研究古音的人日多，而且能用江永批评顾亭林“考古之功多，审音之功浅”（《古韵标准》凡例）一语做我们的警戒。我们以后研究古音，切不要只管“考古”而不顾“审音”，才能够有实在的进步及发明，才能够把我们固有的古音学变成了西欧所承认的一种科学。[1]

音韵学——作为我们前文所言的第二种音韵学和第三种音韵学的结合，即现代语言学以普通语言学、历史语言学等再现的传统音韵学再加上这种再现中未涉及的现代语言学语音研究以新的材料和方法所建立的其他领域——在今天已经完全呈现出具有现代语言学科学性的面貌（当然也早已为“西欧所承认”了）。麦耘曾从“研究材料”、“研究方法和理论”、“作为研究对象的历史时段”和“学术观念”四个方面对这一面貌进行了归纳，称其扩大了材料的范围，“更重要的是利用了活语言材料——方言语音（包括‘域外方音’）”，普遍运用了从西方传入的各种语音学和音系学理论，形成了清晰的汉语语音史的阶段概念，并且注重语言的系统性，“尤其是企求揭示汉语语音历史演变的规律和趋势”[2]。在这样一种大的局面下，传统音韵学当然是被再现和改写的，但是这种再现和改写在本质上乃是提取了它自身的一种声音书写的朝向，因此，在这一点上可以说，现代汉语的声音形象与音韵学是密切相关的。实际上，现代汉语语言学中对于现代汉语声音的描写就大量借用了音韵学术语，这一点我们从三本“现代汉语”教科书中可以非常清楚地看到。比如：以介音为标准的韵母的分类（开口呼、齐齿呼、合口呼、撮口呼）、从诗韵而来的十八韵和十三辙、现代汉语的调类划分等

[1] 林语堂：“读汪荣宝歌戈鱼虞模古读考书后”，林语堂编《语言学论丛》，上海书店1989年版，第153页。

[2] 麦耘：“走进汉语历史音韵学的汉藏语比较研究”，载刘丹青主编《语言学前沿与汉语研究》，上海教育出版社2005年版，第312~313页。

等。如果再涉及对现代汉语语音形象的历史讨论以及方言调查，那么音韵学话语则更是必不可少的了。事实上，黄本的教学参考书中还以相互对照的形式专门给出了“我国音韵学的术语和分析方法”表以及“西方普通语音学的术语和分析方法”表，并对其做了如下说明：

分析和教授汉语语音系统，可以用我国音韵学的术语和分析方法，也可以用西方普通语音学的术语和分析方法。本教材采用的是中西结合以中为主的分析法。[1]

所谓的“中西结合”，当然不是以原本的传统音韵学话语直接与现代语言学话语相结合，而是将前者做过改造以后的结合。但是，通过前文的分析我们可以看到，这样一种改造和结合之所以可能成功，其根本原因就在于音韵学对于声音的在场书写的朝向，单以这一点来看，“我国音韵学的术语和分析方法”和“西方普通语音学的术语和分析方法”确实是可以相通的。

现代汉语的声音形象与音韵学密切相关的另一个更为重要的原因在于：音韵学的声音书写作为对声音的在场的再现实际上必然要融入声音本身，因为这种再现必然要回到声音的再现的发生以再现自身。这也正是我们在前文中所说的音韵学的语音形象就是从“印迹”的改变到现代汉语的发生这整个过程中汉语的声音之自我再现的形象的一部分或者说一种朝向的根本原因。音韵学虽然是一种与汉字完全不同的声音书写，但是它的发生和发展本身就说明了汉语的声音之自我再现的一种可能性。《切韵》系韵书在唐代就是科举的标准书，在其基础上编成的《平水韵》则是金元明清时代科举考试、吟诗作赋的标准，这些都使得声音的在场书写必然成为汉语本身的一种声音领悟。在这种领悟中，最关键的当然就是一种声音的在场书写的现成化，即其对自身的现成的对象化，而这种对象化不可避免地会使声音自身成为一种关于它的纯粹在

[1] 黄伯荣、廖旭东主编：《〈现代汉语〉（增订三版）教学说明与自学参考》，高等教育出版社2002年版，第14页。

场的领悟的共谋。历代的“读书音”就是这样一种声音，而这种声音随着政治和文化中心的迁移必然使这些中心的方言发生与自己趋同的“印迹”之书写的变化。史存直指出：

文学语言的语音自古以来都以政治文化中心地域的读书音为代表，这样的语音体系必然是经过一番洗炼的东西，同时也是透过书面化的作用更能保持其稳固性的东西。政治文化中心变了，各地的读书人必然带着这种透过书面化的作用而更能保持其稳固性的东西聚集到新的政治文化中心来，对新的政治文化中心的语音发生影响，使其日近规范。……以现代方言为例证的话，我们可以举出上海市区的话做例子。上海市在最近几十年飞速发展，外地的人大量流入，因而使上海市区的语言在不断的发生变化。向哪个方向变化呢？我们拿市区的语言和郊区的语言一对照就非常清楚：向北方普通话靠拢。其他方言，凡是遇到一个字有文白两种读音的，莫不是文言音比较近于北方普通话。……北京本来就在北方，自从元朝到现在继续做政治文化中心已经做了七百年之久。难道它的语音体系还会不接近中原话的语音体系吗？……拿各方言的语音体系来和旧韵书的语音体系作对照，其对应关系能够像北京话和旧韵书的对应关系那样规律的方言要说是很少的。只这一点就足以证明北京语音受了文学语言的影响多么大。试以洛阳话来和北京话相比较吧。洛阳话本来是《切韵》所依据的中心方言之一，似乎应该比北京话更近于旧韵书的体系了，然而事实却并不如是。现代北京话和现代洛阳话虽各有其接近旧韵书的地方，然而总的说来倒是北京话更接近些。如果就词汇来说，北京话固然也有一些土词土语，可是洛阳话的土词土语就显得更多。[1]

这一段分析表明，在场的声音书写就是通过“读书音”的扩散而对方言进行归化的，换言之，当“读书音”本身融入一种对声音的在场

[1] 史存直：《汉语语音史纲要》，商务印书馆1981年版，第152~153页。

书写的领悟时，声音的在场书写必然乘着“文读扩散波”[1]而成为方言本身的声音领悟的一部分。另一方面，这种在场书写也使得方言中的文读和其他历史层次有着根本的区别[2]，因为“文读”在这里实际上已经不再是一种纯粹的地域方音概念，而是代表了“读书音”中在场书写对声音的归化。徐通锵通过对各地方言文白异读的分析指出：

各地的方言虽然有很大的差异，但相互有共同点，这就是文读系统的一致性，……对应于没有文白对立的方言系统。……文读扩散波逐步渗入各地的方言，在竞争中逐步排挤和替代白读，使语言从歧异走向一致。……文读扩散波的源泉在哪里？……我们猜想文读扩散波的发源地可能是在黄河流域和长江的中上游地区，它由西向东，向南北两翼扩散，从而形成今天那种地理上南北不相联的歧异分布格局。……各地方言的文读系统可能是这一系方言随着我国历史上政治中心的东移（西

[1] 徐通锵依据语言演变的“波浪说”将文读的影响方式称做“文读扩散波”，并从谱系树理论与波浪理论相结合的角度提出了以下的文白异读以至不同语言（方言）的发生模型：

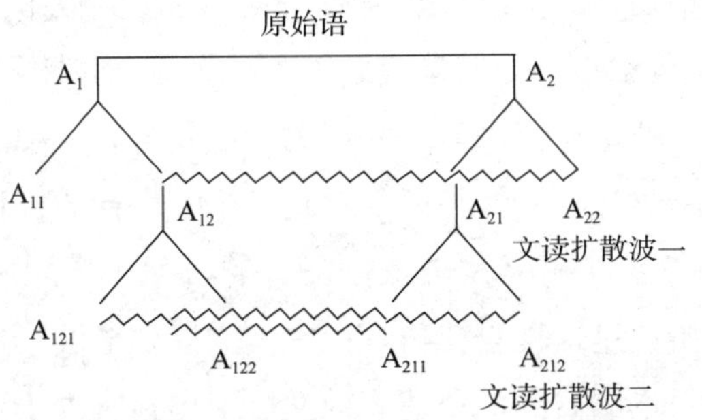

图17 谱系树理论与波浪理论相结合的文读扩散模型

（据徐通锵：《历史语言学》，商务印书馆1991年版，第422页：“‘变化’与‘竞争’相结合的语言系谱图”）

在该模型中，“文读扩散波”以原始语方言A_2所衍生的A_{21}为中心向四周扩散，使A_{12}和A_{22}发生文白异读，A_{12}原本与A_{11}是姊妹方言，但在A_{21}引起的“文读扩散波一”的影响下逐渐调整了发展方向，假设它的文读最终战胜了白读，那么以它为中心又会产生一个“文读扩散波二”影响其他的方言。

[2] 方言中的语音可能有很多的历史层次，文白异读现在被认为只是这种层次关系中的一种（即“异源层次”关系，见王福堂：“汉语方言语音中的层次”，《语言学论丛》第二十七辑，商务印书馆2003年版）。

安、洛阳、开封、北京、南京）而扩散开来的结果。[1]

徐通锵认为，“文读扩散波”有一个源泉，并且一直以来都是延续的，这和史存直的观点有相合之处。然而，“文读扩散波”是不是就像图17所示的那样只是简单地以一种地域方言为中心呢？应当看到，文读首先是靠对声音本身的修辞意义的领悟而存在的，而这种修辞意义其实远远超出了地域含义。因此，文读并不是一种简单的地域方音直接造成的语音层次，它一开始就是有所提炼而偏出单纯的地域方音的，“文读扩散波”的源泉也不仅在于地域，而且在于一种根本的修辞意义（“雅言”是一种大致可以概括的说法）。史存直指出：“汉族自古就有一种‘通语’或‘雅言’通行于统治阶层之间。……这种‘通语’或‘雅言’实际上也就是我们今天所说的‘规范的文学语言’，是超地域的，随人事为转移的。”[2]从文读的源泉所承载的超出地域的意义来看，这种说法应该更加符合实情（但它并不意味着读书音不会随时代和地域的变化而变化[3]）。这一点在将“读书音”的意义感受纳入一种在场领悟之后也表现得非常明显。《切韵》的编者陆法言说：“欲广文路，自可清浊皆通；若赏知音，即须轻重有异。……因论南北是非，古今通塞，欲更捃选精切，除削疏缓。”颜之推也说：“共以帝王都邑，参校方俗，考核古今，为之折衷，榷而量之，独金陵与洛下耳。”[4]这些对读书音的有意识的定位都可以表明读书音以及各方言中的文读都是一种在对声音的根本修辞意义的领悟下自我发生的声音的自我再现。

当系统的声音在场书写进入读书音的自我再现之后，在场书写的领悟本身便开始通过这种自我再现以及“文读扩散波”加入了对汉语语音风格即一种根本的修辞的塑造。前文所引史存直关于读书音透过书面化的作用保持其稳固性从而改造新的政治文化中心的语音的说法也表明了这一点。因此，方言中的文读音以及受读书音归化并最终代表标准音的方言发音实际上必然成为一种具有在场书写特点的声音书写的结果。

---

[1] 徐通锵：《历史语言学》，商务印书馆1991年版，第422页。

[2] 史存直：《汉语语音史纲要》，商务印书馆1981年版，第131~132页。

[3] 关于随地域的变化，可以考虑“广东普通话”或者“南方普通话”。

[4] 引自唐作藩：《音韵学教程》，北京大学出版社2002年版，第97页。

这也就意味着：标准音实际上正是自我再现的读书音在在场书写中的另一种自我再现。现代汉语的声音形象是以北京语音为代表的，而北京语音其实就是汉语方言语音中在场化声音书写的代表，它是最受音韵学的在场书写的对象化所归化，因而也是最符合现代语言学对声音书写的本质的语音。在史存直所举的例子中，有一点特别值得注意，那就是：北京语音不仅和中原话的旧韵书（比如《中原音韵》）对应关系最为规律，而且甚至和《切韵》的对应关系也超过了洛阳方言。[1]当然，这个例子中可能忽略了中原在历史上向南方移民的因素[2]，但是它无疑表明：在场的声音书写从一开始就有一种朝向，声音在这里被企图在场地解剖，因此其自身也就成了这种解剖话语企图的一部分，总是要规律地对应的。这也就是说，在场的书写已经成为了这种声音的自我领悟的一部分。因此，在现代语言学话语对于有声音的现代汉语的再现中，“标准语/方言”的二元结构既是声音的在场书写的结果，又是这种书写的诉求。我们的“现代汉语”教科书中也谈到方言，但是方言在“标准语/方言”的二元结构中是绝对处于弱势的。毫无疑问，这又是一个典型的作为解构之对象的二元结构，在这个结构里，标准语就是话语本身所制造的中心，它就是在场书写的方言，因而也就成为了对方言的否定。换言之，这个结构表面上是在场地书写标准语和方言的，然而，方言之所以不是标准语，正是因为它历史性地本非在场书写的最充分结果。在对现代汉语的在场的书写中，它的对象也就是它自己的作品，这一点当然不仅仅是对作为“外壳”的声音而言的，由于这种书写就是对于声音本身的书写，它一定要成为整体的共谋。因此，现代汉语的这种语音形象同时也就是现代汉语的整体形象的一个化身。

对汉语声音的书写从强调不在场性到强调在场性，音韵学是一个

---

[1] 其中的一个具体证据是：“zh、ch、sh和z、c、s这两组声母的界限，洛阳话就很乱，连‘照、穿、神、审、禅’‘知、徹、澄’也是zh、ch、sh：z、c、s混读的。”（史存直：《汉语语音史纲要》，商务印书馆1981年版，第153页）

[2] 很多南方方言音系与《切韵》（《广韵》）的对应关系确实都超过了北京音系，但是我们在这里考虑的是具有在场书写特点的读书音对方言语音的归化，而南方方言由于早已离开这种归化的中心便不再是读书音自我再现的典型代表了，这些方言中大量存在的文白异读就是它们脱离归化中心的表现。

重要的过渡。事实上，即使从纯粹在场的角度来看，汉语的声音也倾向于不在场，即痕迹的遮掩。李葆嘉曾举例说："英语的sway（摇摆）与汉语的suei（岁），国际音标同为[suei]，但在实际发音过程中，sway的发音表现为s-u-e-i，音素之间的界限较明，时值较长；'岁'的发音表现为 u{s / ei，即先作合口状，然后将声调包裹着的整个音节脱口而出，浑然一体，时值较短。"[1]李新魁也曾考证发现，韵图中的"等"源自以轻重称呼声类，也就是说最初只有切上字才论"等"，后因"汉语的音节结构有十分突出的严整性，某类声只能与某类韵相拼，声的分等与韵的分等相应合"，"等"才转移到韵类上。[2]这些都说明，汉语的声音在从"印迹"的"延异"向纯粹时间性的出场中具有更大的隐匿性，以原初的空间书写而叠加的非线性因素在这里具有更为显著的基础作用[3]。因此，纯粹在场书写对于汉语语音的把捉始终都面临着一种更加顽固的不在场性的挑战（这当然也促进了以非线性音系学为代表的新范式的流行）。但是另一方面，正如我们在前文中已经指出的，从汉字开始，对于汉语声音的在场的把握其实就已经发生了，因为如果没有这种把握，文字是不可能脱离图画而成为文字的，那么音韵学的重要的过渡作用又体现在哪里呢？要回答这个问题，我们首先要看到，对Derrida的文字学的讨论如果仅仅局限于实际文字对声音的根源性的替补作用甚至是实际文字本身的话，那么这种逐渐以文字来取代语音的做法必然又要造成另一种和语音中心主义本质相同的"文字/语音"的二元结构，因为它仍然无法摆脱对纯粹在场性的诉求。文字学的"文字"本质上是一种作为声音之自我再现的"延异"的"印迹"的"原初文字"，这一点可以理解为：语音和文字作为二元对立的实体在这里其实是不存在的。因此，汉字对于汉语语音的再现作为一种以原初语音感知

[1] 李葆嘉：《理论语言学：人文与科学的双重精神》，江苏古籍出版社2001年版，第326页。

[2] 李新魁：《汉语等韵学》，中华书局1983年版，第49~61页。

[3] 当然，语音学和音系学中的非线性因素仍然是躯体化的在场把捉的结果，但是由于非线性因素比线性因素离纯粹时间性更远，其躯体化也就更加困难，而另一方面，其如音乐般奠定声音之自我再现的根本修辞的意义基础性也就更加突出。

为基础的空间书写虽然必定包含着一种对在场性的把握（典型的就是音节感），但在其原本的书写中，汉字却已将这种把握融入了其生产性的一部分。换言之，“在场性”在这里是声音自身“延异”的“印迹”的自然表现，它是不遮蔽其历史性的（因此汉字也并没有成为一种音节文字）。而与汉字不同的是，音韵学的声音书写作为一种外来语音感知所催生的对语音的再现，从一开始就是把对声音的在场把握作为自身的基本诉求的。因此，不在场性作为和它根本矛盾的东西就一定要从它的话语里逐渐退出。在这里，一切与原初体验相联系的体现根本历史性的话语在本质上都是被排斥的。这方面的一个明显的例证就是：虽然汉文化的传统话语与印度佛教话语发生了总体上相当成功的融合并且大有创造，但是它对于由梵音的语音感知所促成的音韵学的再现却从未达到本体论的真正的一致性。首先，直接诉求于某种现成的传统话语的做法是很不可取的。比如，以《易》理为根本的阴阳五行学说在声音的再现方面也早有一套话语可资借鉴，而且确实有一些阴阳五行的传统术语曾经被普遍借用为音韵学的通用术语[1]，然而事实是，直接以传统话语的理论体系为指导的音韵学研究往往牵强附会、故弄玄虚，虽然有一些小的发现，但其诉求于阴阳定数的总体立论却从未成功过。这方面的例子有很多，比如以“宫商角徵羽”等辨声类，情况就很混乱。明吕坤《交泰韵》曰：“《玉篇》以‘影、晓、匣、喻’属宫，而《韵会》乃属羽。《玉篇》以‘帮、滂、並、明、非、敷、奉、微’属羽，而《韵会》以属宫。《集成》又以‘影、晓’属宫，‘匣、喻’属羽，‘敷、奉’属羽，‘帮、滂、並、明’属共，‘非、微’二字属徵。以此聚讼，谁能决之？”[2]而吕坤自己其实也是立足于《易》学来研究音韵的（《易》有“天地交泰”）。这一派更早的代表人物还有邵雍（作《皇极经世·声音唱和图》）、祝泌（作《皇极经世解起数诀》）等。他们

[1] 典型的如“东方喉声、西方舌声、南方齿声、北方唇声、中央牙声”、“羽、徵、商、角、宫、半徵、半商”等。王力给出了一张较为详细的“声母发音部位异名表”（王力：《汉语音韵学》，中华书局1956年版，插页），从表中可以看出，诸家韵书曾经使用过的术语除“五方”、“五音”外，还有“五行（木、火、土、金、水）”、“五色（青、赤、黄、白、玄）”、“五脏（肝、心、脾、肺、肾）”等。

[2] 引自杨剑桥：《汉语音韵学讲义》，复旦大学出版社2005年版，第27页。

的著作在明清时代的等韵家中颇有影响。据李新魁说，即使是那些从朴素的"音理"出发来研究等韵的人，也"并不是没有这种思想观念，而只是相对来说少一些，或在他们的论述中还不是占据很重要的地位而已"[1]。然而，所有这些以《易》理为直接指导的音韵学者的结论其实都可以脱开其原有理论而更加合理地存在，特别是以两仪四象八卦等定数来规定声、韵、调的分布难免穿凿附会，若蠲除其束缚则结论反而更加可靠。比如潘耒在《类音》中重新厘定"四呼"本来是不错的，但在邵雍思想的影响下，他却认为"四呼"乃源自亘古不变的音之定数。依此思路，他定要将三十六字母删去五个又增加十九个（其中四个有音而无字）以凑得阴阳相配的五十母，这就实在要难煞发音人了。

可是另一方面，如果不是直接诉求于某种现成的传统话语，音韵学能够开辟出自身的本体话语吗？比如说，朴学能否代表音韵学的本体话语呢？如果音韵学的再现从未达到本体论的真正的一致性，我们究竟怎样来理解音韵学发生的历史性呢？姚小平曾引申张世英关于中国哲学史的观点说，中国传统语言学与中国哲学正好相反，后者是重"为道"而轻"为学"，而前者则是重"为学"而轻"为道"[2]。他并从中西比较的角度指出：

乾嘉时期中国学者的主要研究领地是音韵、文字、训诂（包括词义考释、词源探索），对语法稍有涉及（如果把刘淇的《助字辨略》、王引之的《经传释词》看做语法著作的话），对方言也作了一些考察（如胡文英的《吴下方言考》、钱大昕的《恒言录》）。而在同时期的西方，除了进行这类具体的语言文字研究外，更有一种对语言整体的哲学和人类学的关心。[3]

这样的比较当然摆脱不了"第三对比项"所带来的问题。实际上，姚小平反复表达的一个观点就是清儒不关心"语言是什么"，对"语言从哪里来"、"语言如何发展至今"等问题不感兴趣，对"语言

[1] 李新魁：《汉语等韵学》，中华书局1983年版，第102页。

[2] 姚小平：《17-19世纪的德国语言学与中国语言学》，外语教学与研究出版社2001年版，第327页。

[3] 同上书，第328页。

和思维的关系”没有深刻认识等等，而这些所谓的语言的本质、起源、演变等问题根本上都是来自另一种话语的再现。不过，如果我们一定要到清儒的著作中去寻找对这些问题的回答，那么最可能被当做答案的主要还是上文所说的以《易》理为根本的传统话语[1]。可见，如果一定要用“为学”、“为道”这样的话来表述，那么可以说，并不是中国传统小学重“为学”而轻“为道”，而是传统中国文人不可能在学术思想以及人生关照的整体上为“为学”另立一个“道”，这正是张世英所说的中国传统哲学重“为道”而轻“为学”的表现[2]。实际上，无论是音韵学还是关于实际文字的文字学，它们都只是“术”，传统国学作为

[1] 姚小平也引述了王筠“夫声之来也，与天地同始”、黄承吉“盖语原自性生也”、江永“人灵万物情动声，宣声成文谓之音”、《洪武正韵》“天地生人，即有声音”等关于“语言起源”问题的“只言片语”（同上书，第243页）。然而，这些表述其实并非如姚小平所说的那样是持一种语言的“自然起源说”（即所谓语言是“大自然的恩赐”或“人本身的创造”等）。只要将它们放到前文所言《易》理流行的大背景下，我们就可以知道这里的“天”、“地”、“人”等到底应作何理解。比如，江永对于发音原理另有“金乘火位，火入金乡，故心肺交而能言”（引自濮之珍主编：《中国历代语言学家》，上海文化出版社2004年版，第248页）的阐述，完全是以阴阳五行来解释的，他又加十四个有音无字的字母于三十六字母以凑成“大衍之数”，和潘耒的思路如出一辙，因此我们显然就不能说他关于“人灵万物情动声，宣声成文谓之音”的说法“显然也是持自然起源说”，除非我们认为《周易》关于天地万物的话语体系就是现代人关于“大自然”的话语体系。

[2] 必须指出，对于“语言是什么”、“语言从哪里来”、“语言如何发展至今”等所谓语言整体的哲学和人类学问题的关注其实并非张世英所说的“为道”的表现，而是恰恰相反，正是西方人重“为学”的表现。张世英说：“西方哲学传统中主客二分，重对自然的认识与征服，重认识论与方法论，比起中国儒家传统来，较少重人生哲学。如果用‘为道’与‘为学’的术语来说，中国儒家传统是重‘为道’，而西方哲学传统是重‘为学’。重‘为道’的哲学家必然把自己的哲学与人生、与生活紧密联系在一起，‘按照自己的信念生活’；重‘为学’的哲学家则比较脱离实际生活，处在实际生活之外，用金岳霖的话来说，‘他推理、论证，但是并不传道。……他懂哲学，却不用哲学’。……西方哲学的这种特点大都表现在西方近代哲学史上。上面所说的西方传统哲学主要地也是指近代哲学。这仍然是由于上面已提到的主客二分式的发展所造成的。主客二分式和主体性是西方近代哲学的模式和原则，故上述特点在西方近代哲学史上表现得较普遍、较明显。”（张世英：《哲学导论》，北京大学出版社2002年版，第298~299页）显然，提出“语言是什么”、“语言从哪里来”、“语言如何发展至今”这些所谓语言整体的哲学和人类学问题和重“为道”根本不是一回事，我们在前文中已经据Foucault的观点指出，西方文艺复兴之后“人类学主体主义”的认识型虽然发现了“人”，但同时也将人作了知识之表象的处理，而语言学就是参与其中的，因此，“语言是什么”、“语言从哪里来”、“语言如何发展至今”这些问题的提出本身就是“为学”的，而“人类学主体主义”对这些问题更是表明了这一点。重“为学”还是重“为道”要从整体思想来看，把传统小学单独拿出来然后说它轻“为道”是不妥的。研习小学，最后就是要“为道”，把小学说成是语言学然后因为小学不关心语言学那种知识论传统中的“道”（西方人的“逻各斯”）就说小学轻“为道”是根本误解了张世英所说的“为道”了。

一个整体是不会另外赋予它们一种“道”的，即便段玉裁强调“音韵明而六书明，六书明而古今传无不可通”[1]，甚至郑樵还有“释氏以参禅为大悟，通音为小悟”的说法[2]，“通音”、“明六书”却都不是一种单纯自为的行为，否则就要“逐末忘本，曼衍支离，甚至恣肆无稽者，诚为经学之蠹”[3]，或者像禅宗所说的“执于名相”而不能悟。人们往往只看到，小学因此成为经学的附庸（当然，对释子而言也就可以理解为是佛学的附庸）而不能独立。然而事实上，正是因为传统学术对于“术”只取利用的态度，像音韵学这样的学问才能得以发达，因为若要达到“道”的高度，则音韵学话语的在场诉求与儒、释、道都将不相容。音韵学家何尝没有尝试过从其整个学术的本体论高度给音韵学话语一种直接的关照？作《皇极经世·声音唱和图》的邵雍本人就是宋初新儒家的代表人物，他的《皇极经世》包罗万象，音韵只是其中的一部分，而且正因为如此，后人对于这种将音韵放入本体论的关照才表现出普遍的兴趣和信心。李新魁说：“邵氏的这个《声音唱和图》虽语涉玄虚，但对后世韵图、音书的制作有颇为深刻的影响。明人吴继仕《声音纪元》说：‘千古之下，惟邵子有独诣之识，其著皇极之法出于浑成，条理精密，真可为律吕之正宗。’”[4]潘耒则说：“遥遥千载，惟邵子先得我心，惜不获与之并世同堂，上下其议论也。”[5]其原因都在这里。然而，这种本体论关照在中医可行，在武术可行，在书法可行，在音韵则终于难行，其最根本的原因还在于音韵学话语本身的性质（作为关于实际文字的文字学因为包含着对在场性的把握也在一定程度上表现出对传统话语直接的本体论关照的排斥性，但书法就不是这样）。因此，朴学不再谈这种直接的关照而仅论“朴素”的“音理”，这也是有道理的。但是，这种对没有“道”之直接关照的“术”的热情并不能影

[1] 段玉裁：《说文解字注》，江苏古籍出版社1998年版，第805页。

[2] 郑樵：《通志·七音略》，中华书局1982年版。

[3] 朱一新批乾嘉诸老语，出《无邪堂答问》，引自钱穆：《中国近三百年学术史》，中华书局1986年版，第623页。

[4] 李新魁：《汉语等韵学》，中华书局1983年版，第173页。

[5] 引自上书，第109页。

响以对"术"的纯粹利用的态度而最终实现对"道"的朝向，也正因为如此，清代小学的发达才成为可能。王力说："有人寻求清代小学发达的原因，以为清儒躲避现实，走向考据。这是不能说明问题的。同样是躲避现实，晋人则崇尚清谈，清儒则钻研经学，可见躲避现实决不能成为学术发展的原因。"[1]这固然是不错的，但是，将小学发达的原因归为"资本主义萌芽"[2]恐怕就更不能说明问题。事实上，"术"的发达仍然是朝向"道"的，发展朴学之"术"乃是为我所用。至于清儒不尚清谈而钻研经学，这和中国学术自身的历史发展——尤其是陆王心学（以至整个新儒家）的衰弱以及"回到汉代"的运动——有直接的关系[3]。当然，在朴学之"术"的发展过程中，情况逐渐起了变化，尤其是音韵学，它本身的话语越是突出，它对于在场性的根本诉求与它在历史性的传统话语中缺乏本体关照的矛盾就越为明显。王力说："西洋科学的发达，对清代的汉学虽然没有直接的影响，却有间接的影响。举例来说，明末西欧天文学已经传入中国，江永、戴震都学过西欧天文学。一个人养成了科学脑筋，一理通，百里通，研究起小学来，也就比前人高一等。"[4]这个说法对于我们理解音韵学的变化倒是很有帮助。可以说，现代科学终于以另一种"道"满足了音韵学的根本诉求，在经过全面改造之后，后者终于被一同带入了现代的语音再现体系之中。在此之前，传统音韵学始终是一种在实践上与传统话语相交错并为之服务，但在根本上却因为蕴含着不同的话语诉求而无法在传统话语中达到真正的本体论一致的话语体系。然而正是因为如此，传统音韵学才可能在现代语音形象的发生中一方面引导着作为对象的语音本身的原初声音书写的改变，一方面也成为了在再现话语中抛弃"玄虚之气"、朝向科学范式的最好证明。

[1] 王力：《中国语言学史》，复旦大学出版社2006年版，第140页。

[2] 同上书，第140页。

[3] 冯友兰著，涂又光译：《中国哲学简史》，北京大学出版社1996年版，第274~275页。

[4] 王力：《中国语言学史》，复旦大学出版社2006年版，第140页。

第二节 文本的话语效力

正如本章开头所暗示的，对话语发生的历史考察事实上相当危险，因为它会诱使人们轻易地得出一种对象化的结论，这种结论认为话语从来就是某类现成“历史”运作的结果，而实际上，“历史”在这里仍然不过是话语自身的再现。因此，在此类对话语“历史”的研究中，无论是进一步接受某种现成话语所书写的“历史”，还是以对现成话语的弃绝而宣布要将话语的“历史”——即“命运”——“掌握在自己手中”，人们对于话语历史的态度——这也必然构成他们对于话语本身的根本态度——仍然是Kuhn所说的科学教科书式的。在后一种“弃绝”中，人们并不能比在前一种“接受”中获得更大的自由，因为这个“将命运掌握在自己手中”的自以为是的宣言恰恰忽略了对自身命运的掌握。要知道，在以“手”（当然不仅仅是实际的手）为中心的“命运/手”的二元对立中，“手”本身却必须是命运所赐予的，它并不在自己的掌握之中。在前面的讨论中我们曾经反复指出，声音对自身的不可超越性乃是话语对自身不可超越性的一种终极形式。这也就是说，声音体现了一种最为彻底的“手”与“命运”的关系：它一定要成为自身的话语，而这种话语也必然要成为它自身的对象。因此，一种真正的命运（即一种真正的历史），或者说一种真正的声音，既不在其纯粹的在场性中被把捉，也不在其纯粹的不在场性中被把捉，而是在这两者之外“延异”（之所以不说“活生生地涌动”，是因为那里就有“死亡”）着。这不禁令我们想起Heidegger在其校长就职演说中引用过的那句来自《被俘的普罗米修斯》的奇特格言：

知识远不如必然性有力量。[1]

Heidegger说：“这意味着：命运占有优势，所有关于事物的知识，

[1] 引自［德］海德格尔著，溥林译：“德国大学的自我主张”，http://www.cnphenomenology.com/0609101.htm，2006年9月10日。

都首先听任命运的摆布，并且在它面前不起作用。”然而，“正因为如此，知识必须展开它自己的最高抗拒；只有面对这种抗拒，存在者那隐蔽的整个力量才将涌现出来，好让知识真正地在它面前不起作用。这样一来，存在者也就在其深不可测的不容改变中敞开了自身，并将它的真理赋予知识”[1]。如果说这样的演说辞可以为处在科技时代的整个大学所聆听，那么我们相信，它既和对知识的绝对的“接受”无关，也和对知识的绝对的“弃绝”无关。正如Heidegger指出的，“我们——教师和学生”所要做的乃是“让科学直面其最内在的必然性”[2]，因此，我们对话语之根本历史性的考察并不是为了制造知识，也不是为了反对知识，这两者中的任何一方都无法将我们带入对我们已经置身其中的话语的真实历史性即我们自身命运的朝向。就像上一节中对音韵学的分析所表明的，汉语语音形象的“印迹”必然要融入汉语语音自身的“印迹”，我们并不能，也不必离开它。然而，我们却一定要谈论它，这种谈论不是要将它制成某种新的知识的“标本”，以此来考量现有的知识，而是恰恰相反，我们关注话语的历史，乃是希望话语能够从真正的命运中获得真理的力量，这也就是为什么我们必然要在对关于有声音的现代汉语的现代语言学文本之历史生成的讨论之后展开对其话语效力的考察的原因。

所谓“话语效力”究竟是指什么呢？我们发现，Merleau-Ponty曾经引用过的一个例子可以作为对该问题的一个初步的、但是非常直观的回答，而且它恰恰是关于语音的：

设有一系列成对的音节，其中的第二个音节是第一个音节的软化韵脚（dat-tak），并设有另一系列音节，其中的第二个音节是第一个音节的颠倒（ged-deg）；如果这里两个系列的音节在学习后被记住了，如果一个决定性实验中，指导语都是“找出软化韵脚”，那么人们注意到被试找出软化韵脚ged的难度要比找出一个中性音节的软化韵脚的难

[1] 同上文。

[2] 同上文。

度大得多。但如果指导语是要求改变呈现的音节的元音，那么这项作业很容易完成。[1]

这个实验其实很像我们玩的一种利用“惯性思维”的游戏，比如：

——三点水加一个“来去”的“来”字念什么？

——不知道。

——还是念“来”，不信你可以查查字典。那么三点水加一个“去”呢？

——嗯……难道是念“去”？让我查一查。

——傻瓜，那是“法”。

但是，Merleau-Ponty对实验的分析远比“惯性思维”要深刻得多。他说：

在第一次决定性实验中起作用的并不是联想力，因为即使联想力是存在的，也应该在第二次实验中起作用。实际情况是，面对通常与软化韵脚有联系的音节，被试不是真正地在押韵，而是在利用它的知识，运用“再现意向”，因此，当遇到第二系列的音节时，当给出的指导语不再与训练实验中实现的组合一致时，再现意向就只能导致错误。当人们在第二次决定性实验中要求被试改变作为引发因素的音节的元音时，由于这项作业没有列入训练实验中，所以被试不能以迂回的方式利用再现，在这种情况下，训练实验不起任何作用。因此，联想不是作为一种独立的力量起作用的，不是作为动力因的呈现的词语“引发”了反映，只有使再现意向成为可能或试图运用再现意向，根据被试在先前的实验背景中掌握的意义并依靠该实验时，如果被试能在外观上或在过去的外貌中认出它和把握它，呈现的词语才是有效的。[2]

这也就是说，真正决定实验结果的其实是一种普遍的“再现意向”，而且正是由于它在一切联想之前就提供了联想之基础，对象才可

[1]［法］梅洛–庞蒂著，姜志辉译：《知觉现象学》，商务印书馆2001年版，第40~41页。该例子来自来自Lewin《心理力量和能量及灵魂结构引论》。

[2]［法］梅洛–庞蒂著，姜志辉译：《知觉现象学》，商务印书馆2001年版，第41页。

能得以有效地呈现。因此，所谓的“惯性思维”并不是在实验或者游戏中才制造出来的，它甚至也不是首先作为在生活的各个领域里阻碍我们自由思维的东西而存在的，它在根本上乃是基于在一切话语中令世界敞开的领悟。虽然实验或者游戏本身暴露了一种在特定情境下的领悟的局限性，但是整个实验或者游戏的过程却不能不说也是在一种根本的领悟中才得以发生和持续的，这种领悟不仅在最为基本的话语中令我们难以抗拒，而且它其实就构成了我们得以在世界中生活的一切可能性。Plato《美诺篇》曾经讲到一个后来被人津津乐道的“学习悖论”。这个悖论的基本意思是，如果我们对我们所不知道的东西完全一无所知，那么我们最终也不可能知道它，因为即使我们碰巧遇上了我们所不知道的东西，我们也无法知道这就是我们所不知道的东西。这里问题的关键其实就可以表述为：如果话语不发生，或者说话语的世界领悟从来就没有任何效力，那么世界也就不可能作为一种被领悟到的世界向我们敞开。可是，话语究竟是如何发生的呢？话语的效力又是如何获得的呢？为了解决这个问题，Plato提出了“学习就是回忆”的著名论断，这个论断意味着，话语是理念世界现成给予的，人们通过回忆使现实世界的真理通过它向我们展开。显然，如果“知道”就是“概念地知道”，那么我们最终只能承认Plato的这个论断（当然可以把它变成各种版本），否则“知道”就不可能在逻辑上站得住脚。对于西方哲学传统中的这种认识论，我们在本书第一章关于现象学的讨论中已经多有批判，然而，这里特别值得指出的是，Plato的“回忆说”实际上从另一个角度表明了Merleau-Ponty所谓“再现意向”的基础地位。诚然，现象学中的这个“再现意向”并非某种不朽的“灵魂”对其降入肉身之前的神圣“理念”的“回忆”，但是在一定程度上，它和“回忆”都体现了话语的发生对于世界之可能成为世界的根本意义——一种类似于认识论之于本体论的意义，而这就是我们所说的话语的效力。

之所以要把话语的效力提到这样的高度来论述，是因为我们不希望后面的讨论在整体上造成一种“话语的效力原本就是暴力”的假象。事实上，话语的效力本是话语历史性的一部分，可以说它的历史就是话语的历史。但是，随着情况的变化，尤其是随着概念化的在场诉求的发生，它开始和话语的根本历史性发生了分化，也就是说，它开始遮蔽话语的历史性，而早期的理念论就是这种遮蔽的一个典型代表。实际上，就以Merleau-Ponty的例子而言，理念论也不能很好地作出解释，因为“ged”本身就处在两种由不同的“再现意向”所造成的音节形象的联想中，而这正是Merleau-Ponty所要指出的（一方面，“只有以过去体验的观点来理解印象，它才能唤起其他印象，因为在过去的体验中，印象与所要唤起的其他印象共存”[1]；另一方面，“感觉的概念一旦被引入，就会歪曲关于知觉的分析”[2]）。这样的例子我们还可以举出很多，比如人们常被告诫说，不要在看一部伟大的小说之前就去看由它改编成的电视剧或者电影，那样会大大影响你对原作的欣赏。那么这是否意味着原作应该有一种固定的再现，而电视剧使我们偏离了这种再现呢？情况恰恰相反，正是因为电视剧或电影事先造成了一种再现的固定化（类似于话语的概念化），原作本身的原初的、开放的、暧昧的“身体性”便多少被“躯体化”了，而且这种“躯体化”的影响一旦发生便很难消除。

随着概念化对话语根本历史性的不断遮蔽，话语的效力逐渐演化为了一种“权力”——这个过程我们不妨称之为“话语的权势化”，而这也就是话语效力最终与原初的历史性相对峙并因而特别值得我们关注的地方。在话语的权势化阶段，话语作为关于世界之“合法”知识的固定再现与它的概念前的发生发生了关系上的彻底倒转。Prometheus的“知识远不如必然性有力量”的呼喊被遮掩了，取而代之的是以Bacon“知识就是力量”为代表的话语对其真正历史性即命运的僭越。正是这种僭越使得话语本身在实践上发生了一种前所未有的变化。话语开始有意地分离出一系列基本的中心化的二元对立结构并令其“唯一合法化”。在这一过程中，话语的原初发生因其意义可能性被概念化完全

[1] 同上书，第40页。着重号依原文。

[2] 同上书，第35页。

掏空而被彻底置于受支配的边缘，这一系列变化的最终指向就是一种朝向现成话语本身的历史的终结。可以说，这正是我们在前面各个章节中所讨论的关于现代汉语的声音的现代语言学文本中现代性现象的共同特征。当然，话语的权势化其实并不仅仅发生在语言学话语中，它本质上乃是现代文明话语的一种普遍表现。但是，由于语言学话语作为语言之自我再现的特殊性，它的权势化对于其对象自身对于世界之再现的影响便具有一种根本性。应该说，被领悟的语言和被领悟的世界其实是不可分的，但是既然如此，我们就不妨从后者更为广阔的背景中去理解这一段权势化的历史，并进而“直面其内在的必然性”。当然，我们仍然要强调一点，那就是这种考察全然不意味着对事件“成为话语变化之原因”的列举；与其说权势化是一种谋略，不如说它也是命运的一部分。

按照前文所言，我们的考察首先面临的是这样一种状况，即所谓“知识就是力量（knowledge is power）”——其实也可以译为“知识就是权力”——已经取代了对一种真正的必然性的领悟而成为了我们时代的一种信念。诚然，我们可以在这个时代找到许许多多其他的信条，而且“知识就是力量”作为一种信条其实早在四百年前就已经提出来了。然而，在某种意义上可以说，这个信条的提出作为一种典型的唯科学主义观点的表达就是指向今天的。毫无疑问，今天的我们可以对Bacon所说的“知识”作各种广义的理解，比如很多图书馆都喜欢把“知识就是力量”当成自己的座右铭精心镌刻在大厅的墙壁上与读者共勉——那也就是说，这里所有的文本都唯一装载着“知识”，而读者接近它们的唯一正途就是从它们当中获得“知识”的“力量”，然而，这一点不仅不能说明唯科学主义已经过时，而且实际上更进一步表明了唯科学主义所基于的心物二分的世界观和工具理性观念在今天的统治地位，因为人们现在来到图书馆不是为了别的，而是作为一节节“充电电池”来这里“充电”的，就像在某些电脑游戏里一样，文本——不管是哪一种文本——的“知识”的“力量”现在都是作为一种现成的“能量储备”而存在的。这种状况意味着，话语的流传作为一种关于世界的权势化再现的颁布与接受已经成为了当今时代的一个基本特征，由于这种现成化的

“能量储备”在世界得以真正展现之前便篡夺了这种展现的原发地位，生活的秩序与自我的一切价值现在都必须是由它来根本决定，而那种不断回到其发生的真正历史性的要求，那种在暧昧的身体中、在亦明亦暗的流动的境遇中带着敬畏的、带着“怕”与“爱”的原初体验则是不被接受的。Jaspers说：

在几千年的时间里，文明曾沿着各各分离，甚至大相径庭的道路进展。但是在最近的四又二分之一世纪中，欧洲人征服了世界，并在最近的一百年里完成了这个征服。……

西方人的那些指导原则排斥这样的观念：一种简单循环的再现能够恒常发生。我们的理性告诉我们，每一种新的认识都包含更进一步的可能性。实在并非如其本身那样存在，而必须用一种认识来掌握。认识是一种主动的占有。与此相关的运动每十年就加速一次。不再有什么东西是固定的。一切事物都受到质疑，并且被尽可能地加以改造；而近来，这一点是以19世纪所未曾遇到的内部纷争作代价来实现的。

……

但是，为了击中新时代的要害，这一观念必须更为深刻、透彻，而不应仅仅是关于革命、混乱、道德约束松弛等等可能性的一般概念。……在西方，作为基督教传播的一个结果，另一种怀疑主义形成起来。关于超验的造物主的观念把造物主看成是这个世界之前、之后以及脱离这个世界而存在的，他从混沌中创造出这个世界。这种观念把世界降低到单纯造物的水平上。……所有被创造出来的东西现在都成了人的认识对象，它们（似乎）都是对上帝思考的再思。新教非常重视这一点。自然科学及其对世界的理性化、数学化和力学化同这种形式的基督教有密切的联系。17、18世纪的伟大的科学研究者都是虔诚的基督徒。但是，到了最后，当进一步发展的怀疑使上帝这个造物主也完结的时候，留存于存在中的就只有力学的世界体系了——这个世界体系要不是先已被贬至造物的地位，是决不会被如此粗鲁地夺去精神的。[1]

[1]［德］雅斯贝斯著，王德峰译：《时代的精神状况》，上海世纪出版集团、上海译文出版社2003年版，第18~20页。

在这里，Jaspers试图展现出一幅当代状况之起源的画卷。这幅画卷中有革命、混乱，也有科学的世界体系的发展，然而在这些事件的背后，更为深刻的乃是一种世界的“非精神化”。也就是说，话语的效力发生了变化，世界和人本身现在都必须由来自其自身的再现占有和掌控。更为重要的是，这些再现虽然并非完全一致——甚至可以说，它们表面上五彩缤纷并且充满活力——它们对于自身历史的自我发生的的遮蔽，也就是对于人们赐其以死的权利的剥夺却如出一辙。人们必须成为他们被给予的“社会历史”之进步的“铺路石”，就像他们以及整个世界必须成为一系列在根本地位上确定无疑，因而并不以其在系统内的可变性而能够被拒斥的世界体系的实体对象。因此，在对话语的历史命运的抽空和概念化把捉中，“知识就是力量”不可避免地要成为现时代的一个基本信念，因为“知识”现在不是一种联系着世界的原初敞开、带着有死的生命的“味道”而关照着存在的“思想”，而是一种“资本”，它遵守自身的原则，但并不为我们而存在。不错，“知识”确乎施予了我们一些“思想”，我们甚至还能自己提出问题、探究甚至争论。然而，现代“知识”的底线是，我们不能问那些和它的权利相关的基本问题，而且它也拒绝主动地呈现这些问题的真实答案。人们至少必须“正常地”（即使不是“快乐地”）生活在最基本的常识中，可是，正因为这里有一个“必须”，这种“正常”就是一种绝对虚假的“正常”。“知识就是力量”的真实含义是，知识通过人实现其自身的力量，作为实现这种力量的手段，人对“知识的力量”的占有在根本上乃是人对其自身的占有。

关于知识与力量（即“权利”）的关系，当代科学哲学家Rouse指出：

人们普遍地相信，摆脱了政治压力的研究可以最大限度地获得知识，无论权利是支持知识还是反对知识，但是归根到底，对认识成果的知识论评价必定与权利无涉。

……

前面对政治权利和科学知识关系的看法是一种严重的误导。它使

我们忽略了如今权利运作的重要方式，并使我们误解了科学实践及其政治影响。

……

权利不仅仅从外部对科学和科学知识产生影响。权利关系渗透到科学研究的最常见的活动中。科学知识起源于这些权利关系，而不是与之对立。知识就是权利，并且权利就是知识。[1]

需要说明的是，Rouse所说的“政治权利”并不是选举权与被选举权之类的权利，而是在意识形态层面对整个社会实践活动的影响甚至控制。这使得他关于知识与权利的观点正印证了Foucault对于现代人类学主体主义的批判。权利一直就处在现代知识的核心，它掌控着世界通过作为手段的人的可能的再现和运作。这种掌控并不仅仅是我们今天已经意识到的现代文明对于自然的掠取，更重要的是，存在本身就是这种掠取的对象，而人正在这种掠取中被非人化。如此，我们才能真正理解整个现代科学和现代生活的关系。Rouse说：“我感兴趣的权力关系不是科学实践赋予我们的对自然的权力，虽然这一层面在我的讨论中也占据了显赫位置。相反，我一直都在论证，需要按照权力来加以理解的，需要受到直接的政治理解和政治批判的，恰恰是这些实践对我们自己、对我们的生活方式的影响。”[2]同样，我们所感兴趣的也正是这样一种更为根本的权力现象。可以说，当代中国人的世界领悟和生活方式同知识话语的权力作用有着密切的关系，而关于现代汉语的现代语言学话语则在其中扮演着非常重要的角色。

在一本关于现代汉语语法的教科书中，一位语言学家这样解释为什么要研究现代汉语：

21世纪是一个知识经济的时代，经济全球化的时代。……在信息时代，主宰世界的当然还是人，但是起主导地位的是知识。原先说“知识就是力量”，现在，特别是到了21世纪，知识就是生产力；信息转化

[1]［美］劳斯著，盛晓明、邱慧、孟强译：《知识与权利——走向科学的政治哲学》，北京大学出版社2004年版，第12~23页。

[2]同上书，第261页。

为知识，知识转化为经济，知识将作为一种无形的经济成为信息时代经济的主要特征。今后，单位与单位之间的竞争，地区与地区之间的竞争，国家与国家之间的竞争，不同社会制度之间的竞争，固然还是各种实力的竞争，但在很大程度上都将具体化为知识的竞争。21世纪，衡量一个国家的实力如何主要不是看你生产多少吨煤，生产多少吨钢铁，生产多少吨石油，而是看你输出多少资本，看你输出多少技术。未来的现实是：三流国家出产品，二流国家出技术，一流国家出知识，超级国家出标准。到那时，谁能掌握最先进的科学技术知识和各种规范、标准，特别是信息科学技术知识及相关的规范和标准，谁能最大限度地拥有信息，拥有最新的信息，谁将拥有财富，谁就将取得主动权。……“经济全球化”，有些人把它理解为“美国化”，这是不正确的。……[1]

既然是“三流国家出产品，二流国家出技术，一流国家出知识，超级国家出标准”，既然是“谁将拥有财富，谁就将取得主动权”，那么按照这种逻辑，所谓“经济全球化”怎么又不是“某国化”呢？其实，当代文明的资本原则根本用不着语言学家在这里为它大肆辩护，然而，将一种现世的权力规属和利害关系作为一门学科的本体诉求却充分暴露了现代汉语语言学话语在现代人类学主体主义认识型下的权势化本质。我们发现，正如“知识就是力量”的本质规定所预示的，现代汉语的现代语言学再现在语言学家的热情鼓吹中已经不再是某种在其根本历史性中自我发生的话语，而是成为了现成化的资本甚至标准的缔造者。这意味着什么呢？显然，我们的语言学家在写下这番令人触目惊心的“洞悉世事”的演说辞的同时，一定不会觉得自己是孤独的。在这个秩序井然的现代社会，语言学话语和维护这种秩序的所有权力话语一样已经被当做一种必然的、法定的、不知道便为人所不齿、知道了便具有“改变命运”之奇效的知识，并从而进一步成为了大众教育的常识、考试的依据、翻译的参考、作文的规范、说话的标准……这也就是说，现代汉语的现代语言学再现现在要为其再现对象本身的成立全面负责，而

[1] 陆俭明：《现代汉语语法研究教程》，北京大学出版社2003年版，第267~268页。

更为重要的是，随着语言学话语的权势化，“语言学性”现在必须成为被现代语言学所再现的现代汉语本身的属性。当然，语言学话语本身有各种流派，但是在对对象的“躯体化”这一根本立场上它们是完全共谋的[1]。因此，现代汉语作为一种躯体化的语言学解剖对象必然要在自身躯体化的同时令其再现对象也进一步带上躯体化的色彩，这种影响是相当深远的，因为它意味着一种世界领悟的全面改变。可以说，这简直就是一场前所未有的“惯性思维游戏”。那么，在这场“游戏”中，所谓“未来的现实”究竟是什么呢？“主宰世界”的真的还是人吗？

我们在这里并无意展开某种宏大的史论，而且我们主要关注的还是现代汉语的声音。但是，正如我们曾经多次指出的，整个语言学作为一种Derrida意义上的“文字学”在本质上就是对于声音的书写；而另一方面，即使从我们的三本“现代汉语”教科书中也可以看到，至今仍然存在着关于现代汉语声音的不同的“文字学”，而这些“文字学”对声音再现的关系的演变实际上正是现代汉语的声音自我书写的历史性的体现。因此，在下文中，我们将试图从对“躯体化”声音书写的“接受”与“排斥”两个方面来展开对现代汉语语言学话语权势化的讨论，其中“接受”的方面实际上包括对新话语的依赖和对旧话语的改造两个层面。

人不能离开话语，这是我们已经反复强调过的，话语的效力对于世界之保持为世界具有一种根本性的意义。但是，由于对自身历史性的拒斥，权势化话语割裂了它与自身原初发生的联系，在这种情况下，历史经验的缺失使人们不得不像Schneider一样依赖于外在概念的颁布。渐渐地，人们失去了对语言的“大地”进行倾听的能力，剩下的唯有对“大地”的对象化，即现成化话语的依赖。这种根本性的依赖其实不仅是对关于语言之声音的元话语的依赖，更重要的是，随着声音本身的躯体化，世界已经不再能被原发地书写了，人们将习惯于并彻底依赖于一种声音的外在颁布，而现代语言学的各种声音书写结果实际上只是这种

[1] 参见本书第三章第二节的讨论。

外在颁布所造成的关于世界与人生之再现的根本修辞的一部分。也正是在这种意义上，我们说，现代汉语语言学的声音书写最终乃是来自现代汉语声音自身的命运书写，它的声音形象最终就是今天中国人自我形象的一部分。

图18 作为声音崇拜症严重症候的“紧箍咒”式便携收音装置[1]

今天的中国人到底在多大程度上依赖声音再现的颁布呢？上面的这幅图可算是对这个问题的一种象征性的回答。当然，我们并没有任何嘲讽这位在图片中留下背影的老人的意思。他很可能只是由于听力衰弱或者不想让收音机的声音干扰他人的缘故才使用这种奇怪的（不过却也偶然可以见到的）所谓“‘紧箍咒’式便携收音装置”的。但是，这种多少有些夸张的收音装置以及图片中若隐若现的“解放日报”、“公告”、“召回制度，让消费者更放心”等字样在当代中国人话语依赖的背景下却带有强烈的象征色彩。这种象征色彩不仅在于张闳所说的“无线电广播赋予国家以‘声音’形态，造就了现代国家的声音形象，使声音成为国家意识形态的载体”[2]，而且它在根本上就是时代的声音书写所造成的人对于通过声音纯粹在场的世界的概念化再现以及这种在场性本身

[1] 引自张闳：“现代国家的声音神化及其没落”，朱大可、张闳编《21世纪中国文化地图（2005卷）》，上海大学出版社2006年版，第5页。

[2] 同上书，第4页。

的声音修辞的依赖的真实写照。正是在这一基础上，现代语言学的声音话语以及现代国家的声音形象才会发生权力上的相互交织。当然，张闳对国家声音形象的权力分析无疑为我们提供了关于这种权力交织以及作为其基础的时代的声音书写所造成的声音依赖之真实境况的有益参考。他说：

国家电台的声音是国家意志的表征。事实上，不同的国家意识形态往往要求有不同的声音形态。广播电台将国家意识形态转化为声音形态，这样，播音员的声音在相当大程度上就是国家意志的声音样板。播音员本人也即成为国家声音的代言人。

革命题材的电影造就了我们这一代人的声音记忆。在那些关于国共内战题材的影片中，我们总能听到国民党南京政府的电台播音员小姐，以一种带南方腔调的国语，一种软绵绵、娇滴滴的性感声音，播放着被矫饰过的前线战况，这与国民党军队败绩的事实形成反差，造成强大的反讽效果，国民党政府电台言论的谎言性质暴露无遗。……

与南京声音形成鲜明对照的是延安电台的声音。与南方化的柔软和颓靡相比，延安声音则带有北方化的清越、干脆和坚硬。延安时期的广播是革命时代的国家声音样板的雏形。第一代播音员夏青、齐越等人的播音，建构了革命化的声学系谱。……

夏青的声音是一种带有无产阶级革命的禁欲主义色彩和坚定革命意志的声音：高亢，热烈，抑扬顿挫，铿锵有力，字正腔圆。其发音的标准和音色的纯正，均高度艺术化。而其强烈的政治色彩所宣示爱憎分明的政治立场，则使得其声音高度政治象征化。夏青的播音有着数学般的精确，它的音强与节奏，每一停顿、拖长、加速和重音，批判的凛冽，歌颂的热烈，怀念的深情，号召的高亢，无不表现得精准无误。而强大的论辩和教谕色彩，则赋予其播音艺术以超越日常言谈的声音形态和言说逻辑，也超越了作为声音主体的个性化特征，达到与新政权的政治理念和毛式话语充分一致的高度，成为国家声音的标准化的样板。从这个意义上说，夏青是神圣革命的声音“圣斗士”，他的播音艺术乃是无产阶级革命政权的“声音神学”。

这一声音艺术为赵忠祥、邢质斌等国家电视台的播音员和主持人所继承。在歌唱艺术方面，则为歌唱演员如李双江等所继承。李双江将西洋发声与民歌乃至传统戏曲的声音混合在一起，是革命颂歌的优质发声器。

经过声学和政治学双重标准的检测，播音员获得了国家声音的代言权，并将声学与政治学完美地结合在一起，形成了一种标准化的声音模式。它从神学中心像波浪一样向四方播散。民众倾听并模仿。日复一日，如同“文革”期间广播电台的“样板戏”教唱节目一样。天长日久，熟能生巧，逐渐与国家对声音一致性的诉求相吻合，形成了公众在公开的场合下正式发言的基本方式。万众一心、众口一声的局面逐步形成。[1]

张闳在这里向我们展现的是他所谓“现代国家的声音神话”之发生和兴起在中国大陆的典型过程。可以看到，这个过程对于声音的涉及面是相当广的，它不仅包括国家电台、电视台播音员的播音，甚至还包括歌唱演员的歌唱，而它的影响则更为深广，因为声音的话语颁布首先就是对话语之根本修辞的颁布，而修辞的接受并不是以逻辑思辨为基础的，相反，它是概念思维得以在其中发生的前提。因此，它也最容易造成现代文明中话语自由的假象，因为人们仍然认为自己想怎么说就怎么说，想说什么就说什么，却并没有注意到话语作为再现在其根本的历史性发生中的外在给定状态。Wittgenstein说：“我的语言的界限就是我的世界的界限。”[2] Heidegger说：“语言仍是人的主人……是语言在说话。”[3] 这是就语言的一般的和原初的话语效力来说的，然而，当话语效力发生权势化的时候，语言就倒过来遮蔽自己，结果我们最坚定不移地发出的关于世界之概念的在场的声音却必然成为最坚定不移的“去声音化”的声音，因为这种声音已经不再是本真的声音了。

[1] 同上书，第5~6页。

[2] [奥地利] 维特根斯坦著，贺绍甲译：《逻辑哲学论》，商务印书馆1999年版，第5.6节。

[3] [德] 海德格尔著，郜元宝译：《人，诗意地安居》，上海远东出版社2004年版，第90页。

实际上，张闳关于“现代国家的声音神话”的历史叙述并没有到此结束。他认为，从20世纪80年代中期开始，旧的声音神话便开始没落，声音神学中心主义的局面被打乱并最终走向了首先来自民间的“声音的变乱”，而这又和我们下文将要阐述的对“躯体化”声音书写的排斥有关。不过，在这里我们首先要问的是，关于现代汉语之声音的现代语言学话语与“现代国家的声音神话”之间到底有什么关系呢？当然，对这个问题我们完全可以给出各种以事件为中心的具体回答，比如普通话的推广、汉语拼音方案的制定等等，而且它们确实可以作为一种权力关系的明证。然而，仅仅这样说其实还远远不够，因为话语的权力在根本上并不是靠政权而彼此相关的。正如前文所言，现代语言学的声音话语以及现代国家的声音形象在权力上的交织乃是以时代的声音书写所造成的人对于通过声音纯粹在场的世界的概念化再现以及这种在场性本身的声音修辞的依赖为基础的。这就是说，声音的在场书写的发生，或者说这种书写中的根本的世界领悟的转变乃是指导话语权力的最高原则。当然，我们并不认为就是现代语言学把这种原则注入了它和政治权利的关系之中；应当这样说，现代语言学的声音书写乃是在整个时代的声音的自我书写中成为了声音以及声音所再现的世界形象的一部分。只有在这种前提下，我们才能真正理解作为现代语言学之声音书写结果的普通话标准音和汉语拼音在民众的世界领悟中的意义，同时也不至于把它们同现代国家的声音话语以及各种被权势化的文学的、艺术的以及其他的声音话语割裂开来而仅仅作为独立的权力现象来看待。事实上，今天在中国大陆，几乎所有儿童所接受的正式的母语启蒙教育都是从语言学家所制定的一个方案开始的，而不到一百年前情况还不是如此，仅从这一点也可见现代汉语语言学的声音书写之渗透到各种现代汉语的声音以及世界书写中的必然性。而另一方面，作为国家声音之样板的革命化的标准声音模式在经历了声音的对象化和在场书写之后无疑就成为了从整体上呈现语言学标准化声音书写在实践中胜利的楷模，因为它的根本的修辞中同时也有着艺术化的、人情化的因素。可是，这些艺术化、人情化的因素其实也是受权力的原则控制的。比如张闳提到的“样板戏”，它当然包含着比新闻播音更加艺术化的声音表现。可是，即使是从声音表现的角度我们也可以说，“样板戏”同样是标准声音模式的体现，因为传统京剧的声韵调体系在“样板戏”中已经被普通话化了[1]。

在对声音的再现的依赖中，对声音的真正选择是不存在的，因为根本的修辞即根本的声音已经被给定了，它必须是由外在颁布的。不过，这种颁布的修辞原本却的确是选择的结果，这一点我们可以举出切音字运动、国语运动、白话文运动、大众语运动、拉丁化新文字运动等许多例子来证明。当然，关于这些运动的来龙去脉以及它和现代汉语的声音书写尤其是现代汉语语言学声音书写的关系，以本节的篇幅根本难以详述，不过好在前人对此已多有研究，而我们这里则主要要从对新话语接受的角度指出两点。首先，在整个20世纪上半叶（以及新中国成立后相当长的一段时期内），语言成为一个重要问题，这固然是和关于语言的再现即声音书写密切相关的，但是从更大的范围来看，语言的声音书写问题显然并不仅仅是语言本身的问题。郜元宝曾经用一系列二元关系来概括20世纪中国知识分子对于语言、文学、社会等的整体认识，这些二元关系相互之间紧密关联，在实践中，前者总是代表一种新的希望之所在，而后者则往往成为一种羁绊[2]：

声音——文字　　真实——虚假　　活文学——死文学

先——后　　新知——蒙昧　　光明——黑暗

本质——现象　　民主共享——贵族垄断　　现代——传统

拼音文字——象形文字　　健康——腐朽　　西方——东方

自然——人为　　有声——无声

当然，这只是一种相当简单的概括，但是正如我们在前文中曾经指出的，传统结构在底层往往表现为一些二元对立关系。无论如何，这些关系的交织印证了我们已经指出的语言学话语权力与其他各种话语权

[1] 典型的如不再分尖团、庚青辙字不再入人辰辙、完全排除入声等，见祝克懿：《语言学视野中的“样板戏”》，河南大学出版社2004年版，第82~83页。

[2] 郜元宝：“音本位与字本位——在汉语中理解汉语”，《当代作家评论》，2002年第2期，第63页。

力的交织以及它们共同的声音修辞和世界领会的基础（将在场的声音从文字中解放出来以获得概念知识所带来的权力）。

第二，和认识底层的二元对立关系相呼应的是，20世纪各种关于声音书写的运动中，一个重要表现就是对旧话语的改造（乃至废除），而这对于新话语的接受实际上具有更为重要的意义，它清楚地表明新的声音修辞起初确实是一种主动的话语选择。可以说，在这种选择发生之初，“改造”实际上是比“依赖”更为重要的接受方式，因为当时新话语的一个重要特征是，它并没有和政治权力实现高度统一而成为“现代国家声音神话”的一部分。现实情况要求新话语的“启蒙者”必须通过将旧话语重塑为病态的乃至彻底错误的世界再现来建立新话语的权威，汉字对声音书写的“落后化”和声音的“解剖学性”的凸现也是在这个大的话语转变过程中完成的。在这一过程中，旧话语的持有者对于新话语而言不啻为一种帮助其实现自身的工具。在他们先被“弱势化”然后又被“救赎”的过程中，新话语终于实现了自身权势的建构，而这实际上也就奠定了它在权势化之后运作的基本模式：原先的“启蒙者”往往上升为话语颁布的代言人，而与之相对的则是从此依赖于话语的广大“信众”。

和现象学关于身体的原初性说法相一致的是，对旧话语改造的上述特征表现得最为明显的就在关于“身体”的话语中，而身体的话语变化当然就和Merleau-Ponty所说的“作为表达和言语的身体”的再现的变化有着密切联系。我们认为，“身体”话语的改造和其中政治权力的变化至少在三个方面与现代语言学对于现代汉语的声音再现直接相关：第一，现代医学话语对身体的再现实际上为现代语言学对汉语声音的语音学算术抽象提供了重要的话语基础。这种基础不仅表现在对解剖学术语的接受上，而且更为重要的是，正是由于它对语言的声音在身体中的发生进行了彻底的“躯体化”去魅（也就是说，作为话语原发场的身体的解剖学性的确立导致了声音的解剖学性的确立），声音作为“外壳”的话语再现才成为可能；第二，现代医学话语对中国人身体话语的改造使得中国人身体场的原初领悟方式发生了变化，身体的对象化必然导致身体场的弱化，这就使得个体必须在更大程度上依赖于概念话语；第三，现代医学话语对身体再现的权力诉求与现代语言学话语的权力诉求在科学话语的权势化这一点上是完全一致并且相互联系的。因此，下面我们将从对身体话语的改造开始进入对声音话语的改造的讨论。

关于对中国人身体话语的改造，近年来有一些较为系统的研究，这些研究多以Foucault的“知识考古学”等当代后结构主义理论为指导思想，其中杨念群关于中西医话语冲突的研究[1]可算是一个代表。在这些研究中，作者对于现代医学进入中国并对中国人的身体进行再现和改造的过程进行了全面的考察。不仅如此，作者更加突出的是这一再现和改造过程中的权力关系及其政治含义，也就是说，对中国人的身体的“病态化”和“治疗”实际上是对整个中国社会意识形态的改造。“‘疾病’作为一种隐喻不仅塑造了中国人想象自身与世界的方式，而且也同时建构了中国在建立现代国家时所采取的行为技术和制度体系。……因此，……问题不在于对疾病的隐喻做出说明，问题在于把疾病当做纯粹的病而对象化的现代医学知识制度。只要不对这种知识制度提出质疑，现代医学越发展，人们就越感到难以从疾病中解放出来，因此也难以从病的隐喻用法中解放出来。”[2]

下面，我们将从杨念群讨论过的一个案例出发来引出关于汉语声音话语之改造的具体内容。这个案例据杨念群说是引自1927年《中国妇女》杂志中一篇题为“德国杂志中的中国婚姻问题”的翻译文章，但是从内容看，它实际上是对Pearl Buck（赛珍珠）的小说《东风·西风》中部分情节的转述[3]。当然，作为一个和身体话语相关的案例，它是

[1] 杨念群：“从科学话语到国家控制——对女子缠足由‘美’变‘丑’历史进程的多元分析”，载汪民安编《身体的文化政治学》，河南大学出版社2004年版，第1~50页；杨念群：《再造“病人”——中西医冲突下的空间政治（1832—1985）》，人民大学出版社2006年版。

[2] 杨念群：《再造“病人”——中西医冲突下的空间政治（1832—1985）》，人民大学出版社2006年版，第6~7页。

[3] 该小说的前身《一个中国女人的自述》（*A Chinese Woman Speaks*）曾于1926年发表于美国《亚细亚》（*Asia*）杂志，因此1927年那篇译文中的相关内容可能是辗转来自这个版本，因为当时《东风·西风》（1930）尚未出版。

单独成立的。它讲的是上世纪初中国传统妇女桂兰在其丈夫——一位留洋归来的医生——的要求下“放小脚”的故事：

……经过很久的沉寂，丈夫将书合上，满怀心事地望着女主角，叫了声“桂兰”。桂兰心房不住地只是跳，因为这是丈夫第一次叫她的名字。恍惚之中，丈夫的声音又出现了：“从我们结婚的那一天起，早就要问问你，不知道你愿意不愿意，把你那脚上的缠脚布取消了。这个关系乎你全身底健康，不卫生到极点。”语言的训诫自然需要配合形象的展示，丈夫拿起一支铅笔，很快地在他那本书里面的一张白纸上，画了一只赤裸裸的跛得可怕的脚。画完后，丈夫的声音又出现了：“你看罢，你底骨骼是这样长着的。”

“你怎么知道的？”桂兰呐呐地问。因为她从没有当着丈夫的面解开过自己的脚布。丈夫的回答在现代人看来并不出人意料，但是对桂兰来说却颇为费解：“因为我是医生，而且是在欧洲学的。现在我希望你，把那些缠脚布一齐改了罢，因为那实在太难看了。”在当时的情景下，桂兰作出了一个一般人都认为是正常的反应，她很快将一只脚缩回来，藏在椅子下面。紧接着是一段独白：“不好看吗？我常常以我底一双小脚而傲视一切。我当小孩子的时候，我底母亲亲自动手给我洗，用尽心思地替我缠，一天比一天缠得紧一点。我有时痛得哭了，她就劝我忍着痛。要知道将来我底丈夫，要怎样地称许这样美丽无比的小脚。好了，刚好有一年不受缠脚时那些痛苦了。结果呢，他反而觉得小脚难看！”

……丈夫把“启蒙者”的目光直射在了桂兰的脸上，到了这时可谓胜负已判，对白已在一方的支配情绪中进行，另一方似乎只有缄默的权利：“我知道，为了我底原故，使你如此，于你本觉得很难。让我尽我所有的能力，来帮助你罢，因为我是你底丈夫呀。”

这话说出口多少有些自私和虚伪，可桂兰在自述中已无反抗的余地……她的自述是这样的：“我痛得受不了的时候，两手紧紧地抱着他：‘我们一齐努力战胜它罢，桂兰’，他说：‘我看到你这样受苦，我着实难过，但是我们要想想，我们之所以如此，绝不是仅仅为了我们俩，一方面也为着旁的人们，这也是一件反对吃人的旧礼教的事业哪！’”

“不是这样”，桂兰哽咽着说：“我却仅为了你而如此，因为我要给你做一个时髦的妇人。”[1]

小说当然并非纯粹的生活记录，然而，Buck对于中西话语冲突的敏感却使她在“放小脚”这一问题上的认识远远超出了一般的“新话语”启蒙者或者女性主义分析家。她所塑造的形象分别说出了一句当时中国男女真正的心里话：“把那些缠脚布一齐改了罢，因为那实在太难看了”（丈夫）；“我却仅为了你而如此，因为我要给你做一个时髦的妇人”（桂兰）。杨念群说：“桂兰丈夫从图示骨骼变形的医疗解说到反对吃人旧礼教的政治声讨，实际并未触动妻子的神经，可最刺激她的还是这些建构起来的话语背后的真实感觉：‘缠足是丑陋难看的’，而女人对男人虚荣的敏感，更有直接的意义。‘做一个时髦的女人’这句话终于破毁掉了一个经过男权包装的‘解放神话’。”[2]

可见，“放小脚”并不是一个简单的“妇女解放”问题。在上面这个案例中，简直就可以说它和“妇女解放”毫不相干，因为它根本上乃是基于男人的话语流行的变化，而女性的真实感受从头到尾就没有被真正地重视过。杨念群考察了许多当时反对缠脚的议论，发现它们大都是基于一种“强国先强种”的逻辑。比如：

“试观欧美之人，体直气壮，为其母不裹足，传种易强也。”（康有为语）

“母气不足，弱之于未生之前，数十百年后，吾华之民，几何不驯致人人为病夫，家家为侏儒，尽受殊方异俗之蹂践鱼肉，而不能与校也。”（张之洞语）

“因二万万无用之女并二万万有用之男亦消磨其志气，阻挠其事机……”（曾继辉语）

“今者欲救国先救种，欲救种先去害种者而已，夫害种之事，孰

[1] 杨念群：“从科学话语到国家控制——对女子缠足由‘美’变‘丑’历史进程的多元分析”，载汪民安编《身体的文化政治学》，河南大学出版社2004年版，第11~12页。

[2] 同上文，第12~13页。

有如缠足乎？”（《湘报》）[1]

如此种种，都是责备缠足的母亲育不了好种，只能生养“病夫”，消磨“有用之男”的志气。而事实上，当时的西医传教士对缠足的态度却显得比较谨慎，因为没有确凿的证据，所以虽然厌恶，却并没有得出缠足会导致与种群相关的疾病的结论。可见，对于缠足的病态化不仅从一开始就是以男性为话语中心的，而且由于与传统话语相关的政治权力的衰弱，这种对传统的病态化已经达到了夸张的臆造的程度，真是欲加之罪，何患无辞？在这种背景下，女性的身体究竟境况如何呢？杨念群说：“当年的姚灵犀在编辑《采菲录》续编时说了句公道话：‘往日以之为美，非缠足不能求佳偶者，今日又以之为丑，偶有缠足者，其夫婿必以为耻，小则反目，大则仳离，夫妇之道苦，难乎其为妇女矣。’”[2]

话语的流行终于使缠足退出了历史舞台，作为新话语的现代医学也终于在权力的支配下将“小脚”变成了丑恶的旧社会和病态的传统意识形态的象征。中国人逐渐接受了一种关于自己的身体的新的再现。这种再现告诉我们，我们的身体本质上就是一具解剖学的身体、生理学的身体、科学的身体，凡是不符合它们关于“正常”的定义的都是丑陋的、病态的、迷信的，反之则是美好的、健康的、幸福的。然而，这种再现果真能让我们从此免受类似小脚之痛的身体痛苦吗？如果说小脚曾经蕴含着一种权势化的身体话语再现，那么新话语又在何种程度上使我们远离了这种权势化呢？桂兰曾经经历了缠足之痛，可是放足之痛其实并不亚于缠足，而对于那些既没有经历过缠足也没有经历过放足之痛的人，是不是从此就无痛苦了呢？当然，他们（这里当然还包括男性）确实不用再受那些不符合解剖学、生理学或者科学的话语所可能带来的痛苦了，可是为了朝向这些解剖学、生理学和科学话语所制造的关于身体之美、之健康、之幸福的新的“真理”，为了做一个新时代的“时髦的男子”或者“时髦的妇人”（“时髦”在这里绝不仅仅是就外表而言

[1] 引自上文，第7~9页。

[2] 同上文，第13页。

的，而是指关于身体的一切话语的流行），他们所经受的痛苦的程度恐怕丝毫也没有减轻。试问，现代医学带给我们的拉皮、抽脂、脱毛、隆胸到底又能比缠小脚好到哪里去呢？那些塑形舞、瘦身操、跑步机、燃脂带又在何种程度上超过了一条缠脚布曾经对于我们的意义呢？当然，人们会说他们这样做感觉很幸福、很快乐，可是过去赛脚会上小脚女人们的幸福感和快乐感恐怕并不亚于他们。而如果说到那为了幸福而承受的痛苦，我们就更不知道“魔鬼身材是靠汗水换来的”同“小脚一双，眼泪一缸”到底有什么本质区别。更为严重的是，这些还是就个别人而言的。在整体上，现代医学话语的权势化比旧话语更为严重，因为它更加隐蔽，它的对象化和概念化的运作方式使得它更加难以动摇。这里我们并不是指某些人没事也要补个钙、补个铁，科学家也会说那不科学。我们的意思是说，现代医学的整个知识体制令现代中国人难以抗拒它的话语权力，因为我们将身体托付给的是一套完全对象化的东西，由于它根本拒绝涉及自身的历史性，我们根本无法控制它，是它自己在运作。随着身体被不断地躯体化，概念不断地增殖，我们对概念的依赖也越来越严重，而同时，疾病的隐患却在不断增加，因为疾病成了纯粹现成化的“病”，它不是与身体保持着原初联系的再现，而是由躯体直接颁布给身体的，于是人们必须越来越小心翼翼地按照各种说法治疗躯体的疾病、保持躯体的健康，可是越是如此身体就变得越脆弱。

到目前为止，我们似乎还没有谈论过汉语声音话语的改造问题。然而，上面所有关于“放小脚”的讨论其实都已经隐含着对这一问题的回答，那就是一种新的、会发音的、解剖学身体的出现，使得现代意义上的语音形象终于可以全面登场了。而更为重要的是，作为话语之原初发生的场域和形式，身体和声音是话语最重要的，同时也是根本相关的两个方面，因此身体话语的改变其实就是声音话语的改变。在第三章中我们曾经指出，语音的躯体化意味着身体躯体化的全面完成，现在我们则应看到，身体的原发性中本身就有原初的声音书写。因此，身心分立与在场书写实际上具有共谋性，如果说在场书写的全面实现必然导致身心分立的话，那么身心分立的领悟的发生其实也就必然要求使概念实体能够纯粹在场的声音的躯体化，因为身体就是声音作为纯粹现象的根据，而声音就是意义的身体。可以说，声音是概念与我们的肉身相联系的唯一表象，它就是身体参与话语之最终效果的代表，如果它所凝聚的身体不能躯体化，那么概念就将永远“沦落”在其暧昧的历史性中而无法实现其对象化、现成化的功用的存在。这个道理从另一个角度也可以这样解释：身体话语只是一种时代话语的隐喻，身体再现的改变实际上意味着一种整体的再现模式的改变，即以外在概念的颁布为特征的躯体化的书写对与原初身体保持着联系的历史性再现的替代，而这就意味着，概念通过声音的在场呈现成为了所有话语的共同要求，在这种情况下，传统的声音再现当然必须被改造，因为只有语言成为清晰的、透明的、自我抹消的外壳时，概念化的知识才能直接出场并具有稳定性。

于是，声音作为意义的身体便开始了自身的躯体化。这个过程与“桂兰”们被病态化的直接关联在于：“桂兰”式的身体并不是躯体化的，而在场的概念话语则要将这种身体带往Schneider的方向，这个过程实际上就是声音走向躯体化的过程。桂兰的身体在新话语中是有病的，但是她的病和Schneider的病完全是两种意义上的病：桂兰有病，是因为她原有的身体话语同概念话语有矛盾；而Schneider有病，则是因为他的身体完全依赖概念话语。在将桂兰所代表的中国人的身体带向后者的过程中，对概念在场的声音依赖以及对它所依附的权力的服从已经成为了与个体生命相连的重要事实。吴飞说：

> 当病人们不能在家里等待大夫前来看病，而必须到医院里去排队挂号；当行医变成了国家的事业，必须由国家来兴办医院；而国家不仅要兴办医院，还必须开始负责治理各个城市的公共卫生，甚至还要逐渐把普通人的生死纳入自己的管理范围的时候，人们所体验到的，绝不仅仅是一种异国情调的医学文化而已。这里面包含着日常生活的整体变化。[1]

这种“日常生活的整体变化”究竟是一种什么变化呢？我们这里当然不是说，因为人们必须如此看病、如此看待自己的身体，所以他们

[1] 吴飞：“‘拯救灵魂’抑或‘治理病人’”，《读书》，2006年第3期，第123页。

才只好接受某种关于语言的声音的再现以及与此相关的其他东西。问题在于，如果没有流行的权利“空间”，那么新话语所最终要求的心与身的分离就难以实现，身体既不能脱离心而成为纯粹的物以交付代表话语的权力来管理，心就不可能被概念化而成为话语颁布的形式。中国女人必须“做一个时髦的妇人”，中国人当然也必须做一个时髦的中国人，而“做”就不是简单的“想”，光靠想是想不出话语的流行和权利的。语言学家尽可以想出各种关于语言的再现，大众却未必会接受他们的想法，但是，当这些想法成为了我们为了不得不做一个时髦的中国人（否则就要自取灭亡）而不得不接受的话语原则的体现时，语言学的时髦的再现就必然在这些错综复杂的权力关系的操纵下进入生活的各个层面。所谓“日常生活的整体变化”，其实并不是单纯的身体话语的变化，也不仅仅是政治权力的运作方式的变化，归根结底，它的背后乃是中国老百姓尽人皆知的那句耐人寻味的感叹，“世道变了！”根本的“道”变了，其他的自然是要变的，把过去的一切都“一齐改了吧，因为那实在太难看了”。

最初对汉语声音话语的改造就是这样激进的，改革者的矛头直指传统的声音书写，恨不得所有人立即都与汉字决裂，更有人恨不得大家从此都讲世界语。之所以如此迫切地要对声音书写进行改革，当然是和声音一方面联系着身体、一方面又联系着概念的纯粹在场的特点根本相关的。如果声音中所凝聚的肉身因素不能被完全躯体化而成为一种纯粹透明的外壳，那么概念就始终不能从“延异”的身体中提取出来并实现超脱，作为现成化的概念之功用的“知识的力量”就始终要受到影响。另一方面，对旧话语的发言权的剥夺也必然要求声音的躯体化而令其在场地现形并被把捉。可是，与此发生强烈矛盾的是，汉字偏偏是一种抗拒在场的声音书写，它极大地发扬了声音中联系着话语之原初发生的无限“延异”的身体性，而作为其对象化的概念的纯粹在场却被贬抑，这实在就像那些被“愚昧”的“土著话语”所“扭曲”并导致“害种害国”的“小脚”一样令人恼火。这种来自我们的身体“大地”的“土著话语”现在就凝聚在声音的肉身因素中。因此，如果要将那些因为被这种话语所压制而无法呈现出概念天国之本质的在场的声音“解放”出来，首要的任务当然就是用一清二楚的解剖学来终结那些蒙昧、暧昧的“土著话语”。许地山说：

中国学术不进步底原因，文字底障碍也是其中最大的一个。我提出这一点，许多国学大师必定要伸舌头底。但真理自是真理，稍微用冷静的头脑去思维一下，便可看出中国文字问题底严重。我们到现在，用底还不是拼音文字，难学难记难速写，想用它来表达思想，非用上十几年底工夫不可。……我以为汉字不改革，则一切都是没有希望底。用文字记载思想，本来和用针来缝成衣服差不多，从前的针，一端是针口，另一端是穿线底针鼻。缝纫底人一针一针地做，不觉得不方便。但缝衣机发明了，许多不需要的劳动不但可以节省，而且能很快地缝了许多衣服。缝衣机底成功只在将针鼻移到与针口同一端上。拼音文字运动也是试要把音与义打成一片。不过要移动一下这“文字底针鼻”，虽然只是分寸底距离，若用底人不了悟，纵然经过千百年也不能成功。旧工具不适于创造新学术，就像旧式的针不能做更快更整齐的衣服一样。有使中国文化被西方民族吸收愿望底，当先注意汉字底改革，然后去求学术上底新贡献，光靠残缺的骨董，此后是卖不出去底。[1]

汉字的声音书写成为中国进步之障碍的一大罪状是效率低，“难学难记难速写”，这是提倡废除汉字者的一个普遍的观点。现在有不少人从汉字电脑输入速度快等方面来反驳这一点，其实并未得其要领。汉字效率低，最根本的就在于上面所说的它对声音中联系着话语之原初发生的无限“延异”的身体的张扬和对概念通过躯体化的声音纯粹出场的贬抑。因此，汉字在当时最突出的一个问题是难学，尤其扫盲困难。不仅如此，它还不适于“创造新学术”，不能“使中国文化被西方民族吸收”，“卖不出去”，而这些都和我们对于新的权力关系所要求的概念知识的纯粹出场的理解有关。如果不能在文字中发出在场的、透

[1] 引自倪海曙：《拉丁化新文字运动的始末和编年纪事》，知识出版社1987年版，第173页。

明的、作为纯粹外壳的声音来，概念就无法纯粹出场并保持其稳定性，知识的力量就无法实现，中国就会更加羸弱，所以必须将在场的声音从文字中解放出来以获得概念知识所带来的权力，这就是这种理解最后得出的结论。因此，许地山的那个关于“缝衣针”的有趣比喻就特别强调了文字应该像把针鼻移到针口的缝衣机的缝衣针一样“把音与义打成一片”以提高效率，而这个比喻实际上已经将声音做了纯粹在场的处理。可以说，那根“缝衣针”基本上等同于Saussure的那个“作为‘双面心理实体’的语言符号”模型，因此它也就具有了我们在前文中所讨论过的该模型的基本矛盾：它的“针口”必须不断地变为“针鼻”再回到新的“针口”。这也就是说，能够令概念通过声音而达到绝对的“纯粹在场”的表音文字其实是不存在的，而要以表音文字全盘替代汉字，中国人就必须在根本上接受一种贬抑身体性和历史性的声音书写。

对真正的身体性和历史性的贬抑一直是当代权力话语的导向，语言学声音再现的两个基本特征就是遮蔽自身历史性和对对象的躯体化。然而，要使中国人完全抛弃自古以来的身体性和历史性传统[1]，光是靠权势化的话语运作恐怕还远远不够。对实际文字中现代汉语的声音书写的改造运动在经历了切音字、国语罗马字、拉丁化新文字、汉语拼音方案以及1956、1978年两次汉字简化方案（第二次简化方案失败）之后逐渐失去了原有的动力并走向停滞。这其中的原因如果具体分析起来无疑相当复杂，比如拼音文字在实际使用中有很多难以克服的障碍（如普通话中存在大量的同音词以及残存的文言），另外更有人提出了一条关于文改的根本悖论：

一个人只要掌握了高级复杂的技能，就决不愿意重新学习低级简单的技能；反之，要想将一个人永远限制在低级技能阶段，就只有一个

[1] 身体性和历史性其实是相统一的。我们可以说，它们分别对应于Husserl在讨论主体间性问题时所提出的微观的“身体”和宏观的“生活世界”两种思路。而大致上，我们也可以认为Merleau-Ponty和Heidegger（前期）的哲思就是分别抓住了其中的一方面。关于历史性，我们已经多有讨论；关于身体性，这里可以简单补充的是，西方文化自Socrates开始就对身体持贬抑态度（典型的见Plato《会饮篇》），这一情况直到现代哲学才有所改善，而中国文化自《易经》“男阳女阴”开始就是身心高度融合的。

办法——永远不要让其品尝到高级技能的甜头。……

文字改革之所以迟迟不见成效，其关键就在于它依靠的对象全部是学龄前儿童与文盲……一旦接触汉字，尝到甜头，立刻就会被吸引过去……为了有效防范这类过河拆桥的叛逆之举，就必须精心设计一个全封闭的、丝毫不受汉字污染的拼音文字社会，从家庭到幼儿园，直至小学、中学、大学、研究生院……问题在于，谁愿意亲身一试？[1]

这些都不无道理。不过，我们认为，汉字所代表的传统“文字学”（Derrida意义上的“文字学”）与新话语所代表的“文字学”在声音书写上的矛盾其实是文字改革中最根本的矛盾，这个矛盾是权力运作本身也不能解决的。归根结底，决定它的乃是声音之自我书写的命运的改变。

对声音的书写的改造不一定发生在实际文字中，在不与实际文字形成直接冲突的情况下，声音本身的自我再现——即话语的修辞——事实上是更加有可能被改造的，因为它虽然能够被察觉，却并不表现在任何实体中，用Merleau-Ponty的话说就是：“人类团体歌颂世界的方式，归根结底，体验世界的各种方式”发生了变化[2]。从这一点出发，我们就应该说，20世纪各种关于声音书写的运动中，对于旧的声音话语的改造最主要的其实并不在于实际文字的声音书写，因为各种旨在取消汉字的运动虽然也曾经轰轰烈烈，却从未真正实现自己的理想，而与之相比，无处不在的声音修辞却在白话文和大众语等运动[3]中得到了真正的改造。这些运动之所以与声音修辞的改造——或者说现代语言学的声音书写对旧的声音书写的改造——有如此密切的联系，主要在于以下两个方面：第一，大众语运动对白话文运动虽然多有批判，但是它们的理想其实都是“文”与“言”的统一，或者说“把语文的距离缩到最少甚

[1] 何南林：“百年沧桑话文改”，《读书》，2006年第2期，第107~108页。

[2] [法]梅洛-庞蒂著，姜志辉译：《知觉现象学》，商务印书馆2001年版，第244页。

[3] 一般提到白话文和大众语等运动，其实就已经包含了当时对实际文字进行改造的方面，因为这些运动的理想就是要实现“文言一致”，但由于我们已经把对实际文字改造的部分放到了关于国语罗马字、拉丁化新文字等运动的讨论中，这里对“白话文和大众语等运动”的理解就不应再包含这一部分。

至零”[1]，而这种理想当然是和汉字拉丁化相一致的，因为拉丁化的“文”才真正称得上是“文”在日常实践中最可能接近“言”的形式，再接近下去就要用语言学的音标或者区别性特征来书写了（“缩到零”当然只是就语音的词典概念意义即音位意义的抽象层面而言的，如果真的要“缩到零”，恐怕就是用赫兹加分贝或者波形图来书写也无济于事，因为概念的再现对纯粹现象的抽象总是存在的[2]），而在所有这些“文言一致”的书写中，声音的在场书写其实是一个前提，也就是说，声音已经被作了躯体化的再现。第二，白话文之所以反对文言，大众语之所以反对“旧白话文”，除了文言（“旧白话文”的一大罪状是仍然含有大量文言成分[3]）与当时的大众口语有距离的原因外，最根本的还在于文言抗拒在场的书写，它一定要在汉字对声音的“延异”的书写中才能被理解（赵元任的《石室诗士食狮史》、《忆漪姨医疫》和《记饥鸡集机脊》三篇戏文就是为表明文言无法拼音化而作），因此，白话文既取代了文言，大众语既取代了“旧白话文”，它们所代表的声音自身的原初书写的影响其实就必然发生在话语的整个修辞中（无论是口语还是书面语，因为口语也是在原初书写中“延异”的）。话语在其原本的声音修辞中的暧昧的身体性被躯体化，其结果就是：现代汉语在概念通过声音直接出场这一点上与现代性话语的在场书写达成了基本的一致。这个结果意味着一种相当大的改变，因为权势话语现在可以很容易地通过在场书写而将自身的概念通过在场书写进行颁布，在这一点上，声音的在场书写实际上是在原初书写的改变下自我推动的，而作为我们曾经提到的“文字学$_1$”，语言学当然在其中起着重要的作用。事实上，中国的语言学家极少像在20世纪上半叶时那样同时又是引领潮流的积极的社会活动家，他们对于在根本上改变着声音修辞的白话文和大

[1] 陈望道：《陈望道文集（第三卷）》，上海人民出版社1981年版，第83页。

[2] 见本书第四章第二节的讨论。

[3] 当然，具体情况比较复杂，在大众语的提倡者看来，白话有的过于欧化，有的过于文言化，总之都不符合大众的口语，因此都是必须批判的，而在这些批判当中，实际上还有一种“语言有阶级性”的思想在起作用（见于根元主编：《中国现代应用语言学史纲》，中国经济出版社2005年版，第72页）。

众语的宣传自不必说，即使是他们根据音位原则制定的各种拼音文字方案，虽然并未最终成为普及的文字，却也必然成为和前者的声音修辞相一致的语言学的在场声音书写之必然性和理想的证明。直到今天，很多人仍然相信，汉字的拼音化应该是一种自汉字发生起就不变的趋势，只是因为各种原因暂时停下了，现在"要因势利导，不能操之过急"[1]。在根本上，造成这种认识的原因就在于人们已经接受了声音的纯粹在场性和躯体化"本质"，只要"语音/语义"、"文字/语音"等"壳"与"仁"的二元对立关系仍然被当做一种不可动摇的"常识"，那么即便再怎样强调"汉字文化"，汉字拼音化的所谓"必然趋势"、世界文字的所谓"共同的拼音方向"都很难驳倒。

白话文和大众语运动对实际文字以外的声音修辞的改造虽然比对实际文字的改造更加成功，却也留下了一些问题。总的来说，汉语的声音还是没有实现在场书写的一致，统一的白话文和真正的大众语都没有得到过实际的确立，而真正促使汉语达到一种声音书写的空前统一的却是在一种新的权力支配下的所谓"毛文体"或者说"毛话语"[2]对旧式话语的改造。

显然，"毛话语"当中所融合的意识形态因素远远超出了语言学话语权力的范围，要说"毛话语"就是一种语言学声音书写的新表象显然是荒谬的，但是，如果说"毛话语"和语言学的声音书写毫不相干，则恐怕更加荒谬。我们早已指出，现代语言学的声音话语在时代的声音书写所造成的人对于通过声音纯粹在场的世界的概念化再现以及这种在场性本身的声音修辞的依赖的基础上是与政治权利的声音形象相互交织

[1] 王德春：《语言学概论》，上海外语教育出版社1997年版，第291页。

[2] 李陀说："毛文体其实也可称做毛话语，但这样命名会过多受到福柯的话语理论的限制，对描述革命体制下话语实践的复杂性有不利之处。这个不利之处主要是忽略毛话语在实践中的另一个层面：在逐渐获得一种绝对权威地位的历史过程中，毛话语同时还逐渐为自己建构了一种物质的语言形式，也可以说是一种文风，一种文体。换句话说，这个话语在一定意义上又是一种文体，它和此种文体有一而二，二而一的不能分解的关系。"（李陀："汪曾祺与现代汉语写作——兼谈毛文体"，《花城》，1998年第5期，第130页）所谓Foucault话语理论的限制主要是指话语理论更注重意识形态层面而不看重具体的语言形式，但意识形态的深层问题正是我们在这里特别关注的，因此我们将"毛文体"和"毛话语"通用。

的。于根元说：

五四白话文运动的主要倡导人陈独秀，在运动期间是中国共产党的主要领导人。这次文艺语言大众化讨论（指上世纪30年代的大众语运动）的主要倡导人瞿秋白，在这之前不久曾经是中国共产党的主要领导人。后来的延安整风，关于语言问题发表了一系列意见的毛泽东，当时和后来很长一段时期是中国共产党的领袖。特别是头两次，陈独秀、瞿秋白同时主要是作为学者来倡导和参加讨论的。大概我国几千年的历史传统，政治家是很重视很懂得语言问题的，世界的历史或许也是如此。[1]

如果说陈独秀和瞿秋白作为学者直接参加了对声音修辞的改造，那么毛泽东又是以什么身份加入这种改造的呢？他是否仅仅是作为一个“懂得语言问题”的“政治家”而以自己的话语影响了公众的言说呢？李陀曾经一针见血地指出：

毛文体对汉语写作的整饬有自己的历史（对此有很多的研究要做），但这个历史又和现代汉语的形成历史有密切关系，尤其和“大众语”这条线索有更密切的关系。由此我们才不难理解，当毛文体在话语和语言两个层面建立革命秩序的时候，为什么中国知识分子的言说和写作会一下子“一面倒”。当然，不能把事情过于简单化，不用说，这种“一面倒”还有其他社会和政治的原因（这也应该做更多的研究），不过自“五四”之后中国知识界对大众语的神往和迷恋对毛文体形成的影响，我以为绝不可低估。[2]

“毛话语”在相当程度上延续了“五四”以来对于声音书写的在场的改造，这种延续的两个重要的表现就是延安整风运动中毛泽东对语言问题的强调和中华人民共和国成立后共产党对于汉语规范工作的重视。在延安整风时期（1941—1945），毛泽东的三个重要报告《整顿党的作风》、《反对党八股》和《在延安文艺座谈会上的讲话》都专门涉

[1] 于根元主编：《中国现代应用语言学史纲》，中国经济出版社2005年版，第71页。

[2] 李陀：“汪曾祺与现代汉语写作——兼谈毛文体”，《花城》，1998年第5期，第130页。

及了语言问题，强调“一个人只要他对别人讲话，他就是在做宣传工作”，讲话的目的就是要“去影响别人的思想和行动”，使别人“都相信你的号召，都决心跟着你走”，而为了达到这种效果首先就要“向人民群众学习”，不能说“和人民的语言相对立的不三不四的词句”。[1]为什么要如此强调语言问题呢？在这里，政治权利和话语权力其实是交织在一起的。延安整风运动之前，共产党遇到了一个相当重要的话语问题，即“抗日战争后党的队伍发展很快，这些新党员多数出身农民、学生和其他小资产阶级，需要教育”[2]。所谓“需要教育”，其实就是指话语不够统一，这对于中央政治权力的维持是相当危险的。李陀说：“今天再看这些文献（指整风运动中毛泽东的报告），联系整风中对‘学习’的强调，我以为不难看出延安整风在更深刻的意义上，是一次整顿言说和写作的运动，是一次建立整齐划一的具有高度纪律性的言说和写作秩序的运动。这个‘秩序’既要求所有言说和写作都要服从毛话语的绝对权威，又要求在以各种形式对这种话语进行复制和转述的时候，还必须以一种大致统一的文体来言说和写作。”[3]那么这种拿来统一的文体究竟是一种什么样的文体呢？问题就在于：“毛话语”在以新的政治学说继承并进一步明确了大众语中的政治诉求的同时，也自觉地遵循了大众语对“旧白话文”在声音的在场书写方面的批判。因此，“五四”以来话语改革中对声音进行躯体化的、在场书写的统一的基本立场与毛话语是完全一致的——当然，它并不为这种话语中的“无产阶级革命的禁欲主义色彩”负责，但是后者的政治地位却利用并保障了它的政治权力。

“毛话语”对“五四”以来声音的在场式书写的改造的延续更明确地表现在建国后的汉语规范工作中，因为这一切工作不仅是以毛话

[1] 见于根元主编：《中国现代应用语言学史纲》，中国经济出版社2005年版，第100~101页。

[2] 同上书，第98页。

[3] 李陀：“汪曾祺与现代汉语写作——兼谈毛文体”，《花城》，1998年第5期，第130页。

语为指导的，而且是以毛话语的文本为最终产品的样品的。在今天那个人尽皆知的关于现代汉语的经典定义中，“典范的现代白话文”指的是“毛泽东以及现代许多著名作家的作品……”[1]因此，李陀提醒我们：

很多语言学家把现代汉语的规范化归功于1950年代后开展的推广“普通话”运动，认为这一运动的最大成绩，是为全民族确立了典范的现代白话文和普通话，使口语和书面语都有了一种民族共同语为依据。这种看法在一定程度上并不错，比如经过这种规范化之后，不仅文言文完全失去合法性，连半文半白的汉语写作也差不多绝迹。但是语言学家们似乎忽视了毛文体在这一规范化中的作用。是毛文体为这一规范化提供了一整套修辞法则和词语系统，以及统摄着这些东西的一种特殊的文风——正是它们为今天的普通话提供了形和神。[2]

虽然普通话的标准音不可能就是毛主席的语音，但是毛主席的“典范的现代白话文”却为几代人带来了关于这种声音的标准的书写，而这种声音书写其实才是真正的声音的“延异”的体现。今天说着现代汉语的中国人对于毛泽东时代虽然仍然记忆犹新，但却不一定能够意识到它在极大的程度上仍然通过话语而存在于当下，只是被赋予它的权威在今天发生了内部的分离（这种分离在建国初就已经开始了）：科学的权利开始作为一种独立的力量出现，于是纯粹属于“现代语言学”的声音话语才逐渐从“五四”以来融合着各种在权力上互相交织的话语的声音书写中分离了出来而能够作为一门科学被人们明显地注意到（并不是说它之前不存在，我们这里是从话语的权势化的角度来考虑的），而另一方面，原先与它结合的政治权力也分离为一种单独的话语修辞。当然，这两种权利实际上仍然是密切联系的，而且这种联系已经进入了一种现代社会的运作体制。就像杨念群所强调的现代医学只有进入一种和国家机器相结合的“空间”才能在中国被完全接受并开始运作一样，现

[1] 胡裕树主编：《现代汉语（重订本）》，上海教育出版社1995年版，第14页。

[2] 李陀：“汪曾祺与现代汉语写作——兼谈毛文体”，《花城》，1998年第5期，第130~131页。

代语言学在中国的权利在很大程度上也是由国家机器所提供的“空间”所保障的。这个“空间”不仅仅在于对专门的科学研究的扶持，而且更重要的是在于任何一个公民都必须接受的教育以及必须面对的来自社会生活各方面的要求，而另一方面，国家在对这种“空间”的维护中不仅能够巩固自身的权威形象，而且由于这种“空间”根本上是一种话语的“空间”，因此它可以说也是国家权力的保证。杨念群发现，“打扫卫生”、“搞清洁”在今天的中国大陆所具有的一种奇妙的政治含义不仅与“爱国卫生运动”直接相关，而且甚至可以追溯到1952年发生在朝鲜和中国东北的区域性“细菌战事件”所引起的高度升级的对帝国主义侵略的指控和与此相关的对新中国的认同[1]。而在语言学中，虽然不一定非要去寻找类似的具体时间和事件（这种标志既不一定准确，也不一定有很大意义），可是关于语言和文字的某些工作又何尝不是一个时时要出现的政治任务呢？

但是，随着现代语言学声音话语的权势化的加剧，再现对自身历史性的遮蔽以及随之而来的再现对象完全依附于再现的状况却不可避免地导致了各种躯体化的声音书写必然会引起的问题，这也是人们对当前的语文教育发出各种质疑的一个根本原因。试看下面的例子：

女儿的作业要花很多时间来分析字，如：“瓮”是什么部首，它的第七画是点还是折，它的声母是什么，它的韵母是什么，它有多少义项……我曾对女儿说这没用，你学会查字典就够了，字典是工具，你不必成为工具。女儿不听，她尊师敬道。

……

有一次，经我检查过的语文卷子错了很多，不仅是家人，我也开始对我的语文程度怀疑起来。有两条错误是这样的：题目要求，根据句子的意思写成语，有一条是“思想一致，共同努力”，女儿填“齐心协力”，老师判错；还有一条“刻画描摹得非常逼真”，女儿填“栩栩

[1] 杨念群：《再造“病人”——中西医冲突下的空间政治（1832—1985）》，人民大学出版社2006年版。

如生”，老师也判错。我仔细看了，不知错在哪里。女儿说第一条应是“同心协力”，第二条应是“惟妙惟肖”。……我怎么反复说这两条都没有错，女儿也不信，她视老师为绝对权威，老师以标准答案为圣旨。

……

我不知道“挤眉弄眼”为什么只能算神态类的词，而就不能算是动作类的词，神态和动作清楚的界线在哪儿。我也想不通“意外的灾祸或事故”的意思只能是“三长两短”。我最想不通的是考学生这个有什么意义，把一个词归于神态，或把一个词归于动作，对他应用这个词有什么作用。……

最奇怪的是，语文到这程度，女儿的作文反而越来越差。……[1]

在这个例子中，女儿简直就是一个Schneider的翻版，没有概念的再现，原初的现象就无法向她呈现，而且她还一本正经地拒绝正视概念话语的历史性，这在一个孩子而言实在有些令人惊讶。不仅如此，作者说“女儿的作文反而越来越差”，这不禁令我们想起前文中关于现代医学话语的权势化对现代人身体的影响的讨论：随着身体被不断地躯体化，概念不断地增殖，我们对概念的依赖也越来越严重，而同时，疾病的隐患却在不断增加，躯体现在是可以作为一种概念再现的实体对象得到治疗和保护的了，可是身体却越来越脆弱。归根结底，如果我们不能走出一种现代知识的制度的束缚，我们就永远无法摆脱对权势化概念再现的依赖所带给我们的躯体化的摧残。

正如我们曾经指出的，身体的躯体化和语音的躯体化具有极为密切的关系，因为身体就是声音作为纯粹现象的根据，而声音就是意义的身体。对身体的躯体化必然要求声音的在场书写的发生，也必然导致声音中根本的肉身因素之“延异”的“印迹”的抽空和躯壳化，而现代语言学就是在这种抽空和躯壳化中发展起来的对来自根本的意义原发场的身体之声音即作为意义之身体的声音的再现。上面的例子中女儿的作业

[1] 邹静之：“女儿的作业”，载朱竞（编）《汉语的危机》，文化艺术出版社2005年版，第191~193页。

都是在培养女儿对这种再现的依赖，然而它却从来不向女儿透露自身根本历史性的秘密。

还有多少人在接受着和那位女儿一样的教育呢？如果这种对作为声音身体的躯体化和从声音中榨取概念并进而占有自身躯体的态度不能改变，那么我们就不难想象，“作文越来越差”将具有怎样的普遍性。人们往往以为，现在不少中国人母语讲不好、中文写不好主要是和外语的冲击有关，这当然是有道理的，然而母语自身的身体话语的权势化却不能不说是一个根本的原因。试想：就算现在大家都不学外语了，而是转而研究“瓮”的声母是什么、韵母是什么，“挤眉弄眼”到底是神态词还是动作词，情况又会有什么变化呢？恐怕不但不会变得更好，只会变得更糟。当然，我们早就说过，这些研究自有其自身的领域和价值，但是它们的权势化所造成的再现的概念对事物之历史性敞开的僭越却不可避免地使作为有死的声音的语言在它本身所造成的躯体中失去有死的生命。

如果人们仍然向往做一个真正的人而不是某种概念再现的标本，那么对躯体化话语的权力的抗拒就必然发生，而由于声音乃是语言之意义的身体，在对躯体化的的抗拒中，声音就是一个极为敏感、同时也极为重要的因素。在前文中我们曾经提到，张闳认为，“现代国家的声音神话”在80年代中期就已经开始没落并逐渐走向“声音的变乱”[1]，而有趣的是，这个时间恰好是和李陀所强调的“公开拒绝了毛文体”的朦胧诗[2]的出现时间相一致的。当然，改革开放必然是这背后的一个重要原因，但是这种一致性却充分说明，声音作为意义的身体完全不用先行依赖于概念。所谓“现代国家的声音神话”的没落体现在多个方面：在播音艺术上，一些播音员“开始试图偏离夏青式的原教旨声音路线”；在歌唱艺术上，大陆歌手则开始“在对故乡和国家的歌颂声中，

[1] 张闳：“现代国家的声音神化及其没落”，朱大可、张闳编《21世纪中国文化地图（2005卷）》，上海大学出版社2006年版，第3~9页。

[2] 李陀：“汪曾祺与现代汉语写作——兼谈毛文体”，《花城》，1998年第5期，第137页。

注入了羞羞答答的情欲元素”。而最终，“声音的变乱”则造成了“地方腔、洋腔、港台腔和市井流氓腔，正从四面八方袭来，考验着国家声音的纯粹性和中心地位”的局面[1]。我们可以认为，“朦胧诗”其实是包括在“现代国家的声音神话”的没落过程中的，它的声音和各种歌、曲、调在原初的身体性（即它的根本修辞的发生）上本没有什么区别，只是表面上对概念的呈现使得它更容易被作一种躯体化的理解。

当然，权势话语对于声音的再现也是敏感的，就像邓丽君的“靡靡之音”曾经遭到无数非议，朦胧诗也曾被视为一种“犯上作乱式的挑战”[2]。虽然权势话语经过调整自身的限度以及——更为关键的——将其自身的权力逐渐分裂并置入现代社会体制的各个方面又恢复了平静，但是只要躯体化仍然存在，对权势话语的“挑战”就不会终止。人们总是要在作为真正身体的声音中才能体验自身的根本存在的，因此人们总是要“发怪音”的——“怪音”的意义在于，它本质上乃是“自己的音”，这个音排斥在场书写的任何一种对象化、现成化、躯壳化和概念化的“提炼”，因为它就靠它的原初的身体，就靠它的这个“壳”而获得意义。从这个角度来看，今天的一些人爱说方言、爱学外国话、爱写怪句子、爱在网上造怪词又如何不能理解呢？他们真的仅仅需要那些声音外壳里的作为美味的“仁”的信息吗？并非如此，他们是在现代文明的压抑中通过这种方式歌唱自己以及世界的本真性。就像Heidegger所说：

在方言中各各不同地说话的是地方（Landschaft），也就是大地（Erde）。而口不光是在某个被当做有机体的身体上的一个器官，倒是身体和口都属于大地的涌动和生长——我们终有一死的人就成长于这大地的涌动和生长中，我们从大地那里获得了我们的根基的稳靠性。当

[1] 张闳：“现代国家的声音神化及其没落”，朱大可、张闳编《21世纪中国文化地图（2005卷）》，上海大学出版社2006年版，第6~8页。

[2] 李陀：“汪曾祺与现代汉语写作——兼谈毛文体”，《花城》，1998年第5期，第137页。

然，如果我们失去了大地，我们也就失去了根基。[1]

“大地”是什么呢？在某种意义上可以说，它就是语言的那个声音的“壳”，因为一切原本就是一个“壳”——但却是个“延异”的、身体的、有味道的“壳”。现代科学以它的非历史的、躯体化的领悟教我们把“壳”晒成无味的“干”并告诉我们这“干”就是最本质的精华，可是“我们就爱那味”。作为世界的带着根本历史性的敞开，“壳”乃是我们的原初的身体，它是诗意的、暧昧的，它不靠任何一种概念的再现而存在，它也不向我们提供任何概念、信息、知识、力量，然而，正如Kierkegaard所说，“那个壳，恰恰是上帝最为珍视的”[2]，上帝只救赎那些爱“壳”的人。

Wittgenstein说：

我们的孩子还在学校里受着这样的教育，水是由氢气和氧气构成的，糖是由碳、氢和氧构成的。不懂的人是愚蠢的。而那些最重要的问题被隐瞒了。[3]

那些被隐瞒的“最重要的问题”究竟是什么呢？Wittgenstein的意思并不是说，我们还应该教给孩子获得科学知识的方法——虽然那已经进了一大步了；“最重要的问题”是说：我们凭什么问关于自然的问题？我们又凭什么给出这种种答案呢？显然，就是“水等于H_2O”这样简单的常识里也包含着人作为人的不解之谜。人是需要话语的，否则世界便无法向人敞开；然而人又常常会被自身的话语所遮蔽，而无法看到世界之敞开中根本的“生”与“死”的交融，而这就是本章对于汉语声音之再现从汉字、音韵学、现代语音形象的发生到语音话语的权势化的

[1]［德］海德格尔著，孙周兴译：《在通向语言的途中》，商务印书馆1997年版，第172页。

[2]［丹麦］克尔恺郭尔著，杨玉功编译：《克尔恺郭尔哲学寓言集》，商务印书馆2000年版，第112页。

[3]［英］维特根斯坦著，赖特、尼曼编，许志强译：《文化与价值》，浙江文艺出版社2002年版，第123页。

历史考察所要表明的。

表面上看来，这种表明的过程似乎包含着一个难以解决的矛盾，因为我们仍然是在进行着再现，而对话语历史的再现不正是我们所说的对话语真实历史性的危险反动的肇始吗？然而，这一点与其说是矛盾，不如说是在另一种意义上对再现的肯定，因为再现现在不再被当做一种纯粹的对象话语了，而只有如此，再现才能从它的原初发生中重新获得它真正的价值。举例而言，我们都听说过Shakespeare的那个关于“rose（玫瑰）”不过是一个“name（名字）”的说法，“name”的意思就是说，它是一个再现，可是我们究竟如何理解这个再现呢？我们是否就可以匆忙地得出结论说：所以语言是思想的外壳，语音是语言的外壳呢？问题在于，如果我们说“rose”就是一个空空的、透明的、作为纯粹载体的外壳，那么它所承载的那个内容——也许我们可以叫它玫瑰的“概念实体”或者“本质”——又是从哪里来的呢？这实际上又使我们回到了第二章结尾时讨论过的那个老问题，因为玫瑰本质上是玫瑰，这也不过是一个再现，所谓的“概念实体”或者“本质”是无法从它的“躯壳”的肉体中逃脱的，如果没有再现首先在身体中发生，那么一切——包括躯体性的世界理解——都将是不可能的，我们只能陷入完全的黑暗。

话语是有历史性的，但是我们不能离开话语，而且我们之所以不能离开话语，正是因为它是历史性的。我们必须通过“rose”或者“玫瑰”的历史性来理解世界的某种敞开，就像我们必须通过声音话语的历史性来理解声音，而且如Merleau-Ponty和Gutting所言，它们就是各不相同的。

那么我们的观点和Sapir-Whorf假设有什么不同呢？从某种意义上说，Sapir-Whorf假设确实反映了话语之历史性的特点，但是它的致命缺陷在于：它同时又将历史性作了概念化的理解。具体来说，在这个假设中，语言本身已经被事先当成了思维的“外壳”，因此无论我们再怎样颠来倒去地对它们之间的关系进行各种补充说明，我们仍然不能在“外壳”决定“内容”这一点上自圆其说，除非我们指出：“外壳”是不透明的，它就是使“内容”得以出现的身体。而既然如此我们就应该明白：所谓“内容”——那些好像在先天上已经被给定的思维内容——其实都是从作为纯粹现象的“外壳”中抽出来的，“外壳”本来是流动的、不靠任何概念内容就首先“存在”的东西。可是如此一来就真的被“掏空”而成了一副纯粹的“躯壳”了，而从它里面“掏”出来的东西则被“晒干”成了一些好像是先天就存在的概念。Sapir-Whorf假设看到的实际上就是，有的“外壳”能“晒出”一些别的“外壳”“晒不出”的概念，或者说各种“外壳”“晒出来”的概念不一样多。而实际上，这种衡量方法本身就已经预设了一套事先用给定的方法“淘空”“外壳”并“晒出来”的概念。西方人的在场概念思维传统使得Sapir-Whorf假设并没有看到它在比较各种语言时已经事先预设的一套遮蔽自身历史性的语言，它所蕴含的矛盾本质上就是我们曾经分析过的“第三对比项”的矛盾。

回到本章的论述，我们发现，对汉字拼音化的反驳所面临的困境和Sapir-Whorf假设的困境其实颇有相似之处。具体而言，也就是我们曾经指出的，只要人们已经接受了声音的纯粹在场性和躯体化“本质”，只要“语音/语义”、“文字/语音”等“壳”与“仁”的二元对立关系仍然被当做一种不可动摇的“常识”，那么即便再怎样强调“汉字文化”，汉字拼音化的所谓“必然趋势”、世界文字的所谓“共同的拼音化方向”都是很难驳倒的。事实上，汉字作为对汉语声音的“延异”的书写乃是后者身体性的体现，如果说Sapir-Whorf假设还只是涉及到了“语言/思维”这层“壳”与“仁”的关系的话，那么这里我们就进一步涉及到了“语言”这个“壳”内部的“壳”与“仁”的关系。可以认为，作为纯粹现象的真正的“壳”，也就是那个最原初的、但是却在在场书写中被“掏空”得最厉害的“壳”，应该就是“文字”了，只是这里的“文字”并不是实际文字，正如我们在前一章中所指出的，它乃是一切声音的“延异”都必然要求的从时间性向空间性逸出的“原初文字”。

没有任何一种实际文字等同于“原初文字”，汉字也不例外。但是，汉字的基本特点是它抗拒声音的在场书写，这是我们在本章中重点讨论的一个内容。那么，汉语中是否就不存在Derrida所说的“语音中心主义”了呢？我们发现并非如此。汉语中是存在对声音的在场书写的，而且自古就有，不仅如此，它实际上联结着传统话语与现代语言学话语关于声音的书写，在这方面音韵学可以作为一个典型的例子。但是，音韵学在传统话语中始终没有达到和“道”相统一的高度，也就是说，音韵学的“语音中心主义”是存在的，但是它却并没有同时造成“逻各斯中心主义”的局面。这恰好印证了Derrida关于中国文化的一种猜测，他说：

我以为无需逻各斯中心主义的语音中心主义是可能存在的。非欧洲文化中也完全有可能存在给声音以特权的情况，我猜想在中国文化中也完全有可能存在这种语音特权的因素或方面。但中国文字在我眼中更有趣的常常是它那种非语音的东西。只是，在中国文化或其他文化中，赋予并非就是逻各斯中心主义的声音各种特殊地位也是完全可能的。[1]

可是，随着声音的在场书写的权势化，现代汉语到底还能在多大程度上保持一种对“逻各斯中心主义”的反抗呢？是不是只要使用汉字情况就不会变呢？也许并不能如此乐观。在这一问题上，Wittgenstein所担心的教育正是一个具有决定性的因素。诗人欧阳江河曾经写道：

我独自一人在汉语中幽居，
与众多纸人对话，空想着英语，
并看更多的中国人跻身其间，
从一个象形的人变成一个拼音的人。[2]

就其本真性而言，原初的敏感绝不亚于任何细致的科学调查。这几行诗代表了一种敏感的诉说，它透着发人深思的忧愁。显然，无论现代汉语的声音如何书写，它都绝非某些学者一厢情愿的塑造，否则诗人

[1] [法] 德里达著，张宁译：《书写与差异》，生活 · 读书 · 新知三联书店2001年版，序第11页。

[2] 欧阳江河：《欧阳江河诗选——透过词语的玻璃》，改革出版社1997年版。

不必感到孤独。然而学者是否从此便可心安理得了呢？不错，我们曾经反复指出，话语的效力原本并非暴力，它对于世界之可能向我们展现为世界具有一种根本的意义，也可以说，它乃是我们精神的故乡。然而问题在于：如果所有人都只有同一个故乡，那么故乡还成其为故乡吗？这时候，我们又想起了Heidegger去世前的一句话："急需深思，在技术化了、形式化了的世界文明时代，是否以及如何还能有故乡。"[1]

[1] 引自［德］萨弗兰斯基著，靳希平译：《海德格尔传》，商务印书馆1999年版，第576页。

第五章 结 论

Derrida认为，哲学是一种极力掩盖自身的写作；从某种意义上说，不仅哲学，一切学术乃至话语都是极力掩盖自身的。情况往往是：我们对它知道得越多，对它“自身”就知道得越少。

我们并不反对这些现行的话语，因为我们并不认为对话语的反对可以在任何程度上自动取消话语的遮蔽性——尤其是当它造成一种新的二元对立时。事实上，任何人都必然生活在话语的流行中。然而，如果说人们因为在流行中生活便总是对事情有着某种固定的期待的话，那么我们这里首先要说的就是：请反思这种期待。这种期待首先来自一种再现，而一种遮蔽自身历史性的再现必将僭越期待的真理而使我们最终无可期待。

Heidegger在《世界图像的时代》中说：

与希腊的觉知不同，现代的表象意指着完全不同的东西。这种表象的含义最早由repraesentatio[1]一词表达出来了。表象在这里的意思是：把现存之物当做某种对立之物带到自身面前来，使之关涉于自身，即关涉于表象者，并且把它强行纳入到这种与作为决定性领域的自身的关联之中。何处有这种事情发生，人就炫耀他自己，亦即进入普遍地和公开地被表象的东西的敞开区域之中。借此，人就把自身设置为一个场

[1] 拉丁文“再现”（即此处所谓“表象”）的名词形式，详见本书第一章对其动词形式repraesentare的讨论。

景，在其中，存在者从此必然摆出自身，必然呈现自身，亦即必然成为图像。人于是就成为对象意义上的存在者的表象者。[1]

然而矛盾的是，正如前面已经指出的，我们必然生活在再现之中，世界只有通过再现才能向我们呈现，我们不能想象一种脱离再现的意义，就像我们不能想象不靠眼睛而看到眼前的这些文字。那么，在这个“世界图像的时代”，我们是否只好屈从于再现向我们的颁布呢?

赵元任曾经写过一些有趣的格言，其中有一条说：“肚子不痛的人，不记得有个肚子；国民爱国的国里，不常有爱国运动。”[2]在这里，“肚子”和“爱国”其实就是再现，然而这样的概念再现却并非总是必不可少的。相反，再现的真正源泉乃是在那永远涌动着的原初意义之中，那种意义我们并不能用某种概念化的程式将其套取。我们的身体和我们对祖国的感情就在这原初的涌动中向我们发出默默的倾诉，当我们将这种倾诉套取为任何一种概念时，它其实就已经不是它本身了。

因此，要使话语的再现不成为束缚，我们就必须还话语本身以自由，话语是朝向那不断涌动的意义之源的，那里有它根本的带着死而生的历史性。关于话语的这种历史性，哲学家们有过各种不同的理解和表述，Heidegger强调的是作为动词的sein（to be）而非实体化的Sein（being），Derrida则说那关系着永恒地“延异”着的“印迹”。然而，这些表述本身当然也就必须以其自身的历史性来理解，因此也就必须被非概念化或者被解构。

因此，解构根本上乃是一种自由的姿态，它并不是否定再现——那种现成化的否定无非只是另一种形式的概念化的肯定，它要还再现以其历史性，也就是使再现真正获得有死的并因而真正鲜活的生命。

正是抱着这样一种态度，我们决计进行本书的这项研究。关于这项研究的具体内容和意义，在本书开始时当然就已经做过交待，不过现在看来，其中还有一些地方值得我们回过头来反复思考。在本书中，我

[1]［德］海德格尔著，孙周兴译：《林中路（修订本）》，上海译文出版社2004年版，第93页。

[2]见张树铮：《遥遥长路·赵元任》，山东画报出版社1998年版，第71页。

们曾经提到Snow《两种文化》里的一些观点，这些观点的背后，实际上是20世纪五六十年代发生在西方学术界的一次关于人文与科学的大争论。这场争论虽然已经过去了，但是它所留下的问题却从未得到解决，因为人们虽然学会了狡猾地打出“人文与科学相结合”的口号，事实却正如金耀基所强调的，“过去是科学在世界之中，现在是世界在科学之中”[1]。由此可见，Husserl所说的“欧洲科学的危机”不仅没有在他提出这个问题的纯粹哲学的意义上成为历史，而且恰恰相反，它现在必然已经成为了“世界科学的危机”，而这个危机——它其实正是Heidegger所说的“世界图像的时代”最突出的表现——当然也就是人文的危机。

无论是科学的危机还是人文的危机，归根到底都是人自身的危机。问题其实还是那个问题：在“世界图像的时代”，我们是否只好屈从于再现的颁布呢？可是危机的首要表现就在于：这个问题现在已经提不出来了。今天的人们已经把科学现成化为某种不受生活世界左右的独立的东西，而生活世界本身倒是受它左右的。当我们对科学话语的权威发出质疑时，人们会说：我们的生活难道不是正受着科学的恩惠吗？这就好像Magee问Putnam：“那么科学究竟是怎么起作用的呢？如果科学并不是一套可靠、客观的知识；如果每一条科学理论都有相当一部分因为产生于人类的大脑而成为主观的产物——那么我们怎么可能建筑大桥，驾驶飞机，向月球发射火箭，做出如此种种的事来呢？”[2]

Magee的这个问题无疑是替无数对于“危机”的说法感到奇怪、困惑、厌恶、不屑甚至愤怒的人们问的。的确，在他们看来，“主观”如何能高于“客观”呢？“修辞”如何能高于“逻辑”呢？“个别性”如何能高于“普遍性”呢？这就好像说：雄辩如何能胜于事实呢？黑的怎么可能变成白的呢？对此，Putnam是这样回答的：

[1] 金耀基：“人文教育在大学的位序”，许纪霖、刘擎主编《丽娃河畔论思想——华东师范大学思与文讲座演讲集》，华东师范大学出版社2004年版。

[2] [英] 麦基著，周穗明、翁寒松等译：《思想家：与十五位杰出哲学家的对话》，生活·读书·新知三联书店2004年版，第283页。

我认为，把“主观”和“符合现实”对立起来是不对的。例如，日常生活中，我们说的话反映了文化决定的具体事物。要是还没有一个完整的社会结构网，我们就不会说：“拐角上有个警察。”原始部落来的人会说：“拐角上有个穿蓝衣服的人。”但是，警察的概念反映了我们的文化事物这一事实，并不意味着角落上有一个警察不是客观事实。[1]

Putnam的回答是要表明：一切所谓概念化的“事实”都是有历史性的，它们并不是在任何话语发生之前就明明白白地“客观地”在那里的。所谓“客观事实”本身的呈现就要靠话语的再现，而在话语的原初发生中，世界既不是纯粹精神的“我”，也不是纯粹物质的“非我”（那无非是另一种纯粹精神的“我”）。事实上，“警察”仍然是一个容易被“我”化，即被纯粹地“主观/客观”化的概念，而如果我们能够意识到，就算这里的“蓝”或者“衣服”在一切话语之外也只能归于寂灭，我们才可能真正接近这里问题的关键所在。

然而，能够这样看问题的人显然并不多。比如专门研究中国历史的Christopher Cullen（古克礼）在解释自己为什么不相信中医时就说：

从我个人情感角度来说，我认为在共处于某个时间的不同世界里，可能存在有多种不同的陈述，其中一些陈述对所有人而言都差不多。例如，如果看到有一个砖块朝着我的脑袋掉下来，我想，不同文化中的人都会认为，如果我不避开，就有可能被砸死。在这里，不存在文化的差异。但还有一些不同的陈述，例如，有些人认为疾病与人们周围的生活环境有关，人们要想保持健康，就要调节生活，协调环境。对此，有些人认为是胡说八道。这些关于人类情感状态的陈述，绝对是个人化的。对我而言，问题是我们称之为科学的东西能成功地指导实践。科学总是成功地一步步地扩大能让每个人理解的前一类陈述。[2]

这种说法虽然比纯粹的科学主义更有道理，但是值得思考的是：是否真的存在没有任何文化差异的绝对透明的真理呢？这种真理是否

[1] 同上书，第283页。

[2] 引自古克礼、刘兵：“全球化与多样性”，《读书》，2006年第11期，第109~110页。

又真的会逐步扩大呢？它会扩到多大？或者说，文化的差异会缩到多小？事实上，只要我们承认它可以扩大到人的整个身体或者心理，那么我们就很难说还存在任何在科学的“统治”之外的完全自由的文化差异。也就是说，文化差异在根本上只是事物的科学本质运作的表象。因此，Cullen此处对“不存在文化差异的陈述”与“存在文化差异的陈述”的区别同他对“科学总是成功地一步步地扩大能让每个人理解的前一类陈述”的强调其实是具有某种不可调和的矛盾的。这不禁令人感叹Husserl所说的对关于世界之常识的“自然的思维态度”具有多么大的诱惑力，也不禁令人想起我们曾经引用过的Heidegger的下面两句话：“沉思乃是一种勇气，它敢于使自己的前提的真理性和自己的目标的领域成为最值得追问的东西。”[1]“这样一种沉思既不是对所有人来说都必然的，也不是每个人都能完成的或者哪怕仅仅承受的。相反，无沉思状态却普遍地属于实行和推动活动的某些特定阶段。”[2]

那么中国人自己又如何呢？我们有没有勇气追问当前置于我们面前的各种前提的真理性呢？事实上，即便只是从另一种现成话语——比如传统话语——来反观我们的现有话语，就已经可以算得不错了。然而令人惋惜的是，就是具有这样勇气的人，在今天也是寥寥无几。半个多世纪以前，中医张锡纯曾经自信地用阴阳五行理论来解读西医，并且还在实践中得出了“阿司匹林味酸性凉，最善达表”的结论，创制了著名的“阿司匹林石膏汤”[3]。无论这种探索的具体结论是否正确，在实践中将“常识性”的西医的前提进行悬置就已经表现了莫大的勇气。而今天的中医，还有多少人有这样的勇气呢？今天的我们似乎都相信了Kuhn所批判的科学教科书对于人类文明话语的“线性进步”的描述。中医朝向西医不过是这种描述所制造的许许多多例子中的一个：筷子要朝向叉子，庖丁解牛的“道”要朝向解剖学，声音的非在场书写要朝向

[1]［德］海德格尔著，孙周兴译：《林中路（修订本）》，上海译文出版社2004年版，第77页。

[2] 同上书，第98页。

[3] 张锡纯：《医学衷中参西录》，河北人民出版社1974年版，第292页。

在场书写……在所有这一切的背后，其实都不过是Buck关于桂兰“放小脚”的故事中的那两句话：“把那些缠脚布一齐改了罢，因为那实在太难看了”（丈夫）；“我却仅为了你而如此，因为我要给你做一个时髦的妇人”（桂兰）。[1] Wittgenstein说：

一个时代误解另一个时代，而且是一个小小的时代用它自己下流的方式误解所有其他的时代。[2]

这话原本是没有语境的，不过放在这里看，它又何尝不能作为一种对我们十分有益的警告呢？

当然，问题并不仅仅是警告，哲学家的警告向来是被人忽视的。这里更为关键的还在于：即使我们能够有勇气以现成的传统话语反观当前话语，即使我们能够以这种反观来反对一个时代对另一个时代的误解，这种反观又能在多大程度上为我们阐明当前话语的历史性呢？无疑，它为我们提供了一个极富启发性的视角，不过，就当前话语本身而言，这种反观似乎仍然缺乏批判的力度。真正的对话并没有展开，当前话语仍然可以安卧在自己的世界再现中而逃避任何关于其真正历史性的拷问，而这实际上也正是当今人文与科学相“结合”的常态。

因此，一种更加有力的提问方式是非常必要的，而仅仅是在这方面，我们才能发现，给出刚才那条警告的Wittgenstein以及在本书中令我们受益颇多的解构主义哲学家Derrida无疑是真正的思想大师。这是因为，他们不仅具有Heidegger所说的悬置一切前提的勇气，而且更为重要的是：他们都善于从体系内部揭示问题并展开讨论，而这是需要极其深刻的洞察力和极为敏锐的思辨能力的。倪梁康曾就Derrida在《声音与现象》中对Husserl的解构评论说，比起从体系外部攻击体系而言，从体系内部破解体系实在是一项更为艰巨也更加令人佩服的工作[3]；Garver则指出，Derrida和Wittgenstein有许多相似之处，而《声

[1] 见本书第四章第二节的讨论。

[2] [英]维特根斯坦著，赖特、尼曼编，许志强译：《文化与价值》，浙江文艺出版社2002年版，第149页。

[3] 倪梁康：《现象学的始基——对胡塞尔〈逻辑研究〉的理解与思考》，广东人民出版社2004年版，第57页。

音与现象》这部堪称Derrida最为令人信服的著作本身就是“语言哲学中一篇一流的分析作品”[1]。显然，如果是这样的话，那么下面这段关于Wittgenstein的评语无论是对于Wittgenstein本人还是对于那些处于真正严谨而负责的状态中的解构哲学家而言都是适用的：

他像希腊哲人一样，直接面对问题，在我们这个议论纷纭不知真理为何物的时代，他坚持走在真理的道路上。别人认为只能议论的事情，他能想办法使之成为可以论证的事情，这是哲学最古老最基本的艺术……[2]

当然，Derrida和Wittgenstein之间的差别也相当大。就其所工作的话语体系而言，《哲学研究》中的Wittgenstein是在日常话语中展开讨论，而《声音与现象》中的Derrida则是在现象学话语中揭示问题。从这一点出发，也可以说Wittgenstein比Derrida更为直面问题。不过，对于本书而言，Derrida的研究似乎具有更加直接的启发意义，因为我们所关注的也是一种非日常的学术话语，而这种话语在其基本层面上也可以归结为一系列的哲学话语。因此，在本书中，我们也试图以一种直面问题的方式就话语体系本身的问题展开讨论。当然，在具体的论证技巧上我们可能十分笨拙，但我们至少希望能够以此而避免仅仅从外部入手而可能导致的自说自话以致夸夸其谈的危险。当然，这并不意味着我们必须拘泥于文本的各种细节，恰恰相反，虽然是就话语本身进行讨论，我们却必须始终保持本书开头所强调的“跳出话语反思”的态度，因为只有在这样一种态度的保证下，我们才能首先意识到讨论可能的切入点。

我们所采取的直面问题的方式具体体现为：

第一，对话语的基本思想结构的把捉是讨论得以展开的前提，如果不能达到一种思想的纯粹性，那么话语体系本身的问题便无从谈起。在本书中，我们关注的对象，即现代语言学文本中现代汉语的再现，是

---

[1] 引自张祥龙：《朝向事情本身——现象学导论七讲》，团结出版社2003年版，第332页。

[2] 陈嘉映：“中译者后记”，载［英］维特根斯坦著，陈嘉映译《哲学研究》，上海人民出版社2001年版，第362页。

一个极不容易把握的庞杂的体系，虽然我们可以通过广泛地收集材料、认真地筛选、分门别类地讨论来展现关于现代汉语的现代语言学话语体系的全貌。可是这种做法对于我们接近话语基本的思想结构却未必有大的帮助，它甚至可能会造成一些遮蔽，因为在收集、筛选和分门别类的讨论中，一方面，我们个人的倾向可能会使话语体系的最终呈现受到影响；而另一方面，由于我们在对语言学的庞杂材料进行处理时难免会不自觉地依赖于各种未经反思的关于语言学的"常识性"认识，一些关键的问题可能会在这种依赖中被忽略。因此，在综合分析并借鉴前人研究的基础上，结合现代汉语语言学话语的特点，我们分别从宏观和微观两个角度展开了对话语的考察，而在微观考察中，我们又抓住了教材和语音两个出发点。不论是从哪一个角度、哪一个出发点进行讨论，我们都力图在直面原话语的情况下揭示话语自身的基本结构以及这些结构中的问题。首先，在宏观考察中，我们抓住的是两个和现代汉语语言学话语的建立根本相关的话语基础中的悖论，即比较方法中"第三对比项"的悖论和科学关于其不具有对象性的悖论。由于比较方法和普遍主义科学观是关于现代汉语的现代语言学话语建立过程中的两个根本的基础，而我们并不是在这两者以外对其进行批评，而是直接从其内部引出问题，因此我们所揭示的悖论就必须引起重视。其次，在微观考察中，对教材和语音的关注使我们能够穿过各种细枝末节而直接面对现代汉语语言学话语在其建立之后所形成的现实体系中最为基本、也是最为关键的部分。首先，以教材为出发点的思想来自Kuhn。正是他对科学教科书的批判使我们意识到教科书对于科学话语之基本内容的代表性，而我们所选择的三本现代汉语教科书从其被接受的广泛程度等各方面来看也都确实具有这样的代表性，而且三本书互相补充、互相印证，其效果也更为理想。其次，以语音为出发点虽然是因为本书篇幅有限，但是从现象学的角度来看，它也正体现了对话语最原本的部分的关注。因为如果要悬置语言学中的一切概念的话，那么它最终面对的唯一现象其实就是声音，无论是语音研究、词汇研究、语法研究、语义语用研究还是其他各类现代语言学研究，根本上都是对声音的领悟、切分、归类。因此，从语音出发不仅可以让我们看到现代汉语语言学研究在其话语根源处对其最终的声音对象进行再现的性质，而且还可以让我们通过另一种对声音的再现——即汉字——来反观现代汉语语言学的声音再现。如此一来，从语音这个出发点便可以引出一系列既和现代汉语语言学话语的本质相关、又相当丰富的考察层次。当然，对于作为现代语言学之组成部分的语音研究本身，我们无疑也可以获得具有更加深刻的认识。总之，无论是从教材出发还是从语音出发，我们都以直面话语本身的方式进行讨论，因此我们所揭示的问题——这些问题中最关键的部分都是从话语本身所推出的悖论——也就使话语无法逃避我们对它的拷问。

第二，在直面话语当前的思想结构的同时，我们也非常慎重地考察话语在更为广阔的历史背景中的发生及其话语效力。这是因为，我们所关注的文本毕竟不可能脱离具体的时间性而存在，除了从思想结构的角度对其进行直接的讨论外，我们还可以通过它在具体历史背景中的发生来切近它的问题，因为任何一门学问，无论其表面上如何与人无关，只要加上一个"史"字，都必然要显示出它在本质上与人不可分割的关系，而话语的一些根本问题也确实可以通过对这种关系的揭示来得到展现。应该说，这种考察话语的方法和从思想结构的角度对话语的讨论在本质上是一致的，从某种意义上说，它们都要直面话语本身的历史性或"命运"。可是，正如单纯的结构考察可能会因缺乏时间感而走向历史性的反面一样，单纯的历史考察也可能会因对历史的各种现成化的误用而背离真正的历史性（当然，这两种情况都只是可能，真正成功的话语考察，无论是从结构出发还是从历史出发，都应能避免这类情况），而且我们认为后一种情况存在着更大的危险。Nietzsche认为，毫无节制的历史感"摧毁了幻想，并夺走了现存事物所赖以生活其中的仅有的空气"[1]，因此历史的研究和教育应该非常谨慎。不过，真正的历史当然与那种毫无节制的历史感无关，它并不造成精神的负担，而是带给我

[1]［德］尼采著，陈涛、周辉荣译：《历史的用途与滥用》，上海人民出版社2005年版，第55页。

们继续生存的勇气。所以，我们认为对话语的历史考察仍然是有必要的，只是它不应盲目地陷入一种对单纯的因果关系的讨论。在本书中，我们对现代汉语语言学话语的历史考察旨在揭示这样一点，即关于有声音的现代汉语的现代语言学话语首先并不是作为一种知识发生的，而是来自一种"必然性"，这种"必然性"其实就是我们自身的"命运"。我们认为，这种直面话语之"必然性"的领悟和直面话语的基本思想结构所达到的领悟应当是统一的。当然，对"必然性"的领悟并不能取代关于历史的具体讨论，否则这种领悟实际上也就违背了它自身。在本书中，我们对话语历史的具体讨论无疑是涉及各种相关的"社会—历史—心理"因素的，只是我们同时也力图表明这些因素在因果关系上的循环状况，以消解那种对话语历史的纯粹现成化的把握，从而凸显对于"必然性"本身的领悟的重要。这一点在我们对音韵学和现代汉语语言学的关系以及现代汉语语言学话语之权势化的讨论中都有充分体现。

正如Beaugrande所说，对语言学话语本身的反思性考察并不是削弱原话语，恰恰相反，它是一条通向真正的理解之可能性的道路[1]。Kuhn指出了科学研究的范式性，然而对这种范式性本身的揭示正是通过跳出范式才得以可能的。本书所做的就是希望达到一种在范式之上的、通向现代汉语语言学话语之真正历史性的理解。无独有偶，在最近几年里，不少学者都开始尝试以跳出话语并直面话语问题的态度来对各种学科（尤其是涉及到较为明显的东西方差异的学科）的话语进行反思，仅在2006年，就有涉及医学领域和法律领域的两部大部头的著作问世[2]。苏力说：

法学理论不应当仅仅是目前法理学教科书上的那种模样，没有谁规定法学理论一定要从概念上讨论法律的本质、社会性、渊源、分

---

[1] Beaugrande著：*Linguistic Theory: The Discourse of Fundamental Works*，外语教学与研究出版社2001年版，第1页。

[2] 杨念群.《再造"病人"——中西医冲突下的空间政治（1832—1985）》，人民大学出版社2006年版；苏力：《法律与文学：以中国传统戏剧为材料》，生活·读书·新知三联书店2006年版。

类、权利、义务这样的问题，或者一定要用现在这样的方式或概念说话。……它应当说当代中国人的话，而不是说外国人的话，或像外国人说中国话，或像古代人说当代的话。

……我总是有一种渴望，从我们民族的生活中开掘出与我们的当下更直接相关的法学问题……

……就业的压力，统一司法考试，已经迫使一些法学院的教育发生了实际的偏移，正在改变学生的学习行为。

……如果我们不希望法学教育完全沦为律考培训，我们就必须在保证法学教育的同时适度融入人文的教育。[1]

苏力所说的当代中国法学理论研究和法学教育的现状同当代中国语言学研究和这种语言学指导下的语言教学现状颇有些相似之处，可见类似的状况并不是偶然的或者个别的。然而无论如何，现状的改变首先要求的就是敞开一种对话语进行真正思考的可能性，这一点无论对于自然科学、社会科学还是人文学科都是相同的。虽然对这些领域的话语本身进行的反思研究——无论这种研究是从思想结构出发还是从历史发展出发——往往会显得比较边缘化，但是边缘化的研究未必是无力的；相反，在彻底开放的讨论环境和寻根问底的哲学思辨中，它可能孕育着更大的希望。

下面我们对本书的发现做一个总结。

如前文所言，本书分别从宏观和微观两个角度展开对现代汉语之现代语言学再现的考察：宏观考察抓住作为现代汉语语言学话语建立之根本基础的比较方法和普遍主义科学观，旨在对现代汉语语言学话语发生的整体格局进行反思；微观考察则在宏观考察所呈现的背景下，以三本“现代汉语”教科书（高等院校汉语言文学专业用）中的“语音”部分为主要对象文本，着重对现代语言学关于现代汉语语音的话语再现的历史性进行揭示，这一部分考察又分为对话语思想结构的考察和对话语

[1] 苏力：《法律与文学：以中国传统戏剧为材料》，生活·读书·新知三联书店2006年版，第15~18页。

历史发展的考察两部分。

在宏观考察中，我们发现，作为现代汉语语言学话语建立之根本基础的比较方法和普遍主义科学观分别具有因根源于心物分立的哲学观而无法解决的悖论，即“第三对比项”悖论和科学关于其不具有对象性的悖论。以“第三对比项”为核心的比较法继承了本质主义的根本矛盾，给现代汉语语言学话语的发生带来了看似实实在在，实则无所依傍的可比性“基础”，而这种“基础”立刻和以自身感性生活为世界之“共性”的科学话语相结合，并将现代科学的世界形象带进了现代汉语本身的再现中。虽然这种再现并不是典型的“东方主义”的，但是现代汉语在现代语言学中却必然是通过遮蔽自身“它者性”的它者而被把捉为现代汉语本身的。

在微观考察中，我们首先发现，现代汉语的声音在以“味道的死亡”为“味道”的现代科学话语中被异化为其自身的躯壳，而关于声音的各种概念化再现则占据了语言结构的中心。这种“中心/边缘”的二元结构是有根本矛盾的，这种矛盾并不因其对自身历史性的遮蔽而可以被完全抹去。相反，“（作为外壳的）语音/概念”、“语音学/音系学”和“文字/语音”这样一些二元结构在本质上不可避免地要无穷颠倒以致最终解体。首先，声音实际上是一切对语言进行领会、切分和归类的语言学再现所面对的唯一纯粹现象，它的对象化也是它的自我再现的体现；其次，语言学对于语音的再现是一种典型的躯体化，作为这种躯体化步骤的一部分，语音学和音系学分别以“算术化”和“代数化”的声音处理加入语音躯体化的整体共谋，它们之间的关系和语言学教科书中所声称的完全不同；第三，声音的“延异”必然要求一种空间书写，这种作为声音之“印迹”的“原初文字”表明：声音绝非透明的“外壳”，它根本上就是对自身的领悟，因而也就成为其自身的不断的再现和书写。本质的声音在书写中不断“延异”，符号因此得以诞生，而在对声音的书写这一根本问题上，语音中心主义和逻各斯中心主义同文字乃是对面相持的。正因为如此，作为一种对声音的空间书写，现代语言学同关于“延异”的文字学、现代汉语语言学同汉字在根本上也是相对峙的。

通过将关于现代汉语语音的现代语言学话语置入更为广阔的历史背景中，我们进一步发现，音韵学对于汉语声音的在场书写同汉字对于汉语声音的非在场书写截然不同，而与现代语言学的声音书写则基本一致。因此，音韵学中实际上已经蕴含着现代汉语的声音形象，这种声音形象通过话语的再现和自我再现的历史沉淀表现在以普通话标准音为核心的现代汉语语音形象中，它印证了Derrida关于中国文化可能存在无需逻各斯中心主义的语音中心主义的猜测。另外，我们还发现，现代汉语语言学的声音话语在现代人类学主体主义认识型下逐渐被权势化，它的权力与其他各种话语的权力相互交织，其中尤其以身体话语和它的关系最为密切。这不仅是因为对旧的身体话语的改造直接导致了一种新的、会发音的、解剖学的身体的出现，而且根本上还在于声音一方面联系着身体、另一方面又联系着概念的特点。由于声音是概念与我们的肉身相关联的唯一表象，它就是身体参与话语之最终效果的代表。因此，如果概念要摆脱暧昧的身体性并实现其对象化、现成化的功用，在语言的声音中所凝聚的身体就必须被躯体化。这种躯体化的进程一方面使得现代语言学的声音话语一度与政治话语高度结合并最终与其共同进入了现代社会的权力运作空间；另一方面也导致了中国人母语教育方面的一些问题，并引发了民间对权势化的声音话语的排斥。

和本书的上述发现相联系的，是本书对以下几个问题的思考，可以说，它们是贯穿在上述发现之中的：

第一，作为一门现代科学，现代语言学对于语言的态度究竟体现了一种怎样的哲学观？我们认为，现代语言学中存在着经验主义和理智主义（或曰“心灵主义”）两大哲学观，而两者在根本上都属于西方哲学中的知识论传统。这种传统由于遵循着心物分立、身心分立的基本原则，始终存在着一些和本质主义相关的无法解决的矛盾，而这些矛盾正是以现象学为代表的当代生存论哲学所要克服的。在本书的讨论中，我们曾经多次分析过现代语言学中几个主要流派的基本观点及其相关问题。关于Chomsky的普遍语法，我们指出了如下几点：第一，由于要在

生理—物理层面区别有知性的语言的声音和无知性的非语言的声音是办不到的。因此，那种只有受到语言的声音激发才能够生长（而受到其他的声音激发则不会生长），即能够区别知性和非知性的“语言习得机制”是不可能在生物学意义上存在的，否则这个“形而下”的“器官”的长大就需要一种“形而上”的养料，这是任何生物学模型都无法实现的。而且，如果知性可以进入生物学模型的话，那么实际上一切人类的文化活动（只要是可以被一般人做到的）如武术、书法、绘画这些都可以有普遍语法了，而如果我们再考虑小孩子学这些往往学得快、学得好、不易忘，那么一切文化活动都可以认为是先天基因决定的，一个人恐怕要具备无数个“××习得机制”这样的“器官”才可能成为一个正常人。第二，生成语法将Humboldt所说的“创造性”理解为概念化的句法规则对句子的无限生成性，然而这种“创造性”其实从来不创造，它只是同一种现成化的东西对自身的反复实现，因而它在本质上是完全“反创造”的。

关于语言学中以（作为语言科学分支之一的）语用学为代表的功能派，我们曾经指出：由于它将Wittgenstein所说的“一个词的含义是它在语言中的用法”作了完全对象化、概念化的理解，因此一切语言使用在语用学中都变成了首先由一套概念化体系所统摄的言语使用的自我实现。也就是说，一切言语行为（乃至一切人类行为）都必然是有意图的，非交际的行为是不存在的。按照这种说法，只有在一个人为了达到目的而不得不说话时，他/她才是最本真地使用了语言；而另一方面，Merleau-Ponty所分析的病人Schneider无疑才是最“正常”的人，因为他凡能不说话便不说话，能不做事便不做事，他的一切行为都必须先有一个目的的再现。而最具代表性的是，当他出门去买一样东西时，他竟不能认出路边熟人的寓所，因为他出门不是为了去那里。可见，一个纯粹语用学的——或者说“功能的”——人并不是一个正常的人，相反，他已经患上了某种因躯体化而造成的失语症。

关于认知语言学，我们则指出，虽然它试图将所谓“主观主义”和“客观主义”的哲学观相结合，它的概念化诉求却使它仍然属于知识论传统。一个明显的例子就是，它并不研究Merleau-Ponty所说的语言中除去“由语音学的力学规律、外来语的搀和、语法学家的合理化、语言的自身模仿所产生的东西”而剩下的“一种相当简单的表达系统”（比如“go”为什么是“go”），而是只研究语言中这一最基本的部分是如何通过空间、时间等范畴间的相互关系投射到整个语言的体系之上的（比如“be going to”为什么可以表示“将来”）。也就是说，它其实并不关心语言中最“认知”的部分。这根本上还是因为它所基于的哲学传统使它必然只能到此为止了。

另外，关于Sapir-Whorf假设，我们指出，这个假设的根本缺陷在于它在前提中已经对语言作了概念化的理解，这种理解使得它无法摆脱传统的二元对立的纠缠，并且在比较各种语言之前就已经预设了一套现成化的语言，因此它所蕴含的矛盾在根本上就是本质主义的或者说“第三对比项”的矛盾。

事实上，如果从现代西方哲学逐渐转向日常生活或者说“人”本身这一点来看现代语言学的发展，我们可以发现，从完全排斥意义的语言形式研究，到对语言逻辑意义的研究，到社会语言学对社会语境中意义的研究，到语用学对具体对话语境中意义的研究，最后到认知语言学对语言中各种概念、形式的认知意义的研究，语言学中“人”的形象是越来越具体、越来越丰满了。可以说，在语言学的这一发展过程中，我们对语言作为“人”的语言的理解正在变得越来越深刻，而这是符合现代西方思想发展的总趋势的（比如当前认知科学的兴起就是和现代西方哲学如现象学的影响密切相关的）。但是另一方面，我们也应看到，语言学中“人”的形象每具体一步，便立刻被概念化，因此也就重新陷入了本质主义的矛盾。这也就是说，传统的哲学思维在语言学中仍然是占绝对统治地位的；毕竟，现代语言学是一门现代科学，这是不容改变的。

贯穿全文的第二个问题是：对比方法能不能成为一种跨语言研究的保障？我们认为，到目前为止的各种对比理论，包括近年来受到很高评价的Chesterman的“对比功能分析”方法，都没有克服本质主义所必然造成的“第三对比项”的矛盾。因此，如果不能克服知识论传统的哲

学困境，任何对比方法都不能作为跨语言研究的保障，而由于现代语言学已将自己界定为现代科学，它也就必然依附于知识论传统，所以对比方法在现代语言学中必然无法成为一种研究语言的根本方法，它对于预先设定的“第三对比项”的系统依赖是不可避免的。

我们反复思考的第三个问题是：思维、语言、语音、文字到底呈何种关系？我们认为，现代语言学所呈现的这四者之间的各种二元对立关系是虚假的，这和现代语言学所遵循的哲学传统有关。通过解构这些二元对立关系，我们发现，这些对立中的“外壳”与“内容”在概念化层面必然发生无穷对转。这意味着，“外壳”实际上是真正的身体，但正因为如此，它在语言学所遵循的“语音中心主义”和“逻各斯中心主义”的在场哲学中就被躯体化了。从这个角度我们得出了两个重要结论：第一，现代语言学本质上是一种声音的在场书写，即一种关于声音的在场的文字学。在这一点上它与汉字是平起平坐的，而且正是由于汉字根本上是一种排斥在场书写的声音书写，现代语言学与汉字的关系才一直非常紧张。从这一点出发，我们还可以更加清楚地看到音韵学与现代语言学和汉字之间的关系以及它在现代汉语语音形象发生过程中的地位。第二，作为一种在场的声音书写，现代语言学对声音的躯体化首先是从与语音学相对应的声音的算术化开始的，它为下一步对声音的代数化——这一阶段对应于音系学——打下了基础，而语音的算术化和代数化又是与现代语言学对语音的躯体化全局共谋的。这一点不仅表明了语音学与现代语言学逐渐分离背后的更深层的原因，而且也是对现代语言学中现代汉语的语音研究同关于现代汉语的其他语言学分支的研究之间真实关系的写照。

对语音学算术化和音系学代数化的讨论以及对语言学和文字之间关系的讨论实际上构成了本书的两个核心内容。它们不仅是第三章对文本的结构考察的主要组成部分，也直接影响了第四章对文本历史考察的思路。下面我们就来进一步总结一下在这部分核心内容中各种二元对立是怎样被解体的：

首先，语言学课本中所谓“语音学研究实际发音，音系学研究与意义有关的语音抽象”的通常说法是不能成立的，因为即使从语言学自身出发我们也可以发现，语言学的一些分支如语用学对意义的研究就必然要达到语音学层面（因为各种千奇百怪的所谓“音位变体”都可能是具有语用学意义的）。因此，语音和意义的关系并不是从音系学开始的，语音学与整个语言学的关系也并不像有的语言学家所宣称的那样好比钱币学和金融学的关系（即两者之间没有什么必然联系）。总之，有必要对语言学中语音和意义的关系进行重新思考。这种思考首先要回答这样两个问题：第一，如果说语音学也和意义有关，那么这是一种什么关系？第二，这种关系对于我们认识音系学有何启发？我们发现，语音学所呈现的声音和所谓“实际发音”有着本质的不同，它必然是一种躯体化的再现，而且这种再现并不仅仅和物理学或者生理学话语相关，而是首先来自对声音的意义领悟的抽象，这种抽象虽然还没有直接得到对象化的概念命名，但是它在躯体化的语音感知中是确定的，因此我们可以使用一种生理学或物理学话语对其进行命名。从这一点出发，我们进一步发现：音系学实际上是以一种代数的方式消解了语音学中由于和纯形式的原初意义直接相连而像无法以数字表达进行数量抽象的超越数一般的意义马赛克，它从语音学抽象中提取的是可以现成化的概念单位和概念关系。这意味着，Saussure所强调的“价值的区别性”其实并不能作为语音和概念关系的根本保障，关系抽象在对相异性进行凸现的同时也一定包含了同一性。音系学中的这种同一性就来自和语音学抽象层面直接相关的语音感知本身，这一点和后SPE时代各种音系学普遍回归音系学方程的解并试图以各种方法对音系学的纯关系代数抽象进行补充和控制的总体情况是相一致的。

其次，既然语言学中的语音形象必然是一种再现，那么Saussure所提出的作为“双面心理实体”的语言符号模型便必然陷入一种无限循环的悖论。因为所谓“符号施指”本身就是一个另有所指的符号。这意味着，声音并不是装载意义的一具透明的躯体，它自身就是意义，而且正因为如此，它在本质上就不是纯粹在场的声音，它的结构性差异必须首先在结构的生成中“延异”，而要达到这一点，就必须实现Derrida所说的时间向空间的逸出。因此，声音必须达到书写，而关于这种书写，必须有一种更具本原性的文字学。从这一点出发，我们也可以更加清楚地看到语言学与文字、现代汉语语言学与汉字之间的深层关系。

关于本书的不足之处和未来的研究方向，我们认为有以下几点值得指出：

第一，本书在论述过程中试图将多个哲学家甚至哲学流派的观点进行融合，这种做法虽然可能使我们对一些基本问题看得更加清楚并且带给我们多方面的启示，但是从严格的哲学研究的角度来说，它却隐含着相当大的危险，因为对话语中一些细节的忽略可能蕴含着的对整个话语的毁灭性的破坏力，这一点其实是解构方法本身就已经非常清楚地表明了的。如果本书要在哲学方法上完全成立，也许只能这样说：我们是在试图以一种Husserl所说的与“自然的思维方式”相对立的“哲学的思维方式”来反思现代汉语语言学中的一些问题，这种思维方式在现象学、当代后结构主义和当代科学哲学中都有丰富而深刻的体现。可是，必须引起深思的是：这些不同的哲学流派之间到底具有怎样的关系？对这个问题我们在本书中也作了一些思考，比如我们探讨了诠释和解构的异同、对Husserl、Heidegger和Derrida的一些思想进行了比较、对Kuhn的科学哲学和现象学也作了对比等等，但是这些思考无疑还是相当肤浅的。也许，对这些思考所涉及的问题的探讨永远都不是本书这样的研究能够承担的，可是既如此，在本书行将结束的时候，我们就越发深刻地感到陈嘉映在评价Wittgenstein时所说的“直接面对问题”、“想办法使别人认为只能议论的事情成为可以论证的事情”的重要和艰难。

第二，由于本书所关注的是话语中最基础、最核心的部分，因此我们选择了以语言学教科书作为研究的出发点，我们认为这是一种非常有效的方法。但是，这当然也不排除在对本质问题已有所认识的情况下对语音学和音系学中各分支的具体研究展开进一步探讨的可能性。事实上，我们在本书中已经提到了后SPE时代各种音系学在生成音系学的纯关系代数抽象走向极端后表现出的一些发展趋势。我们认为，还有很多语音学、音系学以及语言学其他分支中的具体问题可以在我们对语言学基本话语的反思中得到更加深刻的讨论。当然，这种讨论决不仅仅是将我们对教科书话语的讨论做一些简单的细化；它必然意味着具体情境下的全新思考，否则就必定要失去活力。但是另一方面，为了防止这种讨论沦为一种就事论事的纯技巧分析或者经验式的漫谈，我们就仍然需要首先强调对语言学基本话语的反思态度，这一点是不可或缺的前提。

第三，既然现代语言学本质上是对于声音的躯体化的在场书写，那么在分析了现代汉语语言学中的语音学算术化和音系学代数化之后，我们当然有必要进一步研究现代汉语的声音在现代语言学的其他分支中被书写的情况，而这将是更加复杂、更加艰难的研究课题。我们曾经指出，汉语语音的自我再现本身就倾向于非在场书写，各种非线性因素在语音学和音系学的躯体化中对汉语语音在场性把捉的拖延就是一个证明，而汉语声音书写的这种特点必然使得在更高抽象层面上的躯体化受到更大的阻力，分词的困难、句子成分的不确定都将在所难免地成为讨论的核心话题。因此，在这些方面的进一步研究不仅需要更加丰富的语言学积累，而且需要更加深刻的洞察力和更加敏锐的——同时也是艰苦的——哲学思辨。

第四，本书第四章的历史考察所涉及的是一个极为广阔的历史空间，相对于这种广阔性而言，这一章的讨论就显得相当仓促。当然，由于我们的历史考察主要是想达到对于现代汉语语言学话语中一种先于知识的"必然性"的领悟，我们对以各种"社会—历史—心理"因素为核心的庞大而细琐的因果铺陈就显得非常谨慎，在事件细节的完备性方面也没有过多的诉求。但是，在充分重视话语的根本历史性问题而不被细节牵着鼻子走的前提下，更为具体的探讨仍然是十分有益、十分必要的，比如"毛话语"和语言学的权利交织，对于今天中国人的话语建构就具有重大的影响。这方面的问题很值得深入研究。

按照我们对于再现的理解，所谓"结论"在很大程度上也只是一种对前文的再现，而若要凭这样一份再现来取代前文的一切论述，其结果恐怕就像凭一张讣告去了解一个人的一生一样荒唐。因此，这份总结越是能代表前面所有的内容，那么前面所有的内容就越是不值得一读，它就像一次荒唐的人生一样毫无真实性。在希望我们的这本小书至少能够不在这种意义上太荒唐的同时，我们愿意以一句Socrates的话作为它的结束：

未经省察的生活是不值得过的。

我们相信，概念的再现并不能取代真正的意义，在人们普遍相信“知识就是力量”的今天，真正需要的恐怕仍然是对一切“知识”及其“力量”的前提的反思。当然，这种反思也就不能带给我们任何现成的“知识的力量”。正如我们在本书开头就已经表明的，本书也不在任何通常意义上推动语言学作为一门科学，尤其是实证科学的进步。在对知识话语的建构上，可以说我们什么也没有做，本书没有任何实用价值。然而，如果人们还记得那无用之大用，或许他们终会惊异地发现，正如古埃及人相信Osiris既是死亡之神又是复活之神，我们把“死亡”还给了话语，从此它又有了生命的气息。

参考文献

巴雷特著，杨照明、艾平译：《非理性的人》，商务印书馆1995年版。

巴特著，屠友祥译：《S/Z》，上海人民出版社2000年版。

鲍林杰著，方立、李谷城等译：《语言要略》，外语教学与研究出版社1993年版。

布龙菲尔德著，袁家骅、赵世开、甘世福译：《语言论》，商务印书馆1980年版。

岑麒祥：《语言学史概要》，科学出版社1958年版。

陈波：《逻辑哲学》，北京大学出版社2005年版。

陈嘉映："中译者后记"，载维特根斯坦著，陈嘉映译：《哲学研究》，上海人民出版社2001年版。

陈澧：《切韵考》，中国书店1984年版。

陈望道：《陈望道文集（第三卷）》，上海人民出版社1981年版。

陈寅恪："与刘叔雅论国文试题书"，《金明馆丛稿二编》，生活·读书·新知三联书店1932/2001年版。

程工：《语言共性论》，上海外语教育出版社1999年版。

程雨民：《汉语字基语法》，复旦大学出版社2003年版。

德里达著，杜小真译：《声音与现象》，商务印书馆1999年版。

德里达著，汪堂家译：《论文字学》，上海译文出版社1999年版。

德里达著，张宁译：《书写与差异》，生活·读书·新知三联书店2001年版。

德里达著，佘碧平译：《多重立场》，生活·读书·新知三联书店2004年版。

刁晏斌：《现代汉语史》，福建人民出版社2006年版。

段玉裁：《说文解字注》，江苏古籍出版社1998年版。

冯友兰著，涂又光译：《中国哲学简史》，北京大学出版社1996年版。

福柯著，莫伟民译：《词与物——人文科学考古学》，上海三联书店2001年版。

弗雷格著，王路译：《算术基础》，商务印书馆1998年版。

弗罗姆著，关山译：《占有还是生存》，生活·读书·新知三联书店1989年版。

高本汉著，赵元任、罗常培、李方桂译：《中国音韵学研究》，商务印书馆1994年版。

高行健："文学与写作答问"，《二十一世纪评论》，2000年第12期。

高宣扬：《当代法国哲学导论》，同济大学出版社2004年版。

郜元宝："母语的陷落"，《书屋》，2002年第4期。

郜元宝："现代汉语：工具论与本体论的交战——关于现代中国知识分子语言观念的思考"，《当代作家评论》，2002年第2期。

郜元宝："音本位与字本位——在汉语中理解汉语"，《当代作家评论》，2002年第2期。

龚千炎：《中国语法学史》，语文出版社1997年版。

古克礼、刘兵："全球化与多样性"，《读书》，2006年第11期。

古廷著，辛岩译：《20世纪法国哲学》，江苏人民出版社2005年版。

桂灿昆：《美国英语应用语音学》，上海外语教育出版社1985年版。

海德格尔著，孙周兴译：《在通向语言的途中》，商务印书馆1997年版。

海德格尔著，陈嘉映、王庆节译：《存在与时间（修订本）》，生活·读书·新知三联书店1999年版。

海德格尔著，孙周兴译：《林中路（修订本）》，上海译文出版社

2004年版。

海德格尔著，郜元宝译：《人，诗意地安居》，上海远东出版社2004年版。

海德格尔著，孙周兴译：《形式显示的现象学：海德格尔早期弗莱堡文选》，同济大学出版社2004年版。

海德格尔著，溥林译："德国大学的自我主张"，http://www.cnphenomenology.com/0609101.htm，2006年9月10日。

韩少功：《马桥词典》，上海文艺出版社1997年版。

韩少功："现代汉语再认识"，《天涯》，2005年第2期。

韩锺恩：《音乐意义的形而上显现并及意向存在的可能性研究》，上海音乐学院出版社2004年版。

何容：《中国文法论》，商务印书馆1985年版。

何南林："百年沧桑话文改"，《读书》，2006年第2期。

黑尔德："导言"，载胡塞尔著，倪梁康译：《现象学的方法（修订本）》，上海译文出版社2005年版。

洪堡特著，姚小平译：《论人类语言结构的差异及其对人类精神发展的影响》，商务印书馆1999年版。

侯世达著，郭维德等译：《哥德尔、艾舍尔、巴赫——集异璧之大成》，商务印书馆1997年版。

侯永正："'人文科学'='社会科学'？——《现代汉语词典》该词条值得商榷"，《语文建设通讯》，2005年第3期。

胡塞尔著，张庆熊译：《欧洲科学的危机和超验现象学》，上海译文出版社1988年版。

胡塞尔著，舒曼编，李幼蒸译：《纯粹现象学通论：纯粹现象学和现象学哲学的观念》（第一卷），商务印书馆1992年版。

胡塞尔著，倪梁康选编，倪梁康等译：《胡塞尔选集》，上海三联书店1997年版。

胡塞尔著，倪梁康译：《逻辑研究（第二卷第一部分）》，上海译文出版社1998年版。

胡塞尔著，张廷国译：《笛卡尔式的沉思》，中国城市出版社2002年版。

胡裕树主编：《现代汉语（重订本）》，上海教育出版社1995年版。

胡裕树主编：《〈现代汉语〉使用说明（重订本）》，上海教育出版社1995年版。

胡宗哲："九十年代八部《现代汉语》教材（语法部分）的比较"，《新疆石油教育学院学报》，1998年第1期。

黄伯荣、廖旭东主编：《现代汉语（增订三版）》（上册），高等教育出版社2002年版。

黄伯荣、廖旭东主编：《〈现代汉语〉（增订三版）教学说明与自学参考》，高等教育出版社2002年版。

金耀基："人文教育在大学的位序"，许纪霖、刘擎主编《丽娃河畔论思想——华东师范大学思与文讲座演讲集》，华东师范大学出版社2004年版。

加德纳著，李思一、白葆林译：《从惊讶到思考——数学悖论奇景》，科学技术文献出版社1986年版。

卡夫卡著，高年生译：《城堡》，外国文学出版社1998年版。

克尔恺郭尔著，杨玉功编译：《克尔恺郭尔哲学寓言集》，商务印书馆2000年版。

克莱因著，张理京、邓东皋译：《古今数学思想（一）》，上海科学技术出版社1979年版。

克莱因著，李宏魁译：《数学：确定性的丧失》，湖南科学技术出版社2003年版。

克里斯特尔编，沈家煊译：《现代语言学词典》，商务印书馆2000年版。

孔宪中："语法与文句的格局"，《语文建设通讯》，1990年第2期。

库恩著，金吾伦、胡新和译：《科学革命的结构》，北京大学出版社2003年版。

库恩著，范岱年、纪树立等译：《必要的张力——科学的传统和变革论文选》，北京大学出版社2004年版。

昆德拉著，董强译：《小说的艺术》，上海译文出版社2004年版。

劳斯著，盛晓明、邱慧、孟强译：《知识与权利——走向科学的政治哲学》，北京大学出版社2004年版。

李葆嘉：“荀子的王者制名论与约定俗成说”，《徐州师范大学学报（哲学社会科学版）》，1986年第4期。

李葆嘉：《当代中国音韵学》，广东教育出版社1998年版。

李葆嘉：《理论语言学：人文与科学的双重精神》，江苏古籍出版社2001年版。

李新魁：《汉语等韵学》，中华书局1983年版。

利玛窦、金尼阁著，何高济、王遵重、李申译：《利玛窦中国札记》，中华书局1983年版。

李陀：“汪曾祺与现代汉语写作——兼谈毛文体”，《花城》，1998年第5期。

林焘、王理嘉：《语音学教程》，北京大学出版社1992年版。

林尹：《中国学术思想大纲》，华东师范大学出版社2006年版。

林语堂：“读汪荣宝歌戈鱼虞模古读考书后”，林语堂编《语言学论丛》，上海书店1989年版。

刘世生：“导读”，载伯格兰德著：《语言学理论：对基要原著的语篇研究》，外语教学与研究出版社2001年版。

刘小枫编：《凯若斯：古希腊语文教程（上）》，华东师范大学出版社2005年版。

刘小晴：《中国书学技法评注》，上海书画出版社2002年版。

龙应台：“守在狭隘的现代里”，《海燕》，2005年第9期。

陆俭明：《现代汉语语法研究教程》，北京大学出版社2003年版。

陆俭明、沈阳：《汉语和汉语研究十五讲》，北京大学出版社2003年版。

吕叔湘：《中国文法要略》，商务印书馆1942/1982年版。

吕叔湘：《中国人学英语》，商务印书馆1962年版。

吕叔湘：“语言和语言学”，《吕叔湘文集（第四卷）》，商务印书馆

1992年版。

罗宾斯著，许德宝等译：《简明语言学史》，中国社会科学出版社1997年版。

马爱德："'中国文化语言学'运动和汉语的本质：中国国情的新表现？"，《北方论丛》，1995年第4期。

马建忠：《马氏文通》，商务印书馆1983年版。

马秋武："陈述音系学概要"，《外语与外语教学》，2002年第5期。

麦基著，周穗明、翁寒松等译：《思想家：与十五位杰出哲学家的对话》，生活·读书·新知三联书店2004年版。

麦耘："走进汉语历史音韵学的汉藏语比较研究"，载刘丹青主编：《语言学前沿与汉语研究》，上海教育出版社2005年版。

梅洛·庞蒂著，姜志辉译：《知觉现象学》，商务印书馆2001年版。

孟华：《汉字：汉语和华夏文明的内在形式》，中国社会科学出版社2004年版。

尼采著，陈涛、周辉荣译：《历史的用途与滥用》，上海人民出版社2005年版。

倪海曙：《拉丁化新文字运动的始末和编年纪事》，知识出版社1987年版。

倪梁康："何谓现象学精神"，倪梁康等编著：《中国现象学与哲学评论》，上海译文出版社1995年版。

倪梁康：《现象学的始基——对胡塞尔〈逻辑研究〉的理解与思考》，广东人民出版社2004年版。

宁春岩："导读"，载库克、纽森著：《乔姆斯基的普遍语法教程（英文第二版）》，外语教学与研究出版社2000年版。

欧阳江河：《欧阳江河诗选——透过词语的玻璃》，改革出版社1997年版。

潘文国：《汉英语对比纲要》，北京语言文化大学出版社1997年版。

潘文国：《字本位与汉语研究》，华东师范大学出版社2002年版。

潘文国、谭慧敏：《对比语言学：历史与哲学思考》，上海教育出版社2006年版。

平悦铃："结构谨严、新意盎然——评钱乃荣主编的《现代汉语》"，《汉语学习》，1991年第3期。

普济编：《五灯会元》，中华书局1984年版。

濮之珍：《中国语言学史》，上海古籍出版社1987年版。

濮之珍主编：《中国历代语言学家》，上海文化出版社2004年版。

钱穆：《中国近三百年学术史》，中华书局1986年版。

钱乃荣："加强《现代汉语》教材的现代性和科学性"，《语文建设》，1998年第5期。

钱乃荣主编：《现代汉语》，江苏教育出版社2001年版。

清少纳言、吉田兼好著，周作人、王以铸译：《日本古代随笔选》，人民文学出版社1998年版。

萨弗兰斯基著，靳希平译：《海德格尔传》，商务印书馆1999年版。

萨义德著，王宇根译：《东方学》，生活·读书·新知三联书店1999年版。

申小龙：《人文精神，还是科学主义？》，学林出版社1989年版。

申小龙：《语文的阐释——中国语文传统的现代意义》，辽宁教育出版社1991年版。

申小龙：《中国文化语言学》，吉林教育出版社1991年版。

申小龙：《文化语言学》，江西教育出版社1993年版。

申小龙：《汉语语法学》，江苏教育出版社2001年版。

申小龙：《汉语与中国文化》，复旦大学出版社2003年版。

申小龙：《〈普通语言学教程〉精读》，复旦大学出版社2005年版。

史存直：《汉语语音史纲要》，商务印书馆1981年版。

石毓智："前言"，载石毓智、李讷著：《汉语语法化的历程——形态句法发展的动因和机制》，北京大学出版社2001年版。

斯诺著，陈克艰、秦小虎译：《两种文化》，上海科学技术出版社2003年版。

苏力:《法律与文学：以中国传统戏剧为材料》，生活·读书·新知三联书店2006年版。

孙良明:《中国古代语法学探究》，商务印书馆2002年版。

孙周兴、孙善春编译:《德法之争：伽达默尔与德里达的对话》，同济大学出版社2004年版。

索绪尔著，裴文译:《普通语言学教程》，江苏教育出版社2002年版。

索绪尔著，屠友祥译:《索绪尔第三次普通语言学教程》，上海人民出版社2002年版。

塔西奇著，蔡仲、戴建平译:《后现代思想的数学根源》，复旦大学出版社2005年版。

唐晓渡编:《灯芯绒幸福的舞蹈——后朦胧诗选》，北京师范大学出版社1992年版。

唐作藩:《音韵学教程》，北京大学出版社2002年版。

王德春:《语言学概论》，上海外语教育出版社1997年版。

王德峰:《哲学导论》，上海人民出版社2000年版。

王德峰:“中国语文教育与哲学（摘要）”，http://www.dayuwen.net/bbs/read.php?tid=1702，2004年10月15日。原文并见于2004年10月31日《文汇报》专文“今天，我们如何看待语文”中。

王德峰:《艺术哲学》，复旦大学出版社2005年版。

王福堂:“汉语方言语音中的层次”，《语言学论丛》第二十七辑，商务印书馆2003年版。

王力:《汉语音韵学》，中华书局1956年版。

王力:《中国语言学史》，山西人民出版社/复旦大学出版社，1981/2006年版。

王守仁:《王阳明全集（上）》，上海古籍出版社1992年版。

王心欢:“第一部正确认识、公正评价汉字的《现代汉语》——评钱乃荣主编的《现代汉语》第七章”，《汉语学习》，1990年第6期。

汪曾祺:《汪曾祺文集·文论卷》，江苏文艺出版社1994年版。

维特根斯坦著，贺绍甲译：《逻辑哲学论》，商务印书馆1999年版。

维特根斯坦著，陈嘉映译：《哲学研究》，上海人民出版社2001年版。

维特根斯坦著，赖特、尼曼编，许志强译：《文化与价值》，浙江文艺出版社2002年版。

吴飞："'拯救灵魂'抑或'治理病人'"，《读书》，2006年第3期。

伍铁平：《语言和文化评论集》，北京语言文化大学出版社1997年版。

伍铁平："做人比做学问更重要——简评申小龙《当代中国语法学》"，《天津外国语学院学报》，2002年第1期。

伍铁平："论进一步开展我国语言文字学界反对伪科学斗争的必要性"，《天津外国语学院学报》，2003年第3期。

伍铁平："申小龙著《汉语语法学》的几个问题"，《外国语言文学》，2006年第1期。

吴有能："对比研究的方法论反省——现象学与诠释学的进路"，载倪梁康、靳希平编：《中国现象学与哲学评论（第五辑）：现象学与中国文化》，上海译文出版社2003年版。

邢公畹：《现代汉语教程》，南开大学出版社1994年版。

徐烈炯：《生成语法理论》，上海外语教育出版社1988年版。

徐通锵：《历史语言学》，商务印书馆1991年版。

徐通锵：《语言论——语义型语言的结构原理和研究方法》，东北师范大学出版社1997年版。

徐友渔、周国平、陈嘉映、尚杰：《语言与哲学——当代英美与德法传统比较研究》，生活·读书·新知三联书店1996年版。

许余龙：《对比语言学概论》，上海外语教育出版社1992年版。

许余龙：《对比语言学》，上海外语教育出版社2002年版。

许余龙："对比功能分析的研究方法及其应用"，《外语与外语教学》，2005年第11期。

亚里士多德著，方书春译：《范畴篇·解释篇》，商务印书馆1959

年版。

雅斯贝斯著，王德峰译：《时代的精神状况》，上海译文出版社2003年版。

杨剑桥：《汉语现代音韵学》，复旦大学出版社1996年版。

杨剑桥：《汉语音韵学讲义》，复旦大学出版社2005年版。

杨念群："从科学话语到国家控制——对女子缠足由'美'变'丑'历史进程的多元分析"，载汪民安编：《身体的文化政治学》，河南大学出版社2004年版。

杨念群：《再造"病人"——中西医冲突下的空间政治（1832—1985）》，人民大学出版社2006年版。

姚小平：《17—19世纪的德国语言学与中国语言学》，外语教学与研究出版社2001年版。

尤西林：《人文科学导论》，高等教育出版社2002年版。

于根元主编：《中国现代应用语言学史纲》，中国经济出版社2005年版。

翟振明："哲学分析示例：语言的与现象学的"，《哲学研究》，2003年第3期。

张斌：《现代汉语教学参考与训练》，复旦大学出版社2004年版。

张闳："现代国家的声音神化及其没落"，朱大可、张闳编：《21世纪中国文化地图（2005卷）》，上海大学出版社2006年版。

张世英：《哲学导论》，北京大学出版社2002年版。

张树铮：《遥遥长路·赵元任》，山东画报出版社1998年版。

张桃洲：《现代汉语的诗性空间——新诗话语研究》，北京大学出版社2005年版。

张锡纯：《医学衷中参西录》，河北人民出版社1974年版。

张祥龙：《从现象学到孔夫子》，商务印书馆2001年版。

张祥龙：《朝向事情本身——现象学导论七讲》，团结出版社2003年版。

张玉来："点检廿世纪汉语音韵学通论性著作"，http://www.

eastling.org/paper/zhangyulai_phon_work _20century. doc，2002年。

张志公："汉语语法的再研究"，《张志公自选集（下册）》，北京大学出版社1998年版。

张志扬："小札：汉语言的能说与应说"，《文艺理论研究》，1995年第5期。

赵敦华：《现代西方哲学新编》，北京大学出版社2000年版。

郑樵：《通志·七音略》，中华书局1982年版。

朱竞编：《汉语的危机》，文化艺术出版社2005年版。

朱晓农："科学主义：中国语言学的必由之路"，《语文导报》，1987年第11期。

朱晓农："虚实谈：现代语言学的工作旨趣（上）"，《文字与文化（二）》，光明日报出版社1987年版。

朱晓农："虚实谈：现代语言学的工作旨趣（下）"，《文字与文化（四）》，光明日报出版社1988年版。

朱晓农："实验语音学与汉语语音研究"，载刘丹青主编：《语言学前沿与汉语研究》，上海教育出版社2005年版。

朱晓农："我看流派——语言学中的三大流派"，《语言科学》，2006年第1期。

祝克懿：《语言学视野中的"样板戏"》，河南大学出版社2004年版。

庄朝晖："罗素悖论·哥德尔·弗协调逻辑·佛学浅谈"，http://www.confuchina.com/04%20zhishilun/ zhuangwen.htm，2003年9月11日。

邹静之："女儿的作业"，载朱竞（编）：《汉语的危机》，文化艺术出版社2005年版。

Aviram, A. 2004. "Poetry Plays, Dances, Sings; Poetry Does Not Communicate". http://www.amittai. com/prose/ptryplys.php. May 6, 2004.

Ayer, A. 1984. *Philosophy in the Twentieth Century*. New York: Random House.

Beaugrande, R. de. 2001. *Linguistic Theory: The Discourse of*

Fundamental Works. Beijing: Foreign Language Teaching and Research Press.

Benveniste, E. 1971. *Problems in General Linguistics*. Trans. Mary Elizabeth Meek. Coral Gables: University of Miami Press.

Chao, Y. R. 1926/2006. "Gwoyeu Romatzyh or the National Romanization" . In Z. J. Wu & X. N. Zhao (eds.) *Linguistic Essays by Yuenren Chao*. Beijing: The Commercial Press. Pages 61-72.

Chesterman, A. 1998. *Contrastive Functional Analysis*. Amsterdam/ Philadelphia: John Benjamins.

Chomsky, N. 1976. *Reflections on Language*. Pantheon: New York.

—. 1986. *Knowledge of Language: Its Nature, Origin, and Use*. New York: Praeger.

—. 2002. *New Horizons in the Study of Language and Mind*. Beijing: Foreign Language Education and Research Press.

Chomsky, N. & M. Halle. 1968. *The Sound Pattern of English*. New York: Harper & Row.

Cook, V. & M. Newson. 2000. *Chomsky's Universal Grammar: An Introduction*. Beijing: Foreign Language Education and Research Press.

Crystal, D. (ed.) 2003. *A Dictionary of Linguistics and Phonology*, 6th ed. Oxford: Blackwell.

Derrida, J. 1967. *La voix et le phénomène*. Paris: Presses Universitaires de France.

Ellis, D. 1992. *From Language to Communication*. Hillsdale, New Jersey: Lawrence Erlbaum Associates.

Foley, J. 1977. *Foundations of Theoretical Phonology*. Cambridge: Cambridge University Press.

Gardiner, A. 1957. *Egyptian Grammar*. Oxford: Oxford University Press.

Green, G. 1989. *Pragmatics and Natural Language Understanding*.

Hillsdale, New Jersey: Lawrence Erlbaum Associates.

Gödel, K. 1931. "über formal unentscheidbare Sätze der *Principia Mathematica und verwandter Systeme I. In Monatshefte für Mathematik und Physik*. 38. S. 173-198. English translation: *On Formally Undecidable Propositions of Principia Mathematica and Related Systems*. Tran. by B. Meltzer. New York: Dover Publications. 1962.

Hofstadter, D. 1979. *Gödel, Escher, Bach: An Eternal Golden Braid*. New York: Basic Books.

Jakobson, R. 1960. "Closing Statement: Linguistics and Poetics" . In T. A. Sebeok (ed.) *Style in Language*. Cambridge, Mass.: MIT Press. Pages 350-377.

Jespersen, O. 1954. *Language, Its Nature, Development and Origin*. London: Allen & Unwin.

Kelly J. & J. Local. 1989. *Doing Phonology*. Manchester: Manchester University Press.

Krzeszowski, T. 1984. "Tertium Comparationis" . In J. Fisiak (ed.) *Contrastive Linguistics: Prospects and Problems*. Berlin: Mouton. Pages 301-312.

—. 1989. "Toward a Typology of Contrastive Studies" . In W. Olesky (ed.) *Contrastive Pragmatics*. Amsterdam: John Benjamins. Pages 55-72.

Kuhn, T. 1962. *The Structure of Scientific Revolutions*. 1st edition. Chicago: The University of Chicago Press.

—. 1970. *The Structure of Scientific Revolutions*. 2nd edition. Chicago: The University of Chicago Press.

Lee, B. 1999. "Jeet Kune Do—Toward Personal Liberation" . In J. Little & B. Lee. *Bruce Lee: Artist of Life. Tokyo*: Tuttle Publishing. Pages 122-181.

Lehmann, W. 1996. *Theoretical bases of Indo-European linguistics*. London & N. Y.: Routledge.

Newmeyer, F. 1980. *Linguistic Theory in America*. New York: Academic.

Said, E. 1978. *Orientalism*. London and Henley: Routledge & Kegan Paul.

Saussure, F. de. 1916/1972. *Cours de linguistique générale*. Paris: Payot.

Shockey, L. 2003. *Sound Patterns of Spoken English*. Oxford: Blackwell.

Steiner, G. 2001. *After Babel: Aspects of Language and Translation*. Shanghai: Shanghai Foreign Language Education Press.

Whitehead, N. & B. Russell. 1925−1927. *Principia Mathematica*. Cambridge: Cambridge University Press.

Yule, G. 2000. *Pragmatics*. Shanghai: Shanghai Foreign Language Education Press.

后 记

本书是在我2007年博士毕业论文的基础上修改而成的，论文原题为“现代语言学文本中现代汉语的再现——以语音研究为例”。修改后改用现名，意在强调其哲学性质，并凸显其主要结论之一：语言学是对语言声音的一种再现或书写方式，是一种广义的文字，它与其他书写方式未必通约。

写作此文，对我是一种前所未有的挑战。这不仅因为我不是哲学专业出身，更因为我深知语言学界对所谓“空谈”的厌恶。按照某些学者的标准，此文的选题本身也许就足以表明，作者所做的不是一种扎实的学问。

尽管如此，我还是决意要写此文。我不期待以一己之力改变别人的态度，只希望能在探索语言的道路上，给自己一个驻足省思的机会。自从学外语让我对语言萌发了好奇，语言学一直是我精神世界的重心。它的种种发现，都让我惊异而着迷。但是，在成为语言学的正式学徒之后，我逐渐强烈地感到，语言学家对自身学科的正统性有一种由衷的紧张感。我明白，这紧张感部分出自对基础知识的重视，但它所引发的关于学科和门户的偏见，却让我难以认同。

我喜爱语言学，但语言学不是我的宗教。在学徒训练中，我开始有意识地关注语言学“常识”所预设的种种前提。它们在当今时代也许是无需争议的，但并非永远如此，因为同许多其他学科一样，今天的语言学也是现代知识谱系中的一环：它的形成和发展，与整个时代的精神状况密不可分；而它的一些问题，只有追溯到思想和历史的深处，才能得到真正的理解。在这一点上，汉语语言学尤显特殊，因为它的种种"常识"，不仅为我们提供了现代思想在东方展开的实例，而且在一定程度上反过来影响并塑造了现代汉语。

在继续从事语言学之前，我希望对语言学本身做一番思考，这也是我写作本文的初衷。感谢我的导师许余龙教授，使我的论文计划得以通过并最终完成。作为一位严谨的科学家，许老师没有以通行的成见打击我的另类想法，而是始终抱着既严肃又宽容的态度对待我的天马行空，并总能从细节入手，把我引向问题的实质，让我感佩不已。论文写作过程中，我还经常得到高健老师、周菲菲同学等师友的帮助。在论文完稿后，陈嘉映教授、王德峰教授、申小龙教授、向明友教授、陆国强教授等专家也给了我不少鼓励和指点。2007年夏，蒙申小龙教授推荐，我参加了"中国语言文化研究的汉字转向"研讨会，并确定了论文出版事宜。在书稿修改过程中，我又得到了上海外国语大学校级一般科研项目和"211工程"三期建设项目"现象学视野下的汉语语言学"的经费支持。在此，我向以上师友和单位表示深深的感谢。

转眼间，我已博士毕业六年。此文虽经修改，但基质难易，今天看来颇似一个读书笔记的汇总，青涩之处令我自己也不时莞尔。然而，作为一名语言学教师和研究者，我始终感念于凝聚其中的那段思考。在壁垒森严的成人学术里，它让我获得了心灵的自由和安宁。也许，思想和技术的分家在今天多少难免，但人总还是不能停止反思的。我把自己幼稚的反思交与读者，只希望会有更多更好的作品出现，让"小学"和"大学"以新的方式重新沟通起来。

朱　磊

2013年3月5日